权威·前沿·原创

皮书系列为
"十二五""十三五"国家重点图书出版规划项目

BLUE BOOK

智库成果出版与传播平台

体育蓝皮书
BLUE BOOK OF SPORTS

上海体育产业发展报告（2019~2021）

ANNUAL REPORT ON THE DEVELOPMENT OF SPORTS INDUSTRY IN SHANGHAI (2019-2021)

主　编 / 黄海燕
副主编 / 余诗平　徐开娟

社会科学文献出版社
SOCIAL SCIENCES ACADEMIC PRESS (CHINA)

图书在版编目(CIP)数据

上海体育产业发展报告.2019-2021/黄海燕主编
.--北京:社会科学文献出版社,2021.7
(体育蓝皮书)
ISBN 978-7-5201-8714-5

Ⅰ.①上… Ⅱ.①黄… Ⅲ.①体育产业-产业发展-研究报告-上海-2019-2021 Ⅳ.①G812.751

中国版本图书馆 CIP 数据核字(2021)第 146553 号

体育蓝皮书
上海体育产业发展报告(2019~2021)

主　　编／黄海燕
副 主 编／余诗平　徐开娟

出 版 人／王利民
责任编辑／刘同辉
文稿编辑／李惠惠　薄子桓　王　娇

出　　版／社会科学文献出版社 (010) 59366556
　　　　　　地址:北京市北三环中路甲29号院华龙大厦　邮编:100029
　　　　　　网址:www.ssap.com.cn
发　　行／市场营销中心 (010) 59367081　59367083
印　　装／天津千鹤文化传播有限公司

规　　格／开　本:787mm×1092mm　1/16
　　　　　　印　张:19.5　字　数:291千字
版　　次／2021年7月第1版　2021年7月第1次印刷
书　　号／ISBN 978-7-5201-8714-5
定　　价／158.00元

本书如有印装质量问题,请与读者服务中心 (010-59367028) 联系

▲ 版权所有 翻印必究

《上海体育产业发展报告（2019~2021）》
编委会

顾　问　许　琦　王兴放　张　林

主　编　黄海燕

副主编　余诗平　徐开娟

成　员　（按姓氏笔画排序）

　　　　任　波　刘蔚宇　李　刚　张叶涵　张程锋
　　　　陈雯雯　胡佳澍　夏铭娜　钱若冰　徐　烨
　　　　康　露　曾鑫峰　廉　涛

主要编撰者简介

黄海燕 教授，博士生导师，上海体育学院体育科学研究院副院长，上海运动与健康产业协同创新中心副主任，长三角地区体育产业协作会常务副秘书长，上海体育科学学会体育产业专委会主任委员。上海体育学院体育人文社会学博士，上海财经大学应用经济学博士后，美国佐治亚大学国际体育管理研究中心博士后。主要研究方向为体育产业、体育赛事、体育旅游。近年来主持国家和省部级项目20余项，发表学术论文100余篇，获霍英东青年教师奖、上海市哲学社会科学优秀成果奖等省部级以上奖项十余项。作为核心成员参与国家和地方多项体育产业政策文件和发展规划制定。

摘　要

"人民城市人民建，人民城市为人民"是上海建设社会主义现代化国际大都市的重要理念。其中，人民城市的人本价值就是更好满足人民群众对美好生活的向往，打造人人都能享有品质生活的城市。体育产业是与旅游、文化、健康、养老并列的幸福产业，是社会、经济、生态效益俱佳的朝阳产业，是人人受益的健康产业，是人民城市不可或缺的关键要素和重要品牌。把体育放在人民城市建设的大局中，把体育产业作为上海城市经济高质量发展的新增长点和创造高品质生活的重要风向标，激发体育产业在稳增长、保就业、调结构方面的独特作用，是自觉践行"人民城市人民建，人民城市为人民"重要理念，推进上海建设全球著名体育城市的必然举措。

本书认为，体育产业高质量发展是上海建设全球著名体育城市的关键和基础，新科技革命、经济高质量发展、长三角一体化、上海建设全球城市等为上海体育产业高质量发展带来巨大机遇，而国际环境不确定性增加、全球经济持续低迷、疫情防控常态化以及上海城市化问题突出、自我演进发展受阻等对上海体育产业高质量发展提出挑战。因此，本书在梳理上海体育产业高质量发展现状和成效的基础上提出推动上海体育产业高质量发展的思路和若干建议。

此外，本书还针对竞赛表演、健身休闲、场地设施建设与运营、体育培训和体育用品等重点业态进行深入探究，分析归纳了这些业态发展的特征与趋势，结合体育消费、体育企业发展、体育赛事影响力评估、新冠肺炎疫情对上海体育产业的影响等热点话题展开讨论，以期为读者展现上海体育产业

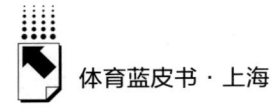

发展的完整风貌。

本书也运用定量分析、灰色关联分析、SBM 分析等方法，科学分析了上海体育产业发展的影响因素，评价体育产业发展效率，并构建了一整套包括产业规模、产业结构、产业动力、产业效率和产业效益在内的评价指标体系，作为评估上海体育产业发展综合水平、把握发展动态趋势的科学体系，以期助力上海体育产业高质量发展。

关键词： 体育产业　体育消费　人民城市　上海市

目 录

Ⅰ 总报告

B.1 加快推动上海体育产业高质量发展研究……………… 黄海燕 / 001
  一 上海体育产业高质量发展现状 ……………………… / 002
  二 上海体育产业高质量发展成效 ……………………… / 009
  三 上海体育产业高质量发展机遇及挑战 ……………… / 014
  四 加快上海体育产业高质量发展的建议 ……………… / 018

Ⅱ 分报告

B.2 上海体育竞赛表演产业发展报告 ……………………… 李　刚 / 024
B.3 上海健身休闲产业发展报告 …………………………… 张程锋 / 039
B.4 上海市体育场地设施建设与运营报告 ………… 徐开娟　钱若冰 / 053
B.5 上海市青少年体育培训市场发展报告 ………… 黄海燕　徐　烨 / 076
B.6 上海市体育用品业发展报告 …………………………… 任　波 / 090
B.7 上海市体育消费发展研究 ……………………… 余诗平　曾鑫峰 / 108
B.8 上海体育企业发展报告 ………………………………… 张叶涵 / 126

001

Ⅲ 专题篇

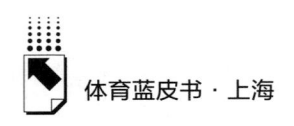

- B.9 上海市体育产业发展指数报告 …………… 黄海燕 康 露 / 151
- B.10 上海市体育产业发展影响因素研究 ………… 徐开娟 陈雯雯 / 171
- B.11 上海市体育产业发展效率评价研究 ……………………… 胡佳澍 / 185
- B.12 上海市体育赛事影响力评估研究 ………………………… 夏铭娜 / 201
- B.13 新冠肺炎疫情对上海体育产业的影响及应对研究
  …………………………………………………… 黄海燕 刘蔚宇 / 216

Ⅳ 案例篇

- B.14 体育搭台 消费唱戏
  ——以上海市杨浦区创建国家体育消费试点城市为例
  ……………………………………… 上海市杨浦区体育局课题组 / 236
- B.15 稳抓机遇，融合创新，推动镇域体育产业高质量发展
  ——以马桥镇国家体育产业示范基地为例
  ……………………………………… 上海市闵行区体育局课题组 / 243
- B.16 小绳子里跳出大产业
  ——以上海跃动跳绳为例
  ……………………………… 上海跃动文化传播有限公司课题组 / 249
- B.17 体育赛事点亮生态岛绿色发展新思路
  ——以环崇明岛国际自盟女子公路世界巡回赛为例
  ……………………………………… 上海市崇明区体育局课题组 / 255
- B.18 "体育+旅游"带动全民骑行热
  ——以上海铁马生活城市骑行线路为例
  ……………………… 上海万胜文化体育产业有限公司课题组 / 260

B.19 普及冰上运动　创新场馆运营

　　——以上海飞扬冰上运动中心为例

　　……………………上海浦东新区飞扬冰上运动俱乐部课题组 / 264

B.20 变废为宝，打造高品质都市运动中心

　　——以三邻桥体育文化园为例

　　………………………………上海市宝山区体育局课题组 / 268

B.21 探索体育服务新模式，打造体商融合生态圈

　　——以上海闵行游悉谷文体产业园为例

　　………………………………上海市闵行区体育局课题组 / 273

Abstract ……………………………………………………………… / 278
Contents ……………………………………………………………… / 280

皮书数据库阅读使用指南

前上海市已经形成较为完善的体育产业统计、体育消费统计调查、主营体育产业单位名录等数据库,并且定期对外发布,统计体系和制度在全国处于领先地位,数据要素的价值和作用不断显现。从产业平台来看,2019 年,上海新入选国家体育产业示范单位和示范项目 4 个,累计入选国家体育产业示范基地 3 个、国家体育产业示范单位 8 个、国家体育产业示范项目 7 个,并培育全国运动休闲特色小镇 4 个,体育产业平台建设成效显著。从体育场地情况看,截至 2018 年,上海市共有体育场地 47967 个,场地总面积达到 5402.83 万平方米,较 2013 年第六次全国体育场地普查结果分别增长 24.46%和 30.01%[1]。截至 2019 年,上海体育场地面积达到 5774.57 万平方米,人均体育场地面积为 2.38 平方米(含人均可利用体育场地面积 0.15 平方米),较 2018 年增加 0.15 平方米[2]。从体育锻炼参与情况看,2019 年上海市经常参加体育锻炼的人数占常住人口的比例达到 43.7%,体育锻炼参与人数稳步增长。

(三)产业结构逐步优化,消费结构稳步升级

产业结构反映产业发展过程中的要素配置和要素分布。根据产业结构优化理论,体育产业的产业结构优化包括高级化和合理化两个方面。本报告选取体育"三新"产业[3]增加值占比来衡量体育产业结构高级化水平,选取体育服务业增加值占比来衡量体育产业结构合理化水平。近年来,上海市体育产业结构高级化水平逐渐提升,2019 年体育"三新"产业增加值占比为

---

[1] 《2019 年全国体育场地统计调查数据》,国家体育总局网站,2020 年 11 月 2 日,http://www.sport.gov.cn/n315/n329/c968164/content.html。

[2] 《上海发布〈2019 年上海市全民健身发展报告〉健身环境运动参与体质健康满意率高》,国家体育总局网站,2020 年 10 月 4 日,http://www.sport.gov.cn/n317/n344/c965325/content.html。

[3] 根据《新产业新业态新商业模式统计分类(2018)》,与体育产业相关的行业有 080901(体育竞赛表演活动)、080902(运动休闲活动)、080903(体育健康服务)、080904(体育中介经纪人服务)、080907(体育咨询),以此对应的是《体育产业统计分类(2019)》中的体育竞赛表演活动,体育健身休闲活动,体育经纪与代理、广告与会展、表演与设计服务和体育传媒与信息服务。

25.80%，较 2018 年的 24.25% 提升 1.55 个百分点。在合理化方面，2019年体育服务业增加值占比为 86.80%，较 2018 年的 87.26% 略有下滑，但基本达到发达国家体育服务业占比水平（见表1）。

表 1　2015～2019 年上海市体育产业结构优化情况

单位：%

维度	指标	2015 年	2016 年	2017 年	2018 年	2019 年
体育产业结构合理化水平	体育服务业增加值占比	78.61	81.68	81.71	87.26	86.80
体育产业结构高级化水平	体育"三新"产业增加值占比	17.00	21.98	23.74	24.25	25.80

资料来源：根据 2015～2019 年度《上海市体育产业统计公告》相关数据计算得出。

消费结构直接反映了体育消费水平和发展趋势，是体育产业高质量发展的"助推器"。2019 年上海市人均体育消费支出为 2849 元，较 2018 年的 2580 元增加 269 元①。在体育消费产品结构方面，2019 年服务型体育消费占比为 35.90%，较 2018 年提升 16.7 个百分点。在体育消费水平结构方面，2019 年上海市人均体育消费占居民人均消费总支出的比重为 6.25%，较 2018 年提升 1.88 个百分点。在体育消费人口结构方面，2019 年上海市有体育消费的人群占比为 80.3%。整体来看，上海市体育产业结构逐步优化，体育消费水平正在稳步提升。

（四）产业增长速率放缓，产业效率有待提高

产业效率是体育产业增长的动力源泉。在要素既定的条件下，提高生产效率是体育产业高质量发展的必然要求。根据效率的不同维度，体育产业效率可从综合效率、要素效率、组织效率和增长速率四个角度进行分析。综合效率一般选取体育产业增加值率来衡量，体育产业增加值率的高低直接决定着一个地区体育产业的发展水平和效益水平。从数据看，2019 年上海市体育

---

① 参见本书《上海市体育消费发展研究》一文。

产业增加值率为31.39%，较2018年的37.22%有明显下滑。在要素效率方面，2018年上海市体育产业全员劳动生产率为16.70万元/人，较2017年的16.58万元/人略有上升，高于国家2018年第三产业全员劳动生产率13.07万元/人的水平；在组织效率方面，2019年体育企业收入利润率为11.24%，较2018年的11.02%略有提升，但主营体育类单位的单位产出率有所下降，从2018年的956.05万元/家下降到2019年的872.34万元/家，这主要是由于2019年主营体育类单位数大幅增长，初创企业单位产出率较低导致整体产出率下滑；从增长速率看，2019年上海市体育产业受增加值率降低等因素的影响，体育产业增加值年增长率较2018年仅增加0.37个百分点。本报告对上海市及各辖区的投入—产出指标进行SBM模型测算[①]发现，2014～2018年上海市体育产业纯技术效率较高、规模效率中等，纯技术效率变化指数、纯技术进步指数和规模效率变化指数均较高，全要素生产率增长主要依赖技术进步。总的来说，2019年上海市产业增长速率放缓，产业效率有待提高。

（五）产业依靠资本驱动，创新动力初步显现

2014～2018年，上海市体育产业增长的资本平均贡献率为74.56%，劳动力平均贡献率为14.03%，除要素投入因素（包括技术进步、技术效率提升等）外平均贡献率为7.01%[①]，这表明上海市体育产业增长的要素动力主要源于资本驱动。同时，资本和劳动力的产出弹性系数表明扩大要素投入对产业增长的效果已较为有限[①]，在高质量发展的要求下，上海市体育产业亟须加快新旧动能转换。从经济增长的内生动力来看，通常会经历要素数量投入到要素配置效率提升，再到技术创新驱动的发展阶段[②]。毫无疑问，创新将是上海市体育产业发展的新动力，也是新旧动能转换的关键，创新驱动机制的构建更是体育产业供给侧结构性改革的重要内容。从创新投入来看，2019年体育科技支出占体育支出的比重为1.88%，较2018年增加0.23个

[①] 参见本书《上海市体育产业发展效率评价研究》一文。
[②] 《新时代我国经济高质量发展动力变革研究》，国家发展和改革委员会网站，2021年1月18日，https://www.ndrc.gov.cn/xxgk/jd/wsdwhfz/202101/t20210118_1265122.html。

百分点①。从创新产出来看，2019年上海市体育类专利申请量为681项，较2018年的539项增长26.35%；2018年和2019年上海市新增主营体育类单位数量占比分别为29.45%和27.25%，而2016年仅为10.91%，这说明上海市体育市场创新活力在不断提升，创新动力正初步显现。

（六）产业社会效益凸显，经济效益快速提升

产业效益是体育产业高质量发展的目标，也是实现民生幸福的重要途径。社会效益方面，2018年上海市体育产业从业人员达333375人，占当年上海市社会就业人数的2.42%，较2017年的2.07%提升0.35个百分点，对上海增加就业贡献突出（见图3）。在上海市体育产业发展影响因素分析中，体育产业从业人数与体育产业增加值的关联度排名第二②，说明上海市体育产业从业人员对于体育产业的发展至关重要。同时，上海市是长三角地区的"领头羊"，体育产业已成为长三角地区甚至全国体育产业高质量发展的重要增长极。2018年，上海市体育产业增加值占全国体育产业增加值的比重达5.53%③，占长三角地区体育产业增加值的18.89%④，上海市体育产业对地区和全国体育产业发展贡献较大。在经济效益方面，2018年上海市体育产业对经济的贡献率和拉动率⑤分别为3.40%和0.29%，较2017年分别增加1.56个和0.11个百分点；从体育产业对政府税收的贡献来看，2019年上海市主营体育类单位上缴税收总额为41.19亿元，较2018年的29.28亿元增长40.68%，体育产业的税收贡献突出。总的来说，上海市体育产业社会效益不断凸显，经济效益提升迅速。

---

① 根据上海市体育局2019年度部门决算、2018年度部门决算中相关数据计算得出。
② 参见本书《上海市体育产业发展影响因素研究》一文。
③ 根据2018年度《上海市体育产业统计公告》和《2018年全国体育产业总规模和增加值数据公告》计算所得。
④ 黄海燕主编《体育蓝皮书：长三角地区体育产业发展报告（2018~2019）》，社会科学文献出版社，2020。
⑤ 体育产业对经济的贡献率是体育产业增加值的增量与GDP的增量之比，拉动率等于体育产业对经济的贡献率乘以经济增长率。

图 3 2014～2018 年上海市体育产业从业人员数量及其对就业贡献率

资料来源：上海运动与健康产业协同创新中心。

二 上海体育产业高质量发展成效

体育产业高质量发展，供给侧结构性改革是主线。近年来，上海体育产业紧紧围绕这一发展主线，不断优化体育产业要素供给，着力于体育产业基础要素的有效供给和高效配置，提升体育产品供给质量，配合精准有效的需求侧管理，培育居民体育需求，改革成效显著，体育产业正成长为上海市经济发展的新增长点。

（一）体育产业基础要素配置更加高效

在优化体育产业要素配置方面，上海市体育产业呈现体育用地供给方式多样、产业金融支持渠道不断拓宽、体育人才供给体系逐步完善的特点。在体育用地供给方式方面，上海市从提升增量、优化存量两个维度出发，增加体育用地供给。在提升增量方面，崇明体育训练基地、上海市民体育公园一期足球公园建成并启用，徐家汇体育公园、浦东足球场、上海马术公园、上海自行车馆等兴建项目相继启动。在优化存量方面，通过政府和社会资本合作（PPP）模式，共同推进都市运动中心"Urban Sports Centre"建设，并积极推动学校体育场等资源向社会开放。在金融支持渠道方面，上海市体育行政部门采取一系列措施，扩大资金来源，加强金融对体育产业的扶持。2019年，上海市用于全民健身、体育设施运行、国际国内赛事扶持以及体育场地修缮的体育彩票公益金合计 2.64 亿元，占当年上海市本级体育彩票公益金实际使用金额的 81.2%，相比 2018 年增加 6.7 个百分点，其中用于支持全民健身的体育彩票公益金首次超过 1 亿元，合计达到 1.07 亿元，扶持力度较往年增大①。除了财政支持，社会资本进入体育产业的渠道也更为多元。例如，2019 年 4 月，上海久事产业投资基金成立，该基金首期规模为 10 亿元人民币，其中便包含体育产业方向的子基金。在体育人才供给方面，上海从提升体育人才质量、优化体育人才供给结构以及改善体育产业从业环境等方面入手，逐步完善体育人才供给体系。例如，上海体育学院与上海久事体育产业发展（集团）有限公司联手，探索"产学研"一体化的人才培养模式。同时，上海市积极营造鼓励体育人才创新创业的环境，2018 年以来连续举办两届体育产业创新创业大赛以及多期退役运动员创新创业训练营。此外，为吸引更多国内外优质体育人才来到上海，《上海市引进人才申办本市常住户口办法》（沪府发〔2020〕25 号）文件中，将体育人才列为本市紧缺急需的专门人才，并享有落户的优惠政策。

（二）体育产品服务供给质量显著提升

在体育产品供给质量上，上海市体育赛事产业日益旺盛，健身休闲产品更加丰富，场馆服务水平显著提升，体育培训市场多点开花，体育用品业总部经济效应显著。第一，在赛事产业方面，上海打造国际体育赛事之都取得显著成效，世界顶级体育赛事不断落户上海，赛事综合效益明显，赛事体系不断完善。2020 年 6 月，上海在全国省级层面率先发布《2019 年上海市体

---

① 《2018 年度上海市彩票公益金筹集、分配及使用情况公告》，上海市财政局网站，2019 年 6 月 28 日，http：//czj.sh.gov.cn/zys_8908/czsj_9054/zyczzj/20190628/0017-180645.html；《2019 年度上海市彩票公益金筹集、分配及使用情况公告》，上海市财政局网站，2020 年 6 月 28 日，http：//czj.sh.gov.cn/zys_8908/czsj_9054/zyczzj/20200628/xxfboswf0000001681.html。

育赛事影响力评估报告》。据统计，2019年上海举办的12项具有代表性的重大体育赛事共带来30.9亿元的直接消费，相关产业拉动效应超过102亿元①。2018~2019年，上海共举办国际和全国级别体育赛事338次，平均每两天就有一场高水平赛事在上海举办②。其中，2019年F1第1000站落户上海；上海国际马拉松升级成为国内首个国际田联白金标赛事；第15届世界武术锦标赛打造"上海标准"，参赛国家及地区和人数达历史之最。第二，在健身休闲方面，上海市不断增加体育健身设施供给，提高体育健身服务水平。2019年全市共在公园、绿地和社区中新建改建112条市民健身步道、76个市民球场和345个市民益智健身苑点，并评选出21条"魔都最美健身步道"③；推出社区体育配送活动，截至2019年，社区体育配送服务已覆盖全市205个街道，全年共配送健身技能培训、科普健身讲座、青少年体育基础等各类课程6792场次，参与人数达19万人次；推出社区健康师服务，杨浦区联合上海体育学院发动多位体能训练专家、运动心理专家、奥运冠军走进社区为老百姓提供运动营养、科学健身、伤病防护、心理调适等方面的科学指导，推动体育领域的专业资源面向社会开放，实现全民共享；推出"上海体育健身地图"，该服务于2020年正式上线，覆盖全市各类体育场所近两万处，并提供体育场馆、游泳场所、学校场地、公共设施、共享球场、赛事活动等服务内容。第三，在场馆服务方面，体育场馆服务更加智能化和场景化。目前，全市多家公共体育场馆已完成智能化改造升级，入口智能闸机、远程实时监控、语音广播、自助租球机、自动贩售机等设施不仅解决了场馆的管理问题，更提升了场馆的安全保障水平。同时，体育场馆不再是单纯的运动场所，通过引入文娱表演、餐饮服务、亲子培训等多元业态，场馆服务被赋予更多消费、娱乐属性。第四，在体育培训方面，跆拳道、武术等搏击类运动，轮滑、

---

① 参见本书《上海市体育赛事影响力评估研究》一文。
② 参见2018~2019年《上海体育年鉴》，上海市体育局网站，http：//tyj.sh.gov.cn/tynj/index.html。
③ 《2019年上海市体育局工作总结》，上海市体育局网站，2020年1月8日，http：//tyj.sh.gov.cn/glywxx/20200329/fa5a96890f774aa3ae9ab949c366edb5.html。

攀岩等时尚运动，击剑、射箭、旱地冰球等小众运动，开始广泛进入市场。受到欧美国家影响，高尔夫、帆船等运动也受到欢迎。据统计，上海市的跆拳道培训机构达2000余家①，且跆拳道、空手道、拳击等搏击类运动项目的参与率已超过乒乓球和网球，达到7.6%②。第五，在体育用品业发展方面，上海市体育用品业集聚水平较高，总部经济作用显著。2019年，上海市前100强体育企业的营业收入占全市主营体育产业机构的比重为78%，占利润总额的比重为57%，头部企业贡献明显。2019年，上海市政府公布了新认定的22家跨国公司地区总部和5家研发中心，耐克商业（中国）有限公司、全球最大的综合体育用品零售商之一"迪卡侬"位列其中。

（三）体育消费的规模持续扩大

在体育消费需求侧管理方面，上海市已连续五年完成上海市居民体育消费常态化调查，居民消费的多元化、品质化趋势越发明显，新型消费发展迅速。数据调查表明，2019年上海市居民人均体育消费为2849元，占当年人均可支配收入的4.1%，占当年人均消费支出的6.25%。2015~2019年，上海市居民人均体育消费年均增长率为10.2%。其中，实物型消费（包括运动服装、鞋、体育器材、书刊纪念品等）占比55.3%，服务型消费（包括体育比赛门票、参与体育培训、场地租金、健身卡及私教、体育网络视频产品等）占比35.9%，体育旅游及其他消费占比8.8%。服务型消费占比较2018年提升16.7个百分点，2015~2019年年均增长率为9.5%，体现出上海市居民体育服务型的消费意愿在不断增强。具体从各年龄阶段来看，2019年上海市有体育消费人群中，6~17岁人群人均体育消费为4837元，较上年增长15.7%；18~59岁人群人均体育消费为4606元，较上年增长

---

① 根据上海市跆拳道协会调研数据计算得出。
② 上海市体育局、上海运动与健康产业协同创新中心：《2019上海市体育消费调查报告》。该报告为非公开报告，仅在上海全民健身300指数中公布部分结果，参见《再创新高！2019上海市全民健身300指数总分256.3分！》，"上海体育"微信公众号，2020年9月30日。本书余同，此后不赘。

26.3%；60岁及以上人群人均体育消费为1888元，较上年增长16.4%。随着新生一代年轻人思想观念的转变，新兴项目消费快速增长。以电子竞技为例，2019年上海居民有电竞消费人群的人均消费额为324元，《上海青年电竞报告（2020）》[①]中指出，77.4%的受访者表示曾购买游戏内皮肤、装备，41.6%购买过游戏软件。在助力体育消费上，上海市体育局于2020年9月9日启动上海体育消费券配送项目，联合500余家定点场馆，覆盖了"18＋X"多种运动项目，累计配送约2000万元体育消费券。

（四）体育产业成为上海经济新增长点

作为新兴产业，体育产业在推动经济结构优化、促进经济转型升级等方面的贡献越来越大。上海市体育产业的快速发展，使得体育产业正成长为上海经济发展的重要增长点。根据上海市体育产业统计数据，计算得出上海市及16个区体育产业增加值占GDP的比重。上海市级层面，2014～2019年，上海市体育产业增加值占GDP的比重分别为1.31%、1.41%、1.53%、1.56%、1.70%和1.46%，2019年虽略有下滑，但整体呈上升趋势，体育产业对经济的贡献作用正在不断增强。上海区县层面，2014～2019年徐汇区、虹口区、崇明区体育产业增加值占GDP比重的平均值超过4%，分别为4.06%、5.61%和4.52%，长宁区、杨浦区体育产业增加值占GDP比重的平均值超过2%，分别为2.67%和2.16%。从每年的体育产业增加值占GDP比重来看，2014～2019年徐汇区体育产业增加值占GDP的比重分别为2.04%、1.60%、4.75%、5.62%、5.82%和4.54%；虹口区体育产业增加值占GDP的比重分别为2.53%、3.68%、4.62%、6.12%、8.84%和7.89%；崇明区体育产业增加值占GDP的比重分别为1.38%、1.94%、2.74%、7.09%、8.18%和5.78%（见图4）。整体来看，体育产业对上海市地区经济贡献作用不断增强，已经成为上海市经济体系的重要组成部分。

---

① 参见《上海青年电竞报告（2020）》，腾讯网，2020年7月31日，https：//new.qq.com/omn/20200731/20200731A0JQT600.html。

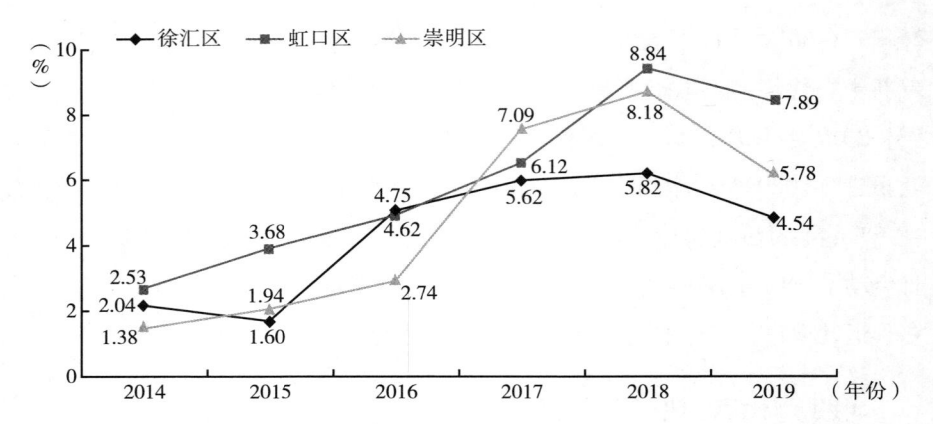

图 4　2014～2019 年上海市部分地区体育产业增加值占 GDP 的比重

资料来源：上海运动与健康产业协同创新中心。

三　上海体育产业高质量发展机遇及挑战

当前，上海市体育产业高质量发展面临国际环境不确定性增加、全球经济持续低迷、疫情防控常态化、自身城市化问题突出、自我演进发展受阻等挑战，但仍然处于重要战略窗口期，亟须在新发展理念指导下紧抓新科技革命、经济高质量发展、长三角一体化、上海建设全球城市等战略机遇，危中寻机，持续推动体育产业高质量发展。

（一）发展机遇

一是新一轮科技革命和产业变革正处在实现重大突破的历史关口。全球正经历着以互联网、大数据、人工智能、云计算、物联网、虚拟现实等为代表的技术大爆发，数字经济蓬勃发展，数据要素价值凸显。数字技术在经济社会发展中的作用从提升效率和劳动生产率的辅助角色转变为生产力的中心[1]，并成为各国产业发展的核心力量。根据《中国互联网发展报告

---

[1] 中国电子信息产业发展研究院：《2019 年中国数字经济发展指数白皮书》，2019 年 10 月，http://www.cbdio.com/image/site2/20191105/f42853157e261f2b7ce507.pdf。

2020》，2019年我国数字经济增加值规模达到35.8万亿元，已稳居世界第2位[①]。数字技术对产业的重塑作用主要体现在对资源的广泛聚合和重组，应用于体育产业领域，将带来生产效率提升、产品供给丰富、赛事传播方式变化、商业模式创新等进步[②]。在体育产业转型升级的关键时期，以数字技术作为新一轮产业发展的动力，将加速推动上海市体育产业高质量发展。

二是中国经济开启新发展格局，进入高质量发展阶段。当前国内正加快形成以国内大循环为主体、国内国际双循环相互促进的新发展格局，中国经济由高速增长阶段转向高质量发展阶段。上海拥有全国最具活力的体育消费市场，不仅居民体育消费需求旺盛，人均体育消费额全国领先，而且诞生了诸多体育消费新产品、新服务、新模式。上海也是国际体育资源进入中国市场的窗口，通过积极引入国际优质体育赛事、体育企业、体育组织、体育人才等要素，充分发挥中国巨大的市场优势，上海将迎来经济发展"双循环"的全新阶段。

三是长三角一体化上升为国家战略，区域体育产业发展迎来战略机遇期。上海在长三角一体化战略中承担着核心引领的重要使命，这不仅是上海提升城市能级和核心竞争力的大好机遇，也是上海体育产业提质增效、取得突破性进展的重要时机。2020年7月公布的《长三角生态绿色一体化示范区产业发展指导目录（2020年版）》中，已明确将水上运动、郊野运动等体育时尚休闲运动和竞赛表演、体育中介等体育服务业态作为鼓励发展的产业形态。当前长三角三省一市体育产业发展各具优势：上海竞赛表演业发达，江苏体育制造业基础好，浙江体育民营经济活跃，安徽体育旅游资源丰富。通过区域一体化战略实现三省一市优势互补，将激发区域体育产业发展活力，构筑区域联动的体育产业新优势。

四是上海建设全球城市进入关键期。根据《上海市城市总体规划（2017—2035年）》，到2035年，上海基本建成卓越的全球城市。全球城市作为全球网络的关键节点，其本质是世界经济系统的中枢或组织节点，其核

[①]《〈中国互联网发展报告2020〉发布电视产业挺进3.0时代》，人民网，2020年7月27日，http://yuqing.people.com.cn/n1/2020/0727/c209043-31799333.html。

[②] 刘佳昊：《网络与数字时代的体育产业》，《体育科学》2019年第10期。

心功能是配置全球资源，其实力体现在对全球政治、经济、文化的影响力上[1]。2020年上海市体育局印发《上海全球著名体育城市建设纲要》，提出到2050年上海将形成"一城一都四中心"发展格局，强调了体育在全球著名城市建设中的重要意义。

（二）面临挑战

上海市体育产业在拥有良好发展机遇的同时，也面临诸多严峻挑战和现实压力。

一是国际环境不确定性增加。当今世界正处于百年未有之大变局，国际体育组织将承受更多源于国际政治、经济、文化动荡带来的冲击，世界主要体育大国纷纷减少国际赛事承办、压缩国际体育文化交流项目[2]。在这种复杂多变的国际环境下，全球体育产业发展将面临巨大挑战，不利于上海打造全球著名体育城市和扩大全球影响力。

二是全球经济低迷。世界经济低迷，全球市场萎缩，将不可避免地扩散到体育领域。失业人口增加导致全球体育消费下降，全球经济衰退导致体育用品外贸订单减少，叠加中美贸易摩擦等不利因素影响，上海市体育贸易外向型企业面临巨大压力。

三是疫情防控常态化下，国际体育产业或将进入停滞期。受新冠肺炎疫情影响，各国在不同程度上采取了隔离封闭政策，限制了运动员等体育资源要素的全球化流动。预计未来全球体育赛事版权、专业技术人才（球员、教练、裁判、球探、数据图像分析师等）价值将下滑。疫情防控常态化在一定程度上给上海体育产业发展带来风险，例如国际职业联赛无法按正常的商业模式运营，部分赞助商流失，票房损失增加，部分职业俱乐部无奈退出，还会导致各级政府财政压力增大，体育经费可能面临缩减[2]。

---

[1] 《上海成为卓越的全球城市还差什么？》，"福卡智库"微信公众号，2019年4月24日，https://mp.weixin.qq.com/s/yMIyMQX2gPmcgx4YfDFqSA。

[2] 鲍明晓：《"十四五"时期我国体育发展内外部环境分析与应对》，《体育科学》2020年第6期。

四是城市化问题突出。随着上海城市化进程不断深入，土地资源紧张、交通拥堵、人口老龄化等城市化问题不同程度地存在，并影响到上海城市发展的未来走向。对于体育产业而言，土地资源紧张对于城市体育空间的打造提出了更高要求，交通拥堵问题可能成为上海承办全球性综合体育赛事的重要限制，人口结构改变则会影响城市体育产业发展的方向和重点。

上海市体育产业除面临严峻挑战外，其自我演进和高质量发展过程中也暴露出诸多问题。一是产业结构虽不断优化，合理化、高级化水平不断提升，但产业结构仍不尽合理。首先，体育竞赛表演业增加值占比仍然较低。2019年，无论是体育竞赛表演业总产出还是增加值都较2018年有所回调，占比仅为2.5%和5.7%，这与上海市建设世界一流的国际赛事之都还有一定差距。其次，体育赛事龙头企业数量与贡献不匹配，在500强体育企业中，体育赛事企业数量为50个，占500强企业的比重为10%，而营业收入仅占500强企业的3.5%，创造利润总额仅占500强企业的4.0%[1]，体育赛事龙头企业数量及盈利能力与其核心地位仍有一定差距，存在较大的增量空间。最后，区域产业结构不协调。上海市城郊人均体育产值比近年来逐渐增长，2014~2019年比值分别为1.89、2.02、2.57、2.27、2.28、2.46，区域产业发展水平差距正在逐渐拉大。二是虽然消费规模持续扩大，消费结构也稳步升级，但体育消费水平与国外体育产业发达国家相比仍有较大差距。具体来说，2018年德国、英国、澳大利亚人均体育消费水平分别为5419元、5431元、4006元[2]，但是2018年上海市人均体育消费水平为2580元。同时，上海市体育产业发展影响因素研究发现，人均体育消费指标与体育产业增加值的关联度排在末位[3]，这说明上海市体育消费水平还有很大的提升空间。三是产业效率有待进一步提升。体育产业增加值占比的逐年下滑和体育产业增加值年增长率的波动，导致综合效率和增长速率有所下降，产业效率水平降低，这不利于上海体育产业高质量发展。四是创新动力虽然初步显

---

[1] 参见本书《上海体育竞赛表演产业发展报告》一文。
[2] 参见本书《上海市体育消费发展研究》一文。
[3] 参见本书《上海市体育产业发展影响因素研究》一文。

现,但是产业仍然依靠资本驱动,体育产业增长的内生动力还未上升到技术创新驱动发展阶段。例如,体育科技支出占体育支出比重近年来没有明显提升,体育科技投入强度不足;体育服务业领域中,大数据技术在消费者行为分析中的应用不够广泛,尚未出现顺应产业变革和科技创新趋势的商业模式;智能制造、增材制造、人工智能、机器人等先进技术成果在体育领域中的应用不多,科技成果转化率偏低等。

四 加快上海体育产业高质量发展的建议

体育产业高质量发展是上海建设全球著名体育城市的重要抓手,核心是加快新旧动能转换,提高全要素生产率。为此,需要从增强体育产业创新动力、提高体育资源的配置能力、优化体育产业结构和布局、促进体育消费水平升级、推动长三角体育产业一体化高质量发展等方面着手,切实加速推动上海体育产业高质量发展。

(一)增强体育产业创新动力,提升产业效率

创新是体育产业高质量发展的核心动力,也是提升产业效率的关键要素。在新科技革命和高质量发展形成历史性交汇的大背景下,加快形成创新驱动的新格局已成为动力转换的首要任务。上海市须抓住上海建设全球领先的体育科技创新中心的机遇,以创新引领体育产业高质量发展,激发体育产业的创新活力。一是确立整体推进全球领先的体育科技创新中心建设战略规划。包括设立整合推进机制、创新体育科技管理制度、加快体育科技政策集成、完善细化体育产业创新发展支持体系、加大体育科技创新投入力度等,促进科技在体育领域的应用与推广。二是聚焦产学研协同发展,促进体育科技创新合作。首先,企业、高校与科研机构应针对体育产业高质量发展过程中的重大现实需求、重要技术共同参与研发攻关,加强体育科技基础科学研究和体育科技基础条件平台建设。其次,要高度重视体育科技成果的有效转化,强化智力支撑,建设体育人才智库载体。最

后，加快体育科技协同创新平台建设，鼓励设立各类体育产业孵化平台、体育众创空间和体育科技园区，建立国家体育产业协同创新中心。三是培育体育科技企业主体，强化企业自主创新能力。一方面，大力支持体育企业向集团化方向发展，促进体育企业与科技企业资产重组形成若干大型体育科技企业，扭转当前上海市体育科技企业普遍弱小的局面。另一方面，加快部署一批具有改变体育生产、制造的颠覆性技术研究，以科研机构和高等院校为主体建立体育科技自主创新平台，开展自主核心技术、前沿引导技术、集成传播技术的研发等。四是推进体育场馆互联，抢占体育5G商用先机，促进智能体育创新发展。加快全民健身场地设施智能化改造升级，推动物联网、数据中心等新技术在体育场馆中的应用；建设体育产业数据平台，开展数据挖掘，开发指数类数据产品；支持智能运动装备的研发与制造，培育数字体育、智慧传媒等新业态。

（二）提高体育资源的配置能力，增强国际影响力

高效的资源配置能力是上海市体育产业效益和效率提升的重要抓手。在打造全球著名体育城市进程中，要着力促进体育人才、体育场馆、体育机构、体育会展、体育资本等各类资源汇聚流通，加强体育要素市场供给，增强上海体育产业的国际竞争力、影响力和辐射力。一是通过政策扶持和项目引领，引进国内外知名的体育中介公司和体育医科、体育管理、体育竞技、赛事运营等领域高端人才及其先进管理经验，创办一批具有品牌效应和市场竞争力的体育中介服务机构。二是鼓励更多本土体育企业走出去，通过海外投资、并购等多元方式，进入国际市场。三是吸引国际体育组织、体育跨国公司地区总部、功能性体育行业协会落户上海，并引入前沿理念、先进模式，集聚国际优质体育资源。四是积极参与国际体育事务，提升体育规则、制度、标准等领域的国际话语权。五是建设上海联合产权交易所体育资源交易平台，吸纳优质体育资源权益，活跃交易流转和衍生品创新，将体育无形资产纳入公共资源交易平台进行公开规范交易。六是增强上海促进"一带一路"体育合作的基础性、前沿性和针对性，加快完善和布局与全球体育城市地位相匹

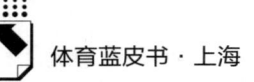

配的国际会议与论坛举办、信息交流、机构入驻、服务贸易、人才与产权交易、奥林匹克文化与精神传承等功能,打造全球体育重要节点城市。

(三)优化体育产业结构和空间格局

优化产业结构和布局是上海市体育产业高质量发展的重点。当前上海市体育产业结构不尽合理、区域结构不尽协调,这制约了上海市体育产业业态协同发展和资源优化配置。未来上海市要推动形成与全球著名体育城市相匹配的体育产业结构与空间格局。一是以建设世界一流的国际体育赛事之都为突破口,着力提升赛事品质、优化赛事格局、提升观赛体验、扩大赛事参与、放大赛事效应,构筑具有上海特色的体育赛事体系,提高竞赛表演业增加值占GDP的比重。二是完善以竞赛表演业和健身休闲业为引领的产业体系,做大做强场馆服务、体育培训、体育中介、体育传媒等新兴行业,提高新兴产业增加值占比。三是推动体育产业与相关产业融合发展,重点在产业发展规划、场地设施建设、赛事活动打造、产品研发设计、市场秩序规范等方面加大整合力度,不断提升体育产业发展能级。四是加快上海体育产业集聚区建设工作的推进和落实,以集聚区为载体,推动体育产业要素空间集聚,降低要素空间流动成本,强化集群外溢效应,形成具有各区特色的体育产业链条。五是利用上海区域体育产业空间依赖性缩小空间分异,根据地域发展优势以及基础背景的不同,因地制宜制定不同的地区发展政策,优化体育产业空间格局,提高区域结构协调水平。

(四)促进体育消费水平升级,释放产业发展潜力

体育消费是推动上海市体育产业高质量发展的突破口,也是全球著名体育城市建设的重要支撑。没有体育消费,体育产业高质量发展就如同空中楼阁。在当前构建国内国际双循环相互促进的新发展格局下,消费显得尤为重要。上海要以建设国际知名的体育消费中心为契机,积极促进体育消费。一是着力推动体育消费创新升级。提供更多时尚、个性、高品质的消费选择,推动冰雪、击剑、电竞等具有消费引领性的体育项目进行产业化发展。二是

拓展体育消费体验。开发更多舒适、融合、智慧的消费场景，以完善设施配套、新增体验功能、嵌入文旅科等元素的方式，推动体育特色小镇、体育主题公园、体育产业集聚区等消费场景的创新升级。三是引领体育消费前沿热点。支持各区创新体育消费引导机制，优化体育消费促进政策，在全民健身日、大型体育赛事、购物节、旅游节等活动中增加体育金融科技元素，充分释放市民体育消费需求、激发体育消费热情。四是深入推进消费试点工作。以上海杨浦区、徐汇区成功入选国家体育消费试点城市为契机，推动体育消费机制创新、政策创新、模式创新、产品创新，为促进体育消费探索更多经验。五是打造体育消费新空间。积极引导相关市场主体开展智慧场馆、智能跑道、智能体育公园、无人值守场地等体育空间的数字化建设和升级工作；深入推动体育消费与信息消费融合，加快体育产品和服务生产、传播、消费的数字化、网络化进程，拓展新媒体体育消费。

（五）加快推动长三角体育产业一体化高质量发展

深入落实《长三角地区体育一体化高质量发展的若干意见》（沪体办〔2020〕159号），促进长三角地区体育领域规划衔接、政策联动、项目推广，打造体育产业协同发展典范，建成全国体育高质量发展样板区、区域体育一体化发展示范区。一是以文化认同巩固一体化发展的群众基础。通过塑造共同文化符号、培育品牌赛事活动、创建新的长三角媒介系统，增强民众对长三角地区的文化认同、身份认同和集体意识，以解决一体化进程不断深化所带来的复杂利益矛盾。二是以完善机制强化一体化发展的制度保障。首先，上海主动加强与江浙皖三省的规划对接，共同编制长三角体育产业一体化发展规划。其次，形成多中心、多形式的协调机制。上海主导搭建长三角体育产业联盟，将政府行为与市场机制结合起来，完善多层次多领域产业合作机制。最后，健全统一协调的市场竞争机制。上海牵头深化区域内单项体育协会和体育场馆改革，完善体育赛事管理服务机制，制定体育赛事活动办赛指南、参赛指引；主导搭建长三角体育资源交易平台；建立健全区域体育市场信用制度和监管体系等。三是以战略融通打造一体化发展的实操空间。

上海要充分发挥其在长三角绿色生态一体化示范区、上海自贸区临港新片区和虹桥枢纽商务区规划建设中的比较优势，加快体育产业区域一体化的制度创新，探索"体育产业创新试验区"建设，打造具有全球影响力的现代体育服务业集聚区，促进体育产业与三大实操空间的战略融通。

（六）建立数据平台，辅助上海体育产业政策制定

数据资源是决策的核心。大数据时代下，构建体育产业高质量发展数据平台，可破除体育领域的"信息孤岛""数据壁垒"现象，实现体育产业数据链全覆盖，为体育产业高质量发展的研究提供信息和服务支撑，辅助科学决策。一是以上海目前的体育消费统计、体育产业统计、主营体育产业单位名录库建设等工作机制为基础，构建新时代上海体育产业高质量发展数据采集体系，通过项目合作、政府合作等方式采集整理体育产业发展的基础数据资源，着力构建体育产业统计数据、体育场地普查数据、体育赛事活动、体育企业名录库、体育消费调查数据、运动项目产业数据、长三角体育产业一体化发展数据、高端体育智库以及体育上市公司和体育俱乐部的财务报表等多类数据资源池。二是通过信息化助力数据共享，实现体育产业高质量发展数据采集、处理、分析的全流程数字化、网络化、智能化、云端化，将公共、准确高效、标准的大数据集中并存储在数据库中，逐步建设体育产业共享数据库，充分发挥数据共享的价值，减轻体育产业竞争压力，降低生产成本，优化体育产业资源配置。三是基于平台海量数据，利用计算社会科学的模型和工具进行模型训练、成果产出，为研究者提供适用于预测、建模、仿真和试验的通用性计算平台。四是做好评估研究，在2019年上海市体育赛事影响力评估的基础上，构建上海市体育产业高质量发展指数用于实时监测和跟踪研究，最终服务体育主管部门建立"用数据说话、用数据决策、用数据管理、用数据创新"的体育产业运行监测和行业管理机制，推动上海体育产业数字转型、智能升级、融合创新。

参考文献

沈克印、吕万刚：《体育产业供给侧改革：投入要素、行动逻辑与实施路径——基于社会主要矛盾转化研究视角》，《中国体育科技》2020年第4期。

唐珏岚：《以金融服务创新助推经济高质量发展——基于全要素生产率视角的分析》，《人民论坛·学术前沿》2020年第14期。

王广谦：《经济发展中金融的贡献与效率》，中国人民大学出版社，1997。

江小涓等：《体育消费：发展趋势与政策导向》，中信出版集团，2019。

分报告
Topical Reports

B.2 上海体育竞赛表演产业发展报告

李 刚*

摘 要： 本报告对上海体育竞赛表演产业发展的主要成就、发展定位、发展方向及主要措施进行研究。笔者认为上海体育竞赛表演产业发展迅速，表现为赛事产业日益旺盛、赛事综合效益显著、赛事体系不断完善。围绕建设全球著名体育城市的总体目标，上海体育竞赛表演产业的发展定位为赋能全球著名体育城市建设、繁荣体育竞赛表演市场、服务上海体育发展大局。举办世界顶级体育赛事、优化体育赛事体系、创新体育赛事发展模式将成为上海体育竞赛表演产业发展的主要方向。加快上海体育竞赛表演产业发展应从加强与国际体育组织合作、创新体育赛事内容、提升体育赛事质量、促进体育赛事运营升级、释放体育赛事效益等方面着手。

关键词： 体育赛事 赛事产业 全球体育城市

---

* 李刚，体育管理博士，上海体育学院讲师，主要研究方向为体育产业。

体育竞赛表演产业作为体育产业最有活力的组成部分，在城市发展中发挥着举足轻重的作用，常被视为衡量全球体育城市发展的核心指标以及提升全球体育城市综合实力的重要力量。近年来，上海提出了建设全球著名体育城市的发展目标，并围绕体育赛事发展出台了一系列体育产业政策。在这些政策的引领下，上海体育竞赛表演活动驶入了快车道，发展逻辑日益清晰，对全球体育城市建设的贡献也与日俱增，逐渐成为打响上海"四大品牌"、提升上海城市竞争力和全球影响力的重要驱动力量。

一 发展成就

（一）赛事产业日益旺盛

一是产业规模发展态势良好。上海市体育局发布的2018~2019年度《上海市体育产业统计公告》显示，2019年上海体育竞赛表演活动实现总产出和增加值分别达到44.67亿元和31.87亿元，其中增加值在体育产业结构中占比为5.7%（见表1）。与2018年体育竞赛表演活动规模相比，虽然2019年的总产出和增加值略微回调，但长期看，总产出和增加值整体呈现良好的发展态势。

表1 2018~2019年上海体育竞赛表演活动总产出、增加值

单位：亿元，%

指标	2018年		2019年	
	总产出	增加值	总产出	增加值
体育产业	1496.11	556.90	1780.88	558.96
体育竞赛表演活动	65.71	46.70	44.67	31.87
比重	4.4	8.4	2.5	5.7

资料来源：2018~2019年度《上海市体育产业统计公告》，上海市体育局网站，http://tyj.sh.gov.cn/tycy4/20191022/0027-126855.html，http://tyj.sh.gov.cn/ggtz2/20201211/0ccc7a75a7e747fbb19848aca326120b.html。

二是产业主体数量稳步增长。数据显示，2017~2019年，从事体育竞赛表演活动的机构数从2028个增加至3460个，增幅达到70.6%，平均增长

率为30.6%（见表2）。上述数据充分说明，体育竞赛表演活动的机构数量呈现稳步增长态势。

表2 2017~2019年上海市主营体育产业单位发展状况

单位：个，%

指标	2017年	2018年	2019年	增幅	平均增长率
体育产业	11489	16286	22385	94.8	39.6
体育竞赛表演活动	2028	2529	3460	70.6	30.6
占比	17.7	15.5	15.5		

资料来源：《体育蓝皮书：上海体育产业发展报告（2017~2018）》；2018~2019年度《上海市体育产业统计公告》，上海市体育局网站，http：//tyj.sh.gov.cn/tycy4/20191022/0027-126855.html，http：//tyj.sh.gov.cn/ggtz2/20201211/0ccc7a75a7e747fbb19848aca326120b.html。

三是体育赛事龙头企业存在增量空间。数据显示，在500强体育企业中，体育赛事企业数量为50个，占比为10%，同时，体育赛事企业实现营业收入和利润总额分别达到59.90亿元和5.57亿元，这些数据占500强企业的比例分别为3.50%和4.00%（见表3）；其企业数量、营业收入及利润总额在11个体育产业分业态中均排在第5位，分别落后于体育用品企业、健身休闲企业、体育贸易企业和体育传媒企业。从500强体育企业排名来看，排名前100位的从事体育竞赛表演活动的体育企业有4家，分别是上海上港集团足球俱乐部有限公司、上海绿地申花足球俱乐部有限公司、乐竞文化传媒（上海）有限公司和上海久事体育赛事运营管理有限公司。这4家从事体育竞赛表演活动的体育企业排名分别为第17位、第24位、第42位和第78位，其500强排名较2018年均有所下滑。从贡献的角度来看，在企业数量上，体育竞赛表演活动业态500强企业在全市体育产业主营机构占比均仅为1.4%，但是在营业收入和利润总额占比上显现巨大优势，分别占全市体育产业主营机构比重的82.80%和81.00%（见表4）。整体来看，上海体育赛事龙头企业数量、营收和利润在整个体育产业中所占的比重较小，但在体育竞赛表演活动中，它们的贡献度仍处高位。体育竞赛表演业不仅是体育产业体系的三大核心业态之一，还具有带动引领其他业态发展的重要功能。但从2019年上海500强体育企业发展状况来看，无论是体育赛事龙头企业数量还是盈利能力，与其核心地位仍有一定差距，带动引领作用仍有待加强。

表3　2019年上海市500强体育企业中体育赛事企业发展状况

	体育竞赛表演产业总量			全市500强体育企业总量比重(%)		
	企业数量(个)	营业收入(亿元)	利润总额(亿元)	企业数量	营业收入	利润总额
体育赛事企业	50	59.90	5.57	10	3.50	4.00

资料来源：上海市体育局、上海运动与健康体育产业研究中心，《2019年度上海市500强体育企业概况》。

表4　2019年上海市500强体育企业中体育竞赛表演活动发展情况

体育产业类别	500强总量			占全市体育产业主营机构比重(%)		
	企业数量(个)	营业收入(亿元)	利润总额(亿元)	企业数量	营业收入	利润总额
总计	500	1711.41	140.33	100	100	100
体育竞赛表演活动	50	59.90	5.57	1.4	82.80	81.00

资料来源：上海市体育局、上海运动与健康体育产业研究中心，《2019年度上海市500强体育企业概况》。

（二）赛事综合效益显著

一是赛事的综合经济效益充分体现。体育赛事是赛事经济的核心产品，以赛事为载体可以吸引新资金、新消费，撬动投资消费增量，直接创造经济效益[1]。根据上海市体育局、上海体育学院联合发布的《2019年上海市体育赛事影响力评估报告》（以下简称评估报告），2019年上海举办的12项重大体育赛事直接产生30.9亿元的经济效益，税收贡献达到7.56亿元[2]。另外，体育赛事具有综合经济拉动效应，能够有效拉动关联产业发展，对餐饮、娱

---

[1] 黄海燕：《体育赛事经济影响评价的实证研究》，《上海体育学院学报》2011年第3期。
[2] 《2019年体育赛事影响力评估报告》，上海市体育局网站，2020年6月1日，http://tyj.sh.gov.cn/gzdt2/20200602/6d78004a239f4dc791b294e5610120a0.html。

乐、交通、住宿、旅游等第三产业的拉动效应尤为显著。数据显示，2019年上海举办的 12 项重大体育赛事拉动相关产业发展带来的经济效益达到 102 亿元。体育赛事对旅游的影响非常显著，12 项重大体育赛事共吸引 50 万名国内外游客来沪，形成大量的"吃住行游购娱"消费，对旅游产业的拉动效应达到 40.60 亿元，占拉动效应总量的 39.8%[1]。

二是赛事的城市营销效应充分发挥。体育赛事凭借其强大的跨文化传播效力，与城市形成品牌联合，对塑造城市形象带来积极影响[2]。2019 年上海举办的 57 项 163 次体育赛事受到了广泛关注，现场参赛和观赛人次分别达到 17 万和 192 万，传统媒体、社交媒体报道达 35 万篇次。体育赛事充分发挥了吸引力强、传播力大的优势，将赛事关注度持续转变为城市知名度，成为向世界推介上海城市形象的亮丽名片。另外，2019 年举办的 F1（一级方程式赛车）、汽车拉力赛、男篮世界杯、上海网球大师赛等 42 项 87 次国际赛事充分发挥了重大赛事"城市会客厅"的营销功能。在这些赛事举办期间，大量国际企业、体育媒体参与到同赛事有关的工作中，大量观众来现场观赛，这既为商业合作提供了契机，也为中西方文化交流搭建了平台。上海国际马拉松赛、国际滑冰联盟"上海超级杯"赛、"上海杯"诺卡拉帆船赛、上海城市定向户外挑战赛等赛事的品牌效应不断发挥，为提升上海的全球影响力注入澎湃动力。

（三）赛事体系不断完善

一是赛事能级不断提升。近年来，上海举办的国际级赛事数量不断增加，赛事结构呈现不断优化的发展态势，上海向着建设全球著名体育城市的总目标不断迈进。2014~2019 年，上海举办的国际、国内赛事从 129 次增加至 163 次，其中国际性赛事从 53 次增加至 87 次，国际性赛事占比也从

---

[1] 《2019 年体育赛事影响力评估报告》，上海市体育局网站，2020 年 6 月 1 日，http://tyj.sh.gov.cn/gzdt2/20200602/6d78004a239f4dc791b294e5610120a0.html。

[2] 刘东锋：《大型体育赛事对主办国国家文化软实力影响的作用机制研究》，《首都体育学院学报》2020 年第 3 期。

41.1%提升至53.4%。"头部赛事"的举办、现有赛事的提档升级更是促进了赛事能级的不断提升。2019年,上海举办了国际篮联篮球世界杯和世界武术锦标赛。这两项赛事的赛事规模、赛制设置、竞赛水平、办赛标准、办赛质量均代表世界最高水平,是最高级别的国际单项赛事。一年举办两项国际顶级赛事极大提升了上海市的赛事能级。另外,2020年,上海在崇明体育训练基地举办了有史以来最高级别的垒球赛事,即东京奥运会女子垒球项目(亚洲/大洋洲)资格赛;同年,上海国际马拉松赛获国际田联"白金标赛事"认证,其赛事级别接近"世界六大马拉松大满贯",成为国内赛事级别最高的马拉松赛事。

二是办赛模式不断丰富。随着各种赛事逐渐丰富,上海一大批商业性赛事的组织运作模式率先与国际接轨,体育赛事市场化运作模式不断涌现,政府引导、市场运作、社会参与的办赛格局初步形成。一方面,体育赛事市场化运作模式不断兴起。近年来,上海体育赛事市场化改革迅速推进,市场力量运作赛事的成分不断增大,部分赛事已交由企业承办,如ATP 1000上海大师赛、国际田径钻石联赛等品牌赛事等,开放办赛的格局初步形成。同时,大量商业性赛事的举办加速了体育中介市场的壮大,美国国际管理集团、英国先行公司等国外品牌体育经纪公司纷纷入驻上海,上海纷华体育经纪有限公司、上海点石体育经纪有限公司等体育经纪公司品牌不断涌现,体育赛事商业化运作的发展格局逐渐形成。另一方面,体育赛事协同运作模式逐渐形成。上海以体育赛事平台为载体,通过整合体育企业、体育社会组织、高校和科研机构等各方力量,积极推进政府引导、市场运作、社会参与的协同办赛新模式。协同办赛模式避免了以往政府办赛的相对低效性,有效发挥了市场力量资源配置水平高的优势,也更好地发挥了政府作用。在筹办国际篮联篮球世界杯、世界武术锦标赛等重大赛事的过程中,探索政府、社会、市场高度协同的赛事运行机制,在赛事运营、赛事保障和商业开发等方面进行了政企联动办赛的积极尝试。

三是赛事环境日益优化。良好的赛事政策为体育赛事的可持续发展提供政策导向和制度支持。上海体育赛事发展历程表明,体育赛事的蓬勃发展得益于体育赛事政策引领和市场力量驱动,尤其是体育赛事政策红利的不断释放,更是在优化赛事环境中发挥巨大作用。

2015年7月,上海市政府发布《上海市人民政府关于加快发展体育产业促进体育消费的实施意见》,将建设全球著名体育城市纳入发展目标,同时在主要任务中明确提出要"构建与国际大都市地位相匹配的、多层次的赛事体系"。2018年12月,上海市体育局发布《建设国际体育赛事之都三年行动计划(2018—2020年)》,提出"体育赛事规划布局行动、体育赛事品质提升行动、体育赛事市场培育行动、体育赛事效益释放行动、体育赛事扶持保障行动、体育赛事国际合作行动"六大重点任务,为上海体育赛事发展指明方向。同年,上海市体育局正式印发《关于本市体育赛事活动组织体系设置的若干规定(试行)》《2018年度上海市体育赛事发展专项资金项目申报指南》,着力解决体育赛事举办路径不清晰、指导服务办赛主体力度不够等问题。2020年,上海市人民政府出台《上海市体育赛事管理办法》,立法促进体育赛事规范有序发展。同年,上海市人民政府办公厅发布《上海全球著名体育城市建设纲要》,明确提出要发挥体育赛事的综合效应,建设世界一流的国际体育赛事之都。

四是安全办赛水平不断提升。2020年,上海原计划举办170多项国际国内体育赛事。一场突如其来的新冠肺炎疫情,打破了计划性、周期性、系统性交织的体育赛事节奏,众多体育赛事推迟甚至被迫取消。这对体育竞赛表演产业是一次巨大的冲击,也加剧了体育赛事筹办的不确定性。由于新冠肺炎疫情仍在全球蔓延,国际运动员、裁判员、经纪人、媒体等均受到不同程度的流动性限制,2021年计划举办的重大赛事面临更大的不确定性,众多国际体育赛事面临被迫取消的危机。针对这一困境,上海体育部门临危不乱,采取了一系列措施,确保体育赛事安全举办。一是协调相关办赛主体,与有关国际体育组织和国家体育总局相关管理中心、相关运动项目协会进行沟通、研判和协商,积极争取赛事调整最有利的时间窗口。二是在新冠肺炎疫情的"危"中寻找赛事发展之"机",在赛事选择、人才培养、机制建设等方面化"危"为"机",既积极争取更多具有全球影响力的赛事落户申城,又大力培育发展自主品牌赛事。三是提前谋划新冠肺炎疫情过后的赛事筹办,统筹安排同项目、同级别、举办地点相近的赛事,或缩小规模或错峰办赛或推迟举办。同时,严格按照国家体育总局要求,及早做好场地、交通、食宿、医疗卫生等方面的筹备,并结合项目特点、场馆条件、竞赛组织、参赛人群等实际情况,提出时间、规模等方面的调整建议。四是制订赛事举办的疫情防控方案,周密做好赛前消杀工作,采用分区集结、分时发令等方式,确保安全距离、分散人流。同时,全面加强周边管控引导、秩序维护等工作。

二 上海体育竞赛表演产业发展定位

(一)赋能全球著名体育城市建设

上海的城市发展目标定位是卓越的全球城市,令人向往的创新之城、人文之城、生态之城,具有世界影响力的社会主义现代化国际大都市。卓越和国际化是上海城市定位的核心词,代表上海的经济社会发展以卓越的国际化为发展目标和评判标准。上海体育竞赛表演产业作为城市发展的重要载体和内容,与城市经济社会发展紧密联系、协调发展,其发展定位也必然与城市目标定位相吻合。国际顶级体育赛事作为国际最高水平的体育赛事,具有规模庞大、竞争激烈、组织系统复杂、筹办周期长、全球影响力大、综合效益高等特征,是全球各大城市竞相争夺的对象。申(举)办国际顶级体育赛事在一定程度上反映城市的综合实力以及与国际接轨的能力,经常被用来检验城市全球竞争力的水平。国际体育科研权威机构常以城市举办的国际顶级体育赛事能级和数量来进行全球体育城市排名。呼应上海卓越的全球城市定位,体育赛事发展定位首先应以国际顶级赛事为引领。

(二)繁荣体育竞赛表演市场

体育竞赛表演市场是体育竞赛表演产业的载体和平台,体育赛事资源配置规律有赖于体育市场机制的有效发挥。同时，繁荣的体育竞赛表演市场是体育竞技表演产业的发展目标。《建设国际体育赛事之都三年行动计划（2018—2020年）》明确提出，要引入市场机制，激发社会力量办赛，构建多种类、多主体、多层次的体育赛事体系。商业性体育赛事作为最富有活力、市场空间最大的体育资源，具有经济收益性、效益溢出性、品牌联合性等特征，是市场主体投资的重点领域。尤其是在取消商业性体育赛事审批以后，商业性体育赛事的制度性约束得以解除，市场力量举办商业性赛事的热情空前高涨，各种商业性体育赛事呈现井喷式发展态势，各种专业化运作的体育赛事商业模式不断涌现，体育竞赛表演市场进入了繁荣发展的新阶段。

（三）服务上海体育发展大局

提高竞技体育的综合实力和国际竞争力，促进竞技体育高质量发展是上海体育发展的重要目标。构建科学合理的项目布局和具有上海特色的现代化竞赛体系，大力促进职业体育发展是实现这一目标的主要任务。体育赛事是竞技体育的活动载体和组织形式，高水平的体育赛事是竞技能力的集中缩影，与此同时，体育赛事的竞技性、观赏性和传播性也高度依赖竞技体育的发展水平，两者相得益彰、相辅相成。由此可见，上海的体育赛事发展定位也必然与竞技体育发展相适应。专业性体育赛事是展现专业运动员竞技水平的平台。举办专业性体育赛事目的是锻炼运动员及队伍的竞技能力，检验训练成果，获得竞赛经验，展示一个国家或地区的综合实力。呼应上海竞技体育发展战略，体育竞赛表演产业发展也应当为上海体育发展大局服务。

三　体育竞赛表演产业发展方向

（一）举办世界顶级体育赛事

举办世界顶级体育赛事是举办城市抢占全球城市网络制高点、获取竞争优势的重要方略。世界顶级体育赛事按赛事规模可分为大型综合性体育赛事和顶级单项体育赛事。实践证明，大型综合性体育赛事具有规模大、影响范围广等特点，能够有效提升举办城市的综合实力，是对全球体育城市建设贡献最为突出的体育赛事活动。顶级单项体育赛事的赛事规格最高、竞技水平最高，在同一项目中的影响力也最大，举办顶级单项体育赛事是反映城市国际化水平、赢得国际话语权、体现国际地位的重要方式，在一定程度上成为全球顶级城市的标配[①]。例如，国际足联世界杯是代表世界最高规格的国际单项顶级赛事，其受众群体超过35亿人，与奥运会并称为全球体育两大最有影响力的顶级赛事。但获得国际足联世界杯的举办权竞争激烈，一旦哪座城市申办成功则将极大提升其全球影响力。世界各大著名体育城市都有过举办大型综合性体育赛事或顶级单项体育赛事的经历，虽然上海常年举办F1，但就大型综合性体育赛事而言，与举办过3次夏季奥运会的伦敦相比，仍有非常大的差距。随着上海建设全球卓越体育城市的战略布局逐渐落实，筹办国际重大赛事的经验不断丰富，体育场馆设施承办国际顶级赛事的能力也不断升级，上海具备举办世界顶级体育赛事的实力。因此，以伦敦、东京等全球著名体育城市为标杆，积极推进筹办世界顶级体育赛事的相关工作是上海市目前的主攻方向。

（二）优化体育赛事体系

结构科学、布局合理的体育赛事体系，能更好地释放体育赛事综合效益，成为赋能全球体育城市建设的重要保障。伦敦、巴黎、墨尔本等全球著名体育城市非常重视体育赛事体系的完善，已经形成了以商业性赛事为核心、以职业体育赛事为主体、以国际顶级赛事为补充的赛事体系发展格局，举办的大型体育赛事"全年无休"，吸引了全球体育界的常年关注[②]。近年来，上海体育赛事发展迅速，常年举办的大型体育赛事也达到170多项，并

[①] 李鉴、李刚、黄海燕：《全球体育城市视域下上海体育赛事体系构建战略》，《上海体育学院学报》2020年第3期。

[②] 蔡嘉欣、徐开娟、黄海燕：《墨尔本全球体育城市建设经验及其对上海的启示》，《体育科研》2018年第6期。

且确定了以国际重大体育赛事为引领、以商业性体育赛事为主体、以专业性体育赛事为补充的体育赛事体系发展方向。但与全球著名体育城市相比，上海的体育赛事体系仍存在赛事供给有待进一步丰富、赛事空间布局有待进一步优化、赛事举办时间有待进一步统筹、赛事组织体系有待进一步健全等问题。因此，上海应加强体育赛事体系建设规划，全面优化现有体育赛事结构布局，统筹重大赛事举办时间，合理规划未来体育赛事发展方向、发展重点。

（三）创新体育赛事发展模式

一方面，培育赛事新业态，丰富赛事服务供给。体育赛事与旅游存在天然的共生关系，有效整合体育赛事和旅游资源，有利于拓展体育赛事产业链条。同时，体育赛事和旅游也存在显著的互动关系，旅游业为体育竞赛表演产业发展提供必要的客源支持，体育赛事能有效集聚人流、物流、商流等资源，产生明显的空间外部性，为旅游提供引流作用。除了赛事—旅游模式外，赛事与商业融合也是未来的发展方向。赛事—购物路线将重大体育赛事与娱乐、购物、餐饮、住宿、交通等上下游行业深度融合，形成了行业配套、产业联动的赛事服务体系。目前，上海的体育赛事产业链还有巨大的发展潜力，可根据体育赛事的空间布局、垂直细分市场，与旅游、商业、会展等业态有效融合，以整体思维进行体育赛事衍生品开发、体育赛事包装和推广，丰富赛事发展模式，优化赛事产业链条。

另一方面，创新体育赛事内容，满足赛事消费需求。在科技水平不断提高、消费者需求不断变化的背景下，体育赛事产品体系、体育赛事运作方式、体育赛事传播方式等体育赛事内容也同样呈现创新发展的态势。伦敦、墨尔本等国际著名体育城市在顺应国际体育发展趋势、体育赛事发展潮流、满足主流体育消费需求方面走在了世界的前列。这些城市在发展好赛车、足球、网球、橄榄球、冲浪等具有悠久发展历史的传统体育项目的基础上，不断推陈出新，引入摔角、电竞、极限运动等新兴且备受年轻人欢迎的赛事，扩大了赛事受众范围，激发了赛事发展新活力。同理，上海体育赛事发展也不能墨守成规，应积极顺应国际体育发展趋势，积极探索应用新科技、新媒体，精准对接市场需求变化，创新体育赛事发展新内容，凸显"时尚之都、魅力上海"的城市特性。

专栏　网络和数字时代的体育赛事

网络与数字技术应用于体育赛事，主要体现在以下几个方面。

1. 辅助赛场信息收集和裁判工作

例如鹰眼技术见证了一届又一届上海网球大师赛冠军的诞生，该技术通过高速摄像头多角度捕捉网球飞行轨迹参数，再运用计算机技术，将这些飞行规矩参数生成三维图像，最后运用即时成像技术，将网球的飞行路线和落点清晰地呈现在大屏幕上。

2. 体育赛事的网络传播

5G网络具有高带宽、低时延的特点，在体育赛事直播领域具有广泛应用。且在5G的环境下，4K、8K、VR等数字技术也有了更广阔的应用空间。例如2019年中超联赛第九轮上海上港对阵山东鲁能泰山的比赛，是中超首场5G+真4K+VR中超赛事直播；2019年，在上海举办的第十五届世界武术锦标赛中，5G在赛事直播中得到广泛应用，从"导播视角自主看""4K超高清伸缩看""360度视角任意看"三个方面展现了5G超高传输速率以及提供大规模接入服务能力的技术优势，观赛者获得了赛事内容真实现场感、多源信息实时互通感的视觉体验；同时，5G网络的低时延多视角4K直播，增强了赛事传播过程的智能交互感。此外，上海超级杯、F1中国大奖赛（上海站）等顶级赛事也都运用最新的网络和数字技术进行直播。

3. 智慧赛事支持系统

以2019年上海国际马拉松赛为例，上海移动首次在赛程中搭建智慧健康站，健康站内包括一套由5G网络承载的体征监测设备。这些设备增强了赛事安全监控能力：一是现场获取参赛人员的心率、体温、血氧、无创血压等基本健康数据，并瞬时将这些数据传输到医疗指挥中心；二是在5G网络

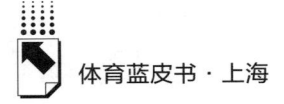

传输基本健康数据的同时,现场影像也通过AR高清摄像头无时差地回传至医疗指挥中心;三是指挥中心的医疗专家依据实时健康数据和高清画面影像,及时掌握参赛者的健康状态,实现了赛事的安全监测。

资料来源:新浪上海,通信世界网。

四 体育竞赛表演产业发展策略

(一)加强与国际体育组织合作

国际体育组织拥有全球体育事务话语权、裁决权,不仅垄断全球顶级体育赛事资源,而且掌握全球体育城市评价指标体系。建立与国际体育组织合作的伙伴关系,获取国际体育组织的支持,对于上海体育赛事发展具有重要意义。一是建立与国际体育组织合作的伙伴关系,争取国际单项体育协会或国际权威体育数据分析机构等在上海设立中国地区唯一分支机构或全球体育业务运营中心。二是积极对接国际体育组织,增加上海申办世界顶级体育赛事的入选概率,争取获得世界顶级体育赛事举办权。三是以专业化、国际化、品牌化为目标提升存量赛事的办赛品质,释放品牌赛事的综合效益,进一步提高重点赛事的品牌知名度和国际影响力。

(二)创新体育赛事内容

一是遵循国际体育发展趋势,结合"时尚之都、魅力上海"的城市特性,大力发展电子竞技、极限运动、综合格斗等时尚体育赛事。以市场化、社会化程度高的运动项目为突破口,在商标设计、场景布置等方面植入上海元素,增设趣味性表演活动,开发呈现海派文化、具有上海特色的体育赛事精品。二是加强体育赛事与文化、旅游、商贸的融合力度,支持举办各类表演赛、明星赛、联谊赛、对抗赛、邀请赛等,丰富体育赛事内容体系。支持体育赛事增设体育文化博览会、体育用品展览会、体育品牌推介会、体育商会等,丰富体育赛事产品链。三是采取新型转播技术、安全监控技术、人工智能等高新技术应用于体育赛事,整合线上线下资源,推动体育赛事的模式创新、技术变革、效率提升。

(三)提升体育赛事质量

一是对标国际一流体育赛事筹办标准,通过技术创新、管理创新、发展模式创新等方式,积极提升 F1 中国大奖赛(上海站)、ATP 1000 上海网球大师赛、NBA 中国赛(上海站)、国际田联钻石联赛(上海站)、环球马术冠军赛(上海站)等"十二大品牌赛事"的赛事品质、赛事服务及竞赛专业化水平,着力扩大品牌赛事的影响力和辐射效应。二是从赛事服务、赛事转播、赛事宣传、知识产权保护等多方面加大对上海国际马拉松赛、国际滑联"上海超级杯""上海杯"诺卡拉帆船赛、上海城市定向户外挑战赛等赛事的支持力度,提升其办赛品质,培育一批社会影响力大、品牌知名度高、具有独立知识产权的本土原创品牌赛事。

(四)促进体育赛事运营升级

一是聚焦智能技术典型场景应用,围绕办赛、参赛和观赛等重点环节,加强 5G、大数据、人工智能等高新技术与体育赛事的融合力度,实现体育赛事技术创新,不断提升赛事转播、观赛与参赛体验等赛事综合服务水平。合理布局体育赛事消费场景,吸引碎片化消费,并通过增值服务、品牌营销等方式,增强用户黏性,提供精准化的体育赛事服务,满足体育赛事消费群体的个性化需求。二是创新体育赛事组织方式,构建线上线下互动、服务体验融合的体育赛事运营 O2O 闭环,完善体育赛事商业模式。鼓励体育赛事机构开展赛事服务质量、赛事社会影响力、赛事国际传播力测评,有针对性地提升体育赛事的运营管理和服务水平。

(五)释放体育赛事效益

以市场和消费者为导向,形成行业配套、产业联动、运行高效的赛事产

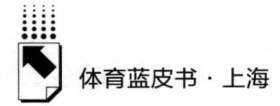

业服务体系,健全体育赛事产品体系,打通体育赛事产业上、中、下游产业链条,释放体育赛事效益。一是强化体育赛事与文化、旅游、教育、康养等业态的融合力度,打造以体育赛事为主体、以关联产业为支撑、以相关产业为配套的体育赛事产业集群,形成产业联动、行业配套、运行高效的体育赛事产业生态圈。二是发挥体育赛事的带动效应和溢出效应,促进体育赛事与旅游、商业等关联产业深度融合,带动体育赛事及相关产业联动发展。三是充分利用长三角一体化战略机遇,发挥上海市在长三角城市群的中心城市辐射带动作用,联动三省一市共同申办大型综合性体育赛事,联合举办高水平体育赛事、区域性巡回赛、区域性联赛,开拓体育赛事市场空间,提升赛事综合收益水平。

B.3
上海健身休闲产业发展报告

张程锋*

摘 要: 大力发展上海健身休闲产业,既是提升上海体育产业总体规模的重要举措,也是提升城市活力和满足上海市民美好生活的重要方式。本报告全面分析了上海健身休闲产业发展的具体情况和发展成就,指出上海健身休闲产业在产业规模、产业主体、产业发展质量、产业基础以及营商环境等方面的发展持续向好,并认为居家健身,产品服务线上化、精细化、定制化等已成为健身休闲产业发展的新趋势。报告认为上海健身休闲行业在发展中也存在诸多问题,并在此基础上提出相关发展建议。

关键词: 健身休闲 运动休闲 线上健身

一 上海健身休闲产业发展的基本情况

(一)产业规模稳步增长

近年来,随着上海市民健康观念的日益增强以及城市体育人文环境的不断建设,健身休闲活动日渐成为市民生活的重要休闲方式之一。广大市民健

---

* 张程锋,体育管理博士,上海工程技术大学讲师,主要研究方向为体育管理。

身休闲消费需求极大地促进了上海健身休闲产业的发展。2019年度《上海市体育产业统计公告》显示，2019年上海健身休闲产业总产出为145.62亿元，增加值为57.65亿元，相比2018年分别增加76.60亿元和28.26亿元（见图1）。从近些年的上海健身休闲产业统计数据来看，上海健身休闲产业整体仍处于快速发展阶段。

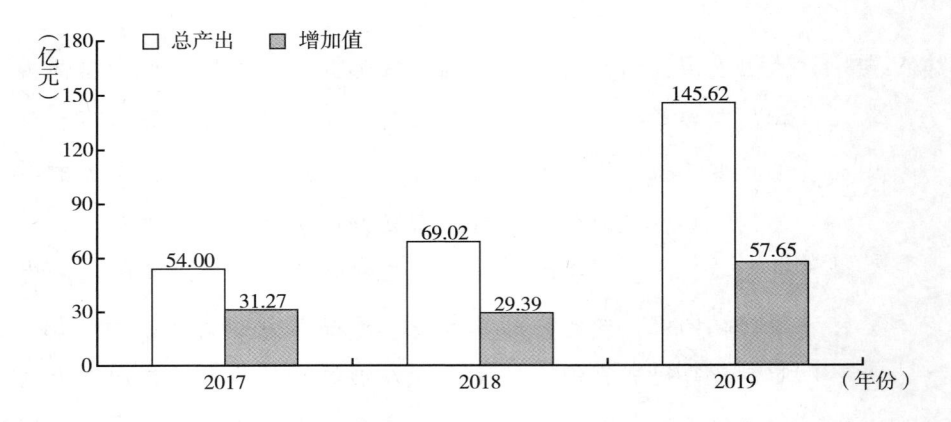

图1 2017~2019年上海健身休闲产业总产出与增加值

资料来源：2017~2019年度《上海市体育产业统计公告》，上海市体育局网站，http://tyj.sh.gov.cn/tycy4/20180829/0027-126725.html，http://tyj.sh.gov.cn/tycy4/20191022/0027-126855.html，http://tyj.sh.gov.cn/ggtz2/20201211/0ccc7a75a7e747fbb19848aca326120b.html。

（二）产业贡献日益突出

近年来，体育服务业在整个体育产业中的主导地位更加明显，其中健身休闲活动对扩大上海体育服务业总规模的贡献最为显著。2015~2019年度《上海市体育产业统计公告》表明，历年上海健身休闲活动的总规模结构占比在体育服务业大类均排名较前，并且从时间维度上呈现总规模结构占比稳定增长的趋势。2019年上海健身休闲活动总规模结构占比为10.3%，在所有体育服务业态中的总规模结构占比排名第1（见表1）。

表1　2015～2019年上海健身休闲产业总规模结构占比与排名

年份	2015	2016	2017	2018	2019
总规模结构占比（%）	4.4	4.4	4.3	4.6	10.3
总规模结构占比排名	1	2	3	2	1

注：2015～2018年上海健身休闲产业的总产出结构占比排名剔除了其他体育服务总产出结构占比的统计。

资料来源：2015～2019年度《上海市体育产业统计公告》，上海市体育局网站，http://tyj.sh.gov.cn/ghjhxx/20170214/0027-131406.html，http://tyj.sh.gov.cn/tycy4/20170925/0027-126620.html，http://tyj.sh.gov.cn/tycy4/20180829/0027-126725.html，http://tyj.sh.gov.cn/tycy4/20191022/0027-126855.html，http://tyj.sh.gov.cn/ggtz2/20201211/0ccc7a75a7e747fbb19848aca326120b.html。

（三）产业组织持续壮大

市场主体的数量是反映产业发展活力的核心指标，近年来随着上海市市民健身休闲需求的不断释放，营商环境也在持续优化，健身休闲类体育企业数量也在持续增多。上海体育产业统计最新数据显示，2019年全市主营体育产业机构共22385个，其中主营体育健身休闲活动的企业为7219个。2018年全市主营体育产业机构共16286个，其中主营健身休闲活动的企业共计5447个[1]（见图2）。健身休闲类企业数量占体育产业机构总量的1/3左右，是构成上海市体育产业市场主体的主力军。

在健身休闲类企业中，主营室内健身的企业占据绝大多数。根据三体云动数据中心统计数据，2019年上海市共有泛健身门店8227家，净增长率为6.6%，占全国泛健身门店数量的4.45%左右，仅次于北京。在这8000余家泛健身门店中，包含健身俱乐部1345家，私教工作室门店3677家，其他类型如瑜伽、舞蹈室、拳馆等合计3205家[2]，其余健身休闲企业则集中在高尔夫、游艇等户外健身项目。

---

[1] 上海市体育局、上海运动与健康产业协同创新中心：《2019年度上海市500强体育企业概况》。

[2] 三体云动数据中心：《2019年上海健身行业数据报告》，三体云动官网，2020年4月24日，https://blog.styd.cn/big_data/4417.html。

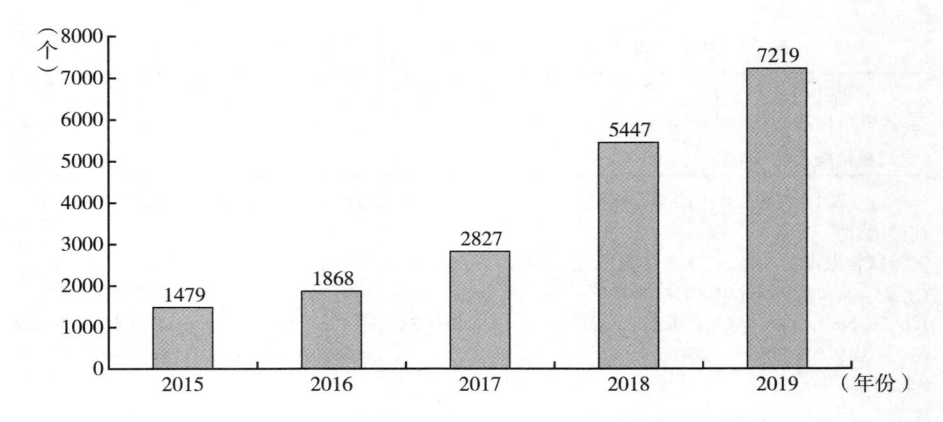

图 2　2015～2019 年上海主营健身休闲活动的企业规模

资料来源：2015～2019 年上海主营健身休闲活动的单位数量由上海市运动与健康产业协同创新研究中心整理。

（四）产业基础愈加坚实

产业基础能力决定了一个国家和地区产业发展的整体素质、核心竞争力和综合实力。良好的产业基础能力是支撑现代产业发展的重要外部因素。健身休闲产业的三个基础能力主要包括：体育人口、体育场地、体育消费。在体育人口方面，2019 年上海市经常参加体育锻炼的人口占全市常住人口的 43.7%，相比 2018 年增长 0.9 个百分点①（见图 3），19～39 岁、50～59 岁等年龄段市民成为经常参加体育锻炼人口比例增长的主要推动力。此外，根据三体云动数据中心统计数据，截至 2019 年，上海健身会员约为 205 万人，占常住人口的 8.44%（上海市 2019 年常住人口为 2428.14 万人），远高于全国健身人口渗透率（4.9%）②。在体育场地方面，《2019 年上海市全民健身发展报告》显示，2019 年全市可供市民健身休闲活动的体育场地面积为

---

① 《2019 年上海市全民健身发展报告》，上海市体育局网站，2020 年 10 月 9 日，http：//tyj.sh.gov.cn/qmjs1/20201009/2cdf36bab4c048e989c7baa00256fd2b.html。

② 三体云动数据中心：《2019 年上海健身行业数据报告》，三体云动官网，2020 年 4 月 24 日，https：//www.styd.cn/。

57745689平方米，人均体育场地面积为2.38平方米（其中包含上海可利用体育场地人均面积0.15平方米）[1]，较2018年均有所提升（见图4）。在体育消费方面，健身休闲活动的体育消费主要包括室内健身和户外运动的场地租赁和教练聘用费用，以及体育旅游等消费。2019年上海市居民上述三方面的消费占体育消费总额的1/4左右[2]，可见健身休闲消费已成为上海市民重要的体育消费内容。

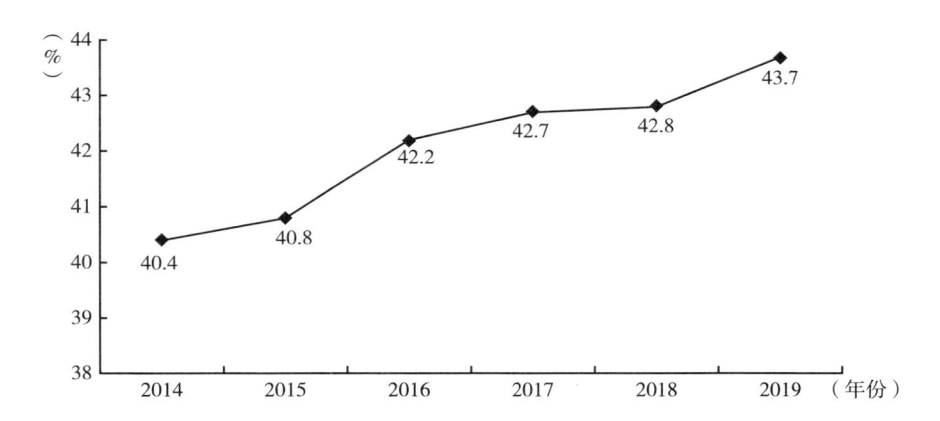

图3　2014～2019年上海市经常参加体育锻炼的人口在全市常住人口中的比重

资料来源：上海市体育局，2014～2019年度《上海市全民健身发展报告》。

（五）行业监管更趋完善

近年来，随着越来越多的市民参与健身，室内健身领域也迎来了发展契机。为保护消费者合法权益、约束健身房预收费行为、维护市场公平竞争秩序，上海率先起步、率先立法，市政府相关部门出台了系列针对性的法规条例和管理规定。例如，2019年相继出台了《上海市单用途预付消费卡管理规定》《上海市单用途预付消费卡管理实施办法》《上海市体育健身行业单

---

[1] 《2019年上海市全民健身发展报告》，上海市体育局网站，2020年10月9日，http://tyj.sh.gov.cn/qmjs1/20201009/2cdf36bab4c048e989c7baa00256fd2b.html。

[2] 上海市体育局、上海运动与健康产业协同创新中心：《2019年上海体育消费调查报告》。

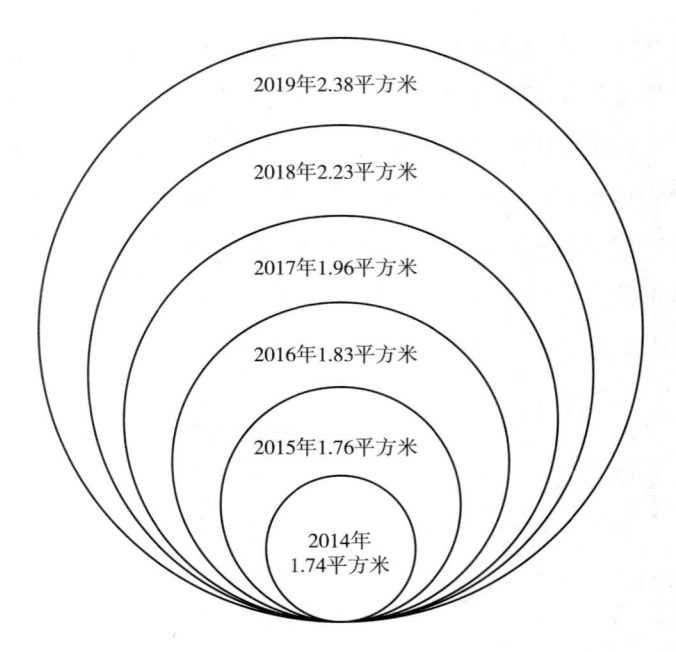

```
        2019年2.38平方米
       2018年2.23平方米
      2017年1.96平方米
     2016年1.83平方米
    2015年1.76平方米
     2014年
    1.74平方米
```

图4　2014～2019年上海市可供市民体育锻炼场地人均面积

资料来源：上海市体育局，2014～2019年度《上海市全民健身发展报告》。

用途预付消费卡存量预收资金余额管理实施办法》。在2020年发布的《上海市体育健身行业会员服务合同示范文本（2021版）》中，针对健身房预付费类消费"退卡难、退费难"的痛点问题，文件做出明确规定，并提出会员办卡后将享有"七天冷静期"，进一步保障消费者权益。此外，健身行业的行业自治手段也日趋丰富。2019年在上海市健身健美协会的牵头下，健身行业同业企业成立互保体，符合标准的同业企业可自愿采取互助担保的组织形式，不仅有利于企业良性发展，也能有效保障消费者权益。

（六）投融资市场依旧火爆

2020年国内健身行业投融资市场依旧表现亮眼，全年共发生42起健身行业企业的投融资事件，相比2019年发生的投融资事件数量，增加13起。而上海作为我国健身行业最为发达的城市之一，2020年共发生了12起投融资事件（见表

2），占全国总量的近1/3。相比2019年，2020年健身行业投融资领域发生的最大变化就是健康食品、营养代餐成为资本青睐的对象。在2020年发生的12起投融资事件中，有4起发生在健康食品领域。其中Smeal在2020年分别完成天使轮和Pre-A轮融资，发展势头格外迅猛。除了健康食品领域，健身工作室和团操课领域涌现的新兴模式，同样展现了巨大潜力。2020年共有3家主营室内健身服务的企业获得融资。由此可见，在传统健身房模式的弊端逐步暴露的情况下，健身行业正在积极探索更加灵活、高效的商业模式。

表2 2019~2020年上海市健身行业投融资项目一览

	公司名称	融资额	经营范围
2020	Dig Potency（潜能挖掘）	1000万元	私教健身工作室
	人马线	千万级	私教健身工作室
	Smeal	未透露	代餐奶昔
	Justin&Julie Fitness	数千万元	精品团操健身工作室
	爱动健身	数千万元	健身课程内容生产与运营服务商
	薄荷健康	亿元及以上	互联网体重与健康管理公司
	南怀智能	千万级	专注于身心健康内容平台建设和智能科技开发应用的公司
	Smeal	未透露	代餐奶昔
	WonderLab	未透露	营养代餐食品，主打奶昔
	食验室	1000万元	健康零食品牌
	优复门诊	5000万元	骨科康复与运动医学门诊
	MAIA ACTIVE	近亿元	女性运动品牌
2019	逆生长健身	1000万元	教练经济、课程内容开发和运营管理等
	全立体育	1000万元	连锁综合体能训练Crossfit健身房和综合体能训练Crossfit赛事运营
	Justin&Julie Fitness	数千万元	精品团操健身工作室
	约健	未公布	全民信用健身运营服务商
	乐体运动	5000万元	经营2000~3000平方米健身运动场馆及5000平方米以上城市运动空间
	爱动健身	数千万元	团体课程运营，教练和原创健身内容发展平台，致力于健身内容体系的研发和商业化运作

资料来源：三体云动数据中心，《2019年中国健身行业数据报告》，三体云动官网，2019年12月30日，https：//blog.styd.cn/news/3177.html。

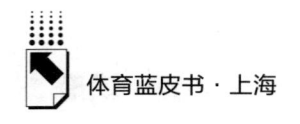

二 上海健身休闲产业发展新亮点

（一）行业新模式迭出

上海是全国休闲健身市场最为发达的城市之一，在丰富的行业人才、包容的市场环境、较大的市场需求，以及居民对于新兴产品较高的接受度等因素的共同作用下，新兴的商业模式和产品服务不断涌现，不仅丰富了居民参与休闲健身活动的形式，也为整个健身行业发展注入了新的力量。如以 Justin&Julie Fitness 为代表的精品团课健身房打破了传统健身房销售年卡和私教课程的模式，从过去只作为"附属"业务的团操课入手，提供按次付费的精品团操课。在这一模式下，教练影响力和优质课程成为用户黏性的来源，而更加"轻型"的运营模式也降低了运营成本。2019 年 Justin&Julie Fitness 的业务量增长了 4 倍，用户量增长了近 5 倍，付费用户超过 4 万人，留存率达到 60%[1]。另外，互联网共享经济模式也开始影响并渗入健身行业，出现了共享健身房。市民只需要按次付费，无须办年卡、月卡，就能使用健身设备。目前全上海已有 3 家共享健身房，计划到 2021 年底，再设置 15 家共享健身房。此外，政府与企业也在探索合作开办健身的模式。在杨浦区体育局、定海路街道办事处的支持下，由老旧厂房改造的上海 X-PARK 运动基地在 2020 年 6 月合作挂牌"定海路街道市民健身中心"，这也是上海首家商业运作的健身房成为市民健身中心[2]。由此可以看到，室内健身行业正突破传统的健身房和工作室模式，逐步探索更加轻型化的发展模式，健身房硬件设施不再是决定健身房好坏的唯一标准，服务内容、便利化程度等将扮演更重要的角色。

---

[1] 《A 轮融资数千万元！Justin&Julie Fitness 和它背后的健身团操生意》，搜狐网，2020 年 3 月 15 日，https://www.sohu.com/a/380310035_138481。

[2] 《跟政府合作开健身房，会是个好生意吗？》，懒熊体育，2020 年 7 月 14 日，http://lanxiongsports.com/posts/view/id/19340.html。

（二）行业细分化趋势显现

随着健身市场的不断发展，市场竞争逐渐走向白热化，消费者对健身休闲服务的要求也更加多样化、个性化、细分化。面对这一市场特征，部分经营者开始采取细分市场战略，将用户瞄准特定人群，提供更加具有针对性的健身休闲服务。例如，针对青少年健身，不少传统健身房推出了少儿体适能训练服务。针对孕产妇，健身房纷纷开设孕期锻炼课程、产后恢复课程。目前，包括一兆韦德、威尔仕、美格菲等大型连锁俱乐部都已设置或即将开设孕产类私教及康复课程，且这类私教课程通常价格都不会很低，比普通私教课程的价格平均高出30%以上①。其他健身行业培训机构也纷纷开设针对孕产健身教练的培训课程，从侧面证明了孕产健身市场需求进一步释放。此外，针对老龄化问题，一些健身房开始为老年人提供健身服务。这类健身房的会费大多低于普通商业健身房，同时又配套了适合老年人参与的健身操、瑜伽等课程，甚至经常会在户外举办一些免费操课活动，吸引老年人群参与。除了商业性健身房，上海市首创的"社区健康师"项目也是专门为满足老年人健身需求而开展的。老年人在"社区健康师"的帮助下能获得专业化的运动指导服务，通过运动干预、体医融合等方式，提升老年人身体素质，满足老年人健身需求。

（三）主要健身房采取战略变革

健身行业门槛不高，在过去几年的粗放经营模式下，大量参与者进入该行业，行业进入白热化竞争阶段。加之2020年初新冠肺炎疫情的暴发给整个健身行业带来巨大挑战，行业面临洗牌。部分规模较小的健身房、工作室没能熬过寒冬，最终出局，而实力相对较强的连锁健身房虽然挺过了新冠肺炎疫情的首轮冲击，却也面临巨大压力。因此，在这一背景下，头部健身企

---

① 三体云动数据中心：《2019年上海健身行业数据报告》，三体云动官网，2020年4月24日，https://www.styd.cn/。

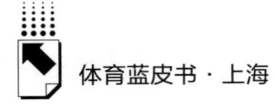

业纷纷采取战略调整,可能会对整个健身行业产生影响。例如威尔仕健身作为国内传统连锁健身房的龙头企业,于 2020 年 9 月率先在徐汇区部分门店推出"月月付"模式,随后又扩展至全国门店。同时,威尔仕还进行了价格透明化的改革,打破了长期以来传统健身房的售卡模式。威尔仕的新变革也将带来整个健身行业的变化,月付卡制度下健身房现金流无法保证,进而影响到门店扩张,同时,月付卡也可能导致消费者黏性下降。除了威尔仕,一兆韦德也采取了许多新举措,例如与快手合作开设联名快闪店,共同孵化健身领域的关键意见领袖(KOL)。此外,乐刻、中田健身、超级猩猩等国内头部健身房纷纷采取行动加快变革。可以看出,当前阶段的健身行业正进入一个变革的关键时期,未来整个行业或将出现新的经营模式或诞生新的头部企业。

(四)产品线上化成为新的市场蓝海

短视频新媒体的出现深刻影响了各行各业的发展方式,其自然也影响了健身休闲产业的发展。在健身休闲服装用品和健身器械方面,以抖音、快手等短视频平台为例,涌现了一批体育类"主播",他们通过"直播带货"的方式将健身休闲服务用品和健身器械的销售场景直接搬到线上,"主播"通过个人人气和影响力向粉丝群直接销售健身休闲用品。在健身休闲服务产品方面,传统健身休闲企业对短视频平台的利用主要有两方面:一是通过打造网红健身教练,在短视频平台投放优质健身教学视频内容,通过网红教练线上直播教学的方式销售健身课程;二是拍摄运动健身励志短视频,通过吸引观众的眼球,建立线上营销渠道,将流量粉丝转化为线下产品的潜在消费对象。

三 上海健身休闲产业发展存在问题

(一)有效供给不足,同质竞争激烈

当前,上海健身休闲产业的有效供给不足主要表现在健身休闲类体育服

务产品的同质化方面。近年来，上海健身俱乐部和健身工作室快速发展，然而服务内容、服务项目却没有明显的改变。并且上海市健身休闲类市场主体大部分都是小微企业，甚至是"小作坊"，对市场和消费者的真实需求和切实需要把握得不精准，同质化健身休闲服务产品较多，能够满足市民个性化、新奇性的体育消费服务产品较少。部分健身俱乐部甚至出现恶性竞争，通过降低年卡和私教课程的费用吸引健身消费者办卡和买课。市场主体自主创新能力较弱，调整产品和服务内容的能力较低。现有健身休闲体育服务产品替代性强、竞争力大，服务产品与市民消费需求契合度较低。

（二）有效需求不旺盛，健身消费疲软

有效需求不旺盛的主要表现有以下两点。一是"只参与不消费"。上海市现有的经常参与体育锻炼的人口主要还是学生和老年人。这部分人群是体育人口的主要组织部分，学生群体参与健身休闲的渠道主要是通过学校常规的体育教学活动，在实际的健身休闲活动中并不产生体育消费。老年人群体参与健身休闲的方式主要依托社区健身中心和小区周围空旷场地进行锻炼，现有的公共体育服务基本能够满足老年人群体的体育锻炼需求，因此在健身休闲活动中也基本不产生体育消费。二是居民体育消费结构有待优化。根据历年的《上海市全民健身发展研究报告》，上海市民体育消费内容仍然是以健身休闲类为主的实务性消费，主要消费内容是运动鞋、运动服饰和运动装备。出现这样的情况，一方面与市民的体育消费观念有关；另一方面与市民的体育消费能力也有一定的关系。当前生存性生活消费依旧是居民消费的主要内容，餐饮和服饰消费仍然是主要消费方向。

（三）行业标准不健全，消费者投诉频繁

当前健身行业在服务质量、安全环境、健身教练资质等方面的标准尚不健全，健身消费者投诉情况频出。中国消费者协会数据公布，2019年上半年，全国文化、娱乐、体育服务类共受理投诉14596件，其中健身服务投诉达7738件，投诉量同比上升72.6%（见表3），并且是所有消费门类中增长

最快的类别。2019年上海市"12315"共接到单用途预付卡投诉44275件，同比增长61.53%，其中"体育健身"行业15690件，占比35.44%，在所有行业的投诉案件数量中居第1位。投诉的主要内容有退卡转让问题、销售承诺不兑现问题、课程服务质量问题、私教行为举止恶劣问题、健身房关门跑路问题、人身安全隐患问题。从投诉的群体来看，以中青年消费者居多，并且女性消费者投诉明显要多于男性消费者，女性健身群体的投诉占比64.7%，男性健身消费者投诉占比35.3%[①]。

表3 2019年上半年全国投诉量居前10位的服务门类

服务类别	2018年上半年（件）	2019年上半年（件）	同比变动（%）
远程购物	29543	23082	下降21.9
网络接入服务	12659	16080	上升27.0
经营性互联网服务	11160	16060	上升43.9
美容、美发	8020	9236	上升15.2
移动电话服务	8611	8993	上升4.4
餐饮服务	6493	8473	上升30.4
店面销售	6392	8254	上升29.1
培训服务	3811	8555	上升124.5
住宿服务	5312	7936	上升49.4
健身服务	4482	7738	上升72.6

资料来源：三体云动数据中心，《2019年中国健身行业数据报告》，三体云动官网，2019年12月30日，https://blog.styd.cn/news/3177.html。

四 上海健身休闲产业发展推进策略

市场主体是产业发展的活力来源和核心力量，市场主体的发展规模和发展效应直接影响产业发展的规模和质量。市场主体的可持续健康发展既离不开良性的外部发展环境，又不可缺少高效的企业内部治理。推动上海市健身

---

① 三体云动数据中心：《2019年中国健身行业数据报告》，三体云动官网，2019年12月30日，https://blog.styd.cn/news/3177.html。

休闲产业的发展，需要更多关注健身休闲市场主体的发展情况，一方面需要企业自主完善内部治理，另一方面也需要健全的外部发展环境。

（一）进一步完善健身休闲市场主体的企业治理能力

当前上海健身休闲产业发展面临的问题之一就是同质化产品竞争激烈，主要原因在于部分健身休闲企业的市场定位不够准确和不切实际。不够准确主要体现在缺乏对自身产品竞争能力和异质性层面的深度思考，本着"赚快钱"和模仿的心态经营企业，缺乏核心竞争产品，传统健身房市场的不景气和同质化竞争就是最好的佐证。不切实际主要体现在对健身休闲市场的发育程度和消费能力期望过高，以及对健身休闲市场规模认识不清晰。现阶段市民的健身主动性和兴致较以往有所提升，但是健身休闲消费能力没有得到同步提升。市民的可支配收入和运动技能水平限制了市民健身休闲消费的支出能力和参与能力。市场主体需要明确，哪些健身休闲服务与产品是市民的刚性需求，哪些服务和产品可能只是替代性选择，如果是替代性服务与产品，潜在的市场规模能否支持产品生存发展空间。此外，市场主体要精准设计、把控健身休闲服务和产品的技术门槛程度，防止因为技术门槛限制市民消费的参与能力。健身休闲市场主体需要基于当下的市场发展阶段、消费能力和市场规模做出综合判断，以及确定企业经营的主要方向和产品定位。

（二）进一步优化健身休闲产业营商环境

营商环境是市场主体健康生存和高效益发展的重要外部因素，良性的健身休闲产业营商环境对促进健身休闲市场主体的发展具有积极作用。政府和体育行政部门应积极为健身休闲产业的健康发展做好公共服务，不断提升政府部门的公共服务能级，优化健身休闲产业发展的营商环境。在政务环境方面，政府和相关部门应积极推进政府服务标准化，按照减流程、减时限的要求，编制标准化工作流程。例如在大型健身休闲参与性赛事和活动的申办和举办方面，积极推进健身休闲赛事活动公共服务的一站式设计和网络公共服务。在市场环境方面，政府应该保障市场在资源配置方面的决定性和基础性角色和地位，减少行政干预。在法治环境方面，政府应该积极做好裁判员，确保健身休闲市场主体的健康发展，该奖的应奖，该罚的必罚。在人文环境方面，应积极宣传健康向上的生活方式，鼓励和引导市民参加健身休闲活动。

（三）进一步加强健身休闲行业协会自治能力

体育领域中的行业协会具有较强的软性约束力，体育行业的协会治理能力对体育市场主体的发展也具有较强的影响力。随着"放管服"改革的进一步深入，健身休闲产业相关行业协会应努力加强协会的实体化建设和管理，发挥项目协会在行业领域中的专业优势，承担更多的社会管理职能，实现健身行业的自治、善治和独立运行，突出健身行业协会的监督者、管理者和服务者角色。依托健身行业协会的地位，积极推进健身休闲产业的相关标准化建设，编订行业从业机构以及从业人员准入标准，尤其是应加大对教练员从业资格证书的审核、课程的服务质量、安全氛围等方面的研究力度，切实提升健身消费者的满意度和体验感。引导和鼓励健身休闲市场主体积极参与行业标准和服务规范的制订，促进行业自律，避免恶性竞争，推动健身休闲产业健康可持续发展。

参考文献

黄海燕、徐开娟等：《我国体育产业发展的成就、走向与举措》，《上海体育学院学报》2018年第5期。

黄海燕主编《体育蓝皮书：上海体育产业发展报告（2017~2018）》，社会科学文献出版社，2019。

江小涓等：《体育产业的经济学分析：国际经验与中国案例》，中信出版社，2018。

张林、黄海燕主编《体育蓝皮书：上海体育产业发展报告（2014~2015）》，社会科学文献出版社，2015。

张林主编《体育产业概论》，高等教育出版社，2015。

B.4 上海市体育场地设施建设与运营报告

徐开娟 钱若冰*

摘　要： 体育场地设施是以群众健身休闲、竞技训练、竞赛表演等体育活动的开展需要为基础建设的运动空间的集合。本报告以第七次全国体育场地普查数据（上海市部分）和上海市体育场馆运营情况专项调研为基础，对上海市体育场地总体情况、区域差异、场地分布、管理模式以及大型体育场馆建设情况予以梳理呈现。近年，上海市紧抓国家加强全民健身场地设施建设和改革场馆运营管理机制的政策要求，在体育场地消费场景和智慧化改造中取得阶段性成效，较好地满足了群众运动休闲和体育消费需求。但场地供给不足、集约化管理程度不高、场馆资源与赛事能级不匹配、运营服务效益有待提高等问题仍然存在。本报告针对未来体育场地设施与城市空间布局融合发展的趋势，提出优化体育场地空间布局、推动形成场地设施智能化标准等发展建议。

关键词： 体育场地　体育场地运营　城市体育空间

　　体育场地设施是体育产业发展的核心空间载体，也是承载健身休闲、体

---

* 徐开娟，体育管理博士，上海体育学院上海运动与健康产业协同创新中心副教授，主要研究方向为体育赛事、体育产业管理；钱若冰，社会体育指导（管理）硕士，上海体育学院上海运动与健康产业协同创新中心研究助理，主要研究方向为体育产业、体育场馆管理。

育竞赛表演、体育教育培训等相关业态的基础保障，更是助推上海建设国际体育赛事之都、全球著名体育城市、推进全民健身事业发展的重要依托。随着体育场馆"改造功能、改革机制"的工作深入推进，上海市在探索场馆新型经营模式、提供多元服务产品、打造体育场馆新空间等方面取得显著成效。因统计数据缺失，本文主要利用截至2018年底的全国体育场地普查数据开展统计分析。

一 基于第七次全国体育场地普查的上海市体育场地概况

（一）体育场地数量情况

统计数据显示，截至2018年底，上海市共有体育场地47967个，其中符合国家体育总局标准的体育场地44654个，可利用体育场地①3313个。与2014年公布的第六次全国体育场地普查数据相比，符合总局标准的体育场地增加了15.97%。其中浦东新区的场地数量最多，为9288个；闵行区、松江区、嘉定区体育场地数量次之，分别为5258个、4039个和3613个（见表1）。

表1 截至2018年底上海体育场地数量情况

单位：个

区域	符合总局标准的体育场地	可利用体育场地	总计
上海市总体	44654	3313	47967
黄浦区	1261	307	1568
徐汇区	2649	81	2730
长宁区	1516	124	1640
静安区	1945	135	2080

---

① 可利用体育场地是不在国家体育总局标准体育场地统计范围内，但具有运动休闲承载功能或已被赋予体育功能的场地空间，包括空地、步道等。

续表

区域	符合总局标准的体育场地	可利用体育场地	总计
普陀区	1921	82	2003
虹口区	1397	90	1487
杨浦区	1847	62	1909
闵行区	4919	339	5258
宝山区	2505	328	2833
嘉定区	3362	251	3613
浦东新区	8983	305	9288
金山区	1881	116	1997
松江区	3731	308	4039
青浦区	2104	353	2457
奉贤区	2340	96	2436
崇明区	2293	336	2629

资料来源：由第七次全国体育场地普查数据整理得出，余同。

（二）体育场地面积情况

上海市政府印发的《上海市全民健身实施计划（2016－2020年）》将体育场地达标工程作为上海市体育发展的重点工程，要求到2020年全市人均体育场地面积达到2.4平方米[①]。在这一目标的指引下，上海市不断通过完善市民居住区和社区体育设施配套标准，不断加强体育场地和可利用场地的新建、改建、扩建力度。第七次全国体育场地普查数据显示，截至2018年底，上海市体育场地总面积达5402.83万平方米，相较于2014年末增长30.01%，其中符合总局标准的体育场地面积达5097.34万平方米，可利用体育场地面积达305.49万平方米。至2019年，全市可供市民健身的体育场地面积达5774.57万平方米，其中各类健身步道（绿道）、

---

① 《上海市人民政府关于印发〈上海市全民健身实施计划（2016－2020年）〉的通知》，上海市人民政府网站，2017年1月3日，http：//www.shanghai.gov.cn/nw41354/20200823/0001－41354_50496.html。

骑行道总长度为1680公里①。人均体育场地面积从2014年末的1.74平方米提升至2019年末的2.38平方米，高于全国均值0.3平方米，年平均增幅为10.27%，（见表2）。

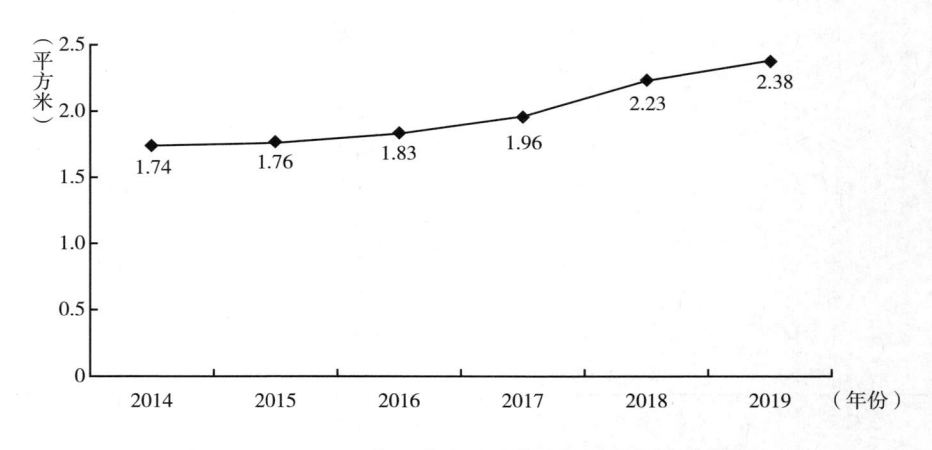

图1 2014~2019年上海市人均体育场地面积变化情况

上海市体育场地的管理权属较为集中，由非企业机构（包括事业单位、社会团体、居委会等机构）管理的体育场地数量为38164个，远高于企业管理的体育场地数量（6490个）。大量的公益性场地为上海市民提供了理想的运动健身环境。同时，上海市体育场地市场化运作程度较高，企业拥有的体育场地面积近2869万平方米，占总面积的56.28%，是拥有体育场地面积最多的单位类型；事业单位拥有近1621万平方米的体育场地面积，占比31.80%，位列第二；居委会拥有的场地面积约299万平方米，占比5.86%，位列第三；村委会、农村集体经济组织、农村专业合作社等其他组织机构拥有的体育场地面积共约309万平方米，总占比6.05%（见表2）。

---

① 《2019年本市全民健身发展指数发布 经常参与体育锻炼人口比例稳步上升》，上海市体育局网站，2020年10月9日，http://tyj.sh.gov.cn/qmjs/20201009/2cdf36bab4c048e989c7baa00256fd2b.html。

表2　2018年上海体育场地单位类型分布情况

单位：平方米，%

类型	面积	占比
企业	28687786	56.28
事业单位	16209580	31.80
居委会	2986995	5.86
村委会、农村集体经济组织、农村专业合作社	1305795	2.56
民办非企业单位	1242971	2.44
行政机关	450527	0.88
社会团体、基金会	31350	0.06
其他组织机构	58431	0.11

注：占比合计不足100%是因为数值修约误差所致，笔者并未做机械调整。

从各区来看，浦东新区的体育场地总面积最高，为1332万余平方米；嘉定区和松江区次之，分别为697余万平方米和509余万平方米（见表3）。与2014年末的场地面积数据相比较，黄浦区体育场地面积增速最快为134.70%，闵行区、浦东新区的场地面积增速近60%，崇明区、奉贤区、松江区、虹口区、普陀区增速超过30%，上海市大部分区体育场地面积增长速度显著。

表3　2018年上海各区体育场地面积统计情况

单位：平方米

区域	符合总局标准的体育场地	可利用体育场地	汇总
上海市总体	50973435	3054883	54028318
黄浦区	417232	387855	805087
徐汇区	1076033	138794	1214827
长宁区	594192	76958	671150
静安区	716208	66447	782655
普陀区	1013957	26865	1040822
虹口区	505397	101210	606607
杨浦区	1249823	37846	1287669
闵行区	4148009	447749	4595758
宝山区	4127751	83612	4211363
嘉定区	6657371	316063	6973434

续表

区域	符合总局标准的体育场地	可利用体育场地	汇总
浦东新区	13056547	267643	13324190
金山区	2299973	195721	2495694
松江区	4731819	358465	5090284
青浦区	2743591	263551	3007142
奉贤区	3606518	144705	3751223
崇明区	4029014	141399	4170413

上海市体育场地主要分布在外环外城区，受制于土地面积、城区定位和居民集聚等因素，静安区、虹口区、普陀区、长宁区、杨浦区、徐汇区、黄浦区等上海市中心城区的体育场地数量、人均体育场地面积排名均靠后。2018年，崇明区、嘉定区的人均体育场地面积排名领先，分别为6.06平方米和4.39平方米；奉贤区、金山区、松江区、青浦区和浦东新区人均体育场地面积均不低于2.40平方米，超过上海市平均水平2.23平方米（见图2）。

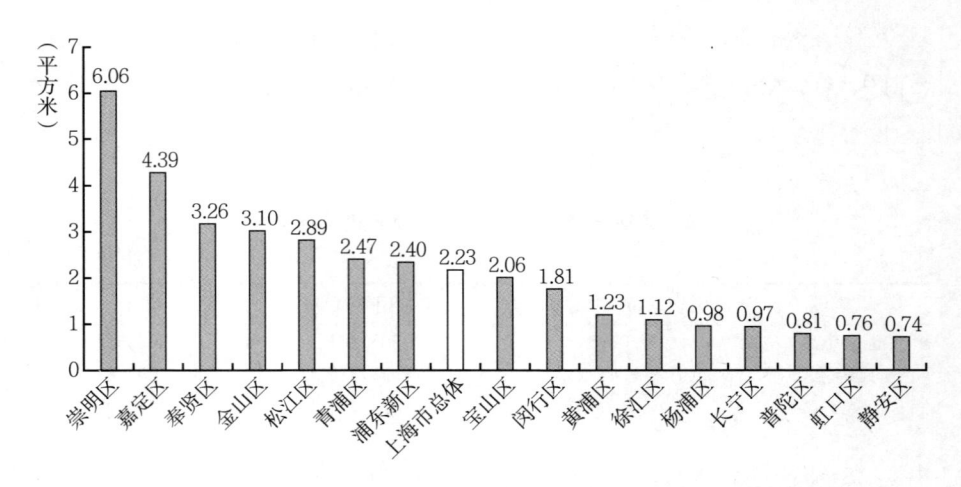

图2 2018年上海市各区人均体育场地面积情况（含上海市总体）

（三）各类型场地分布情况

为进一步分析上海市体育场地情况，分项目、分类型地对体育场地普查结果开展研究，本报告将上海市符合总局标准的体育场地整理归纳为包括足球场地、篮球场地、休闲运动场地、健身场地、水上运动场地等在内的16个类型（见表4），分类原则为场地的主要承载项目、场地属性等。

表4　上海市符合总局标准的体育场地分类说明

分类名称	包含场地名称
足球场地	七人制足球场/馆、十一人制足球场、五人制足球场/馆
篮球场地	篮球场/馆、三人制篮球场
排球场地	排球场/馆、沙滩排球场
网球场地	网球场/馆
羽毛球场地	羽毛球场/馆
乒乓球场地	乒乓球场/馆
高尔夫球场地	高尔夫球场、高尔夫球练习场
其他球类运动场地	地掷球、门球场、毽球场、垒球场、橄榄球、板球、棒球、曲棍球/馆、沙狐球馆、手球场/馆、台球馆
休闲运动场地	步行道、步行骑行道、棋牌室、全民健身路径、体育公园、自行车骑行道、营地
健身场地	健身房、社区健身中心
汽摩运动场地	摩托车运动场、汽车赛车场、卡丁车场
时尚运动场地	保龄球、蹦床、壁球、轮滑场/馆、马术馆、攀岩场/馆、航空运动、滑板场/馆、击剑馆、电竞馆、飞碟靶场、射击场/馆、射箭场/馆
冰雪运动场地	冰壶、冰球、滑冰馆
武术运动场地	空手道馆、拳击馆、柔道馆、跆拳道馆、泰拳馆、武术馆
水上运动场地	海上运动场、天然游泳场、跳水池/馆、游泳池/馆
综合性/训练场馆	举重馆、摔跤馆、体操馆、体育场/馆、田径场/馆、田径跑廊、小运动场、训练馆、艺术体操馆、综合馆、自行车场/馆

由分类说明可知，上海市满足居民体育需要的场地种类齐全，包含休闲健身场所、各类专项运动场地和可用于办赛的大型综合性体育场馆。由表5可知，从体育场地数量来看，休闲运动场地、篮球场地和健身场地的数量最多；学校内部或用于竞赛、训练的综合性/训练场馆数量次之；乒乓球、网球、羽毛球、水上运动、足球、排球的场地数量相对较少；冰雪运动场地数量最少，上海目前仅有6个真冰滑冰馆、1个冰球馆和1个冰壶馆。从体育场地面积来看，高尔夫球场地面积最大，占比高达39%，近80片高尔夫球

场/练习场的面积达到了近1988万平方米；水上运动、篮球、足球、健身、网球、羽毛球、乒乓球等大众运动项目场地面积分别列第3、5、7、8、9、12位和第13位，冰雪运动场地面积最少，占比仅为0.04%。

表5 上海各类型体育场地数量及面积情况

单位：个，平方米

分类名称	体育场地数量	体育场地面积
休闲运动场地	21354	4136450
篮球场地	6366	3701816
健身场地	4221	1107408
综合性/训练场馆	3565	9481480
乒乓球场地	3312	335473
网球场地	1305	851110
其他球类运动场地	860	446279
水上运动场地	843	5157712
羽毛球场地	804	394539
足球场地	723	1931313
排球场地	533	240868
武术运动场地	332	72432
时尚运动场地	330	395329
高尔夫球场/练习场	78	19877905
汽摩运动场地	20	2822015
冰雪运动场地	8	21306

需要注意的是，高尔夫球运动场地面积占比较高，从一方面体现了上海高端体育运动场地发展水平较高；另一方面，大面积的高尔夫球场地如何从单一经营向群众体育参与转化，如何提高该类场地的社会公益属性、体育消费承载属性和休闲健身服务水平，是未来上海体育场地发展面对的重要问题。受自然条件限制，上海的冰雪运动场地主要集中在室内滑冰场，辖区内没有室内/外滑雪场地，冰雪运动场地的短缺制约了冰雪运动的群众普及。

（四）体育场馆运营情况

上海市大部分大型体育场馆由市政府、体育局等公共行政部门投资兴建，具有国有或集体所有的产权性质，大型体育场馆拥有天然的公益属性。随着国内大型体育场馆运营理念和管理方式的不断创新，特别是在国家体育总局开展公共体育场馆"改造功能、改革机制"工作后，上海市大型体育场馆通过破除体制机制障碍，进一步激发场馆活力，提升运营效能和服务水平，促进场馆公益开放与日常运营协调发展，进一步实现了社会效益与经济效益的有机统一。目前，上海市体育场馆改革工作已初见成效，从统计数据可看出，上海市18家体育场馆中有10家为企业管理模式，3家为事企双轨管理模式，3家为委托管理模式，仅有2家属于事业单位管理模式，而且从场馆规模来看，事业单位管理的场馆规模都较小，且固定座席都明显少于其他管理模式的场馆（见表6）。

表6 上海市部分体育场馆发展情况（不包括教育系统）

单位：个

区域	场馆名称	运营单位/企业	管理模式	固定座席
浦东新区	上汽浦东足球场	上海浦东足球场运营管理有限公司（上港集团与久事集团合资组建）	企业管理	37000
	南汇体育中心体育馆	上海市浦东新区南汇体育中心	事业单位管理	3500
	浦东游泳馆	浦东游泳馆/上海浦东清源游泳馆管理有限公司	事企双轨管理	1600
	源深体育发展中心（源深体育场）	源深体育发展中心/上海源深体育发展有限公司	事企双轨管理	20000
	上海东方体育中心（体育馆、室内游泳馆、室外跳水池）	上海久事体育产业发展（集团）有限公司	企业管理	28000
黄浦区	卢湾体育馆	上海天育实业发展有限公司	企业管理	3500
徐汇区	东亚体育中心	上海久事体育产业发展（集团）有限公司	企业管理	60000
	上海体育馆	上海久事体育产业发展（集团）有限公司	企业管理	12000
	上海游泳馆	上海久事体育产业发展（集团）有限公司	企业管理	4000
长宁区	上海国际体操中心-体操馆	上海国际体操中心	事业单位管理	4000

续表

区域	场馆名称	运营单位/企业	管理模式	固定座席
静安区	上海静安区体育中心体育馆	上海润宁体育发展有限公司	委托管理	3700
虹口区	虹口足球场	上海长远文化(集团)有限公司	企业管理	32000
杨浦区	杨浦体育馆	阿里体育	委托管理	3000
杨浦区	上海市江湾体育场	瑞安管理(上海)有限公司	委托管理	40000
闵行区	上海旗忠体育城网球中心(主网球馆、2号网球馆、3号网球馆)	上海久事体育产业发展(集团)有限公司	企业管理	18000
宝山区	宝山体育中心	上海宝山体育中心管理有限公司	事企双轨管理	7000
嘉定区	上海国际赛车场	上海久事国际体育中心有限公司	企业管理	70000
金山区	金山体育中心体育场	上海市金山区体育中心	企业管理	24000

资料来源：由上海市体育场馆专项调查结果整理得到。

（五）上海市体育场地设施管理与建设行业发展情况

根据《2019年度上海市体育产业统计公告》，2019年上海市体育场地设施管理行业总规模为18.48亿元，增加值为4.8亿元，相比于2018年下降幅度分别为12.75%和55.01%。受社会力量发挥不足、规模化场地经营体系尚未形成、营业收入大幅下降等因素影响，上海市体育场地设施管理行业发展速度放缓。体育场地设施建设行业总规模为29.97亿元，增加值为3.72亿元，相比于2018年增长幅度分别为214.48%和129.63%，依然保持高速增长。

在全民健身的大背景下，近年来，上海市体育场馆和场地设施公益开放要求逐年提高，有向中老年市民早晨、傍晚免费开放的锻炼专场，为群众健身休闲活动提供免费或特定时段低收费场地等，但同时也在一定程度上影响了经营性场馆的营业收入。除此之外，2018年3月，上海市政府出台《上海市体育设施管理办法》，对用于商业用途的场馆用地出租行为出台限制性规定，实施"退租还体"行动。根据要求，目前所有的公共体育场馆均应杜绝非体育功能的出租行为，还体于民。在清退行动中关闭了餐饮机构、酒吧、超市等，大部分体育场馆利用清退区域经营运动康复诊所、青少年体育俱乐部等。从短期来看，多家体育场馆的营业收入出现小幅下滑；但从长期来看，场馆管理更加规范化，公益性和体育空间集聚功能进一步得到释放。随着场馆"两改"工程的持续推进、社会力量的进入、智慧化模式的普及、居民体育消费的持续增加，上海市体育场地设施建设与运营的整体发展水平将持续攀升。

二　上海市体育场地设施建设与运营亮点

近年来，国家体育总局重点推进体育场馆经营管理模式改革，从"所有权属于国有，经营权属于公司"的两权分离改革转变为"改革机制、改造功能"的模式。2019年9月，国务院办公厅印发的《关于促进全民健身和体育消费推动体育产业高质量发展的意见》（国办发〔2019〕43号）将"深化场馆运营管理改革"作为释放体育产业发展潜能的关键抓手，对我国体育场馆发展提出了"两改"工程、新建场馆第三方运营、俱乐部主场场馆改革、场馆运营权公平公开交易等具体要求。上海市紧抓国家场馆发展改革要求，在深入探索场馆体制机制改革模式的基础上，探索场馆运营权市场化流转新路径，营造了体育场地设施健康发展的良好环境。此外，上海市不断加大体育场地消费场景和智慧化改造的力度，在体育公园建设、推动城市功能更新、应对新冠肺炎疫情挑战等方面都取得了一定成效。

（一）深化场馆体制机制改革

上海市体育场馆运营模式包括事业单位管理、事企双轨管理、委托管理、企业管理、PPP项目合作等多种管理形态，逐渐形成以上海体育场馆设施管理中心为核心，多个大型场馆运营管理公司和体育场地设施运营商共同发展的体育场馆运营管理体系。在此体系下，上海市场馆经营主体的自主权不断得到释放，企业活力得到进一步提升。在久事体育赛事、智慧场馆等多

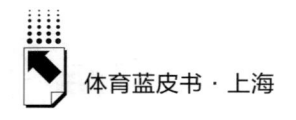

个板块的资源统筹配置下,上海市的徐家汇体育公园(上海体育场、上海体育馆、上海游泳馆)、东方体育中心、上汽浦东足球场、上海久事国际马术中心、上海旗忠体育城网球中心等多个地标性大型体育场馆资源的经营业态和体育内容进一步得到提升和发展。

专栏一　体育设施领域的 PPP 模式应用

PPP(Public-Private-Partnership)源于英国,是一种公共部门和私营部门在基础设施和其他服务方面的合作关系。中国结合国情提出了符合国家实际情况的 PPP 模式概念,即政府和社会资本合作。

在 PPP 模式发展以前,社会资本对体育设施的参与以向体育场馆所有者提供服务为主。各个阶段有不同的社会资本介入,服务结束又各自退场,每个参与者在体育设施的生命周期中以"散点"形式存在。通过 PPP 模式,即政府与社会资本通过政府购买服务、股权投资合作等多种方式,建立利益共享、风险分担的长期合作关系,可以有效解决体育设施领域融资渠道狭窄、政府财政压力大、公共服务效率不高等问题。

近年来,上海积极通过 PPP 模式,盘活城市闲置用地,增加体育设施供给。例如位于闵行区的"体汇+红馆"项目,由闵行区绿化部门提供场地,企业出资 2 亿元进行建设,建成后产权归政府,企业获得 20 年运营权。改建后的体汇+红馆,成为一个提供体育培训、休闲健身、运动康养等服务的体育服务综合体。再如体汇+名都体育公园的前身是一块位于高压线下的"废地",不仅环境脏乱差,且因长期闲置造成大量违章建筑出现。在企业的参与下,这块原本只能被当作垃圾场的闲置土地,最终成为体育爱好者的集聚地。

资料来源:江小涓等,《体育消费:发展趋势与政策导向》,中信出版集团,2019。

随着体制机制改革的深入,体育场馆运营权在向市场主体转移时,原先属于事业单位性质的体育场馆的用人制度和人员安排成为改革的难点。如早年上海市江湾体育场委托瑞安管理（上海）有限公司运营，但保留了场馆事业单位机构和部分人员，未能完全解决场馆改革问题。上海市体育场馆设施管理中心同时也承担了接收各类场馆改革后的原事业单位人员的重要任务。以东方体育中心为例，自上海久事体育中心接管负责运营后，原东方体育中心的事业编制人员可以选择进入久事体育场馆运营公司或被划归到上海体育场馆设施管理中心，在完全遵循自愿自主原则的基础上解决场馆改革中的人员编制问题。

专栏二　上海市体育场馆设施管理中心

为解决体育场馆市场化经营后的全民公益体育服务功能和原事业单位改制问题，2019年上海市成立体育场馆设施管理中心推进改革工作事宜。体育场馆设施管理中心作为体育局直属事业单位，承担了上海市公共体育场馆统筹管理服务的职责。

一是统筹规划与管理职能。中心配合制订区域内公共体育场馆和体育设施发展规划和实施计划，并予以实施；为各区公共体育场馆和场地设施建设与管理提供指导。

二是标准制定与监督职能。中心负责制定公共体育场馆和体育设施的建设与运营管理标准、开放服务标准和工作制度；负责组织开展对公共体育场馆和场地设施的评估检查工作，推动运营管理规范化。

三是主导场馆改革与发展职能。中心负责监管场馆运营主体，保障场馆公益属性；推动体育场馆所有权与经营权分离，并主导场馆企业化运营招投标工作。

（二）创新体育场馆运营权流转模式

体育场馆运营权的公平公开流转是体育市场化改革的重要内容，场馆资源更是体育产业的稀缺优质资源。为贯彻落实《国务院办公厅关于促进全民健身和体育消费推动体育产业高质量发展的意见》中"鼓励将场馆运营权等通过产权交易平台公开交易"的改革要求，上海体育产权交易中心完成了数项体育场馆运营权的挂牌项目。2017年上海联合产权交易所上线了体育产权交易中心，将赛事举办权、转播权、冠名权、场馆运营权等具备交易条件的体育产业项目作为服务项目，完成了众多优质体育产业资源的挂牌交易。2020年5月上海市仙霞网球中心运营权通过上海联合产权交易所的市场公开招募，以5年2350.46万元的价格被上海久事体育产业发展（集团）有限公司摘得，并实现10%的增值；2019年12月上海黄兴全民体育公园高尔夫球练习场、全民健身中心、网球场和部分配套用房四块区域资源以10年42635.79万元的价格出让，相较于14211.93万元的评估价有大幅提高。此外，2017~2018年静安区体育馆、浦东源深体育发展中心部分体育馆的运营权也在体育产权交易中心顺利挂牌交易。随着2020年上海联合产权交易所建成长三角体育资源交易平台，平台将上线更多的优质资源对接三省一市场馆服务业主体。同时，在场馆运营权挂牌的基础上，平台将融合体育场馆无形资产开发的重要趋势，推出场馆冠名权、商业赞助包厢等交易标的物，助推体育场馆资源配置更为高效和精准。

（三）着力改造体育场地消费场景

消费场景是承载消费者在特定时期或特定目的下的消费行为所需的空间形态。在传统营销过程中，消费者的休闲、文化、餐饮、娱乐等基础需求能得到满足，但是受社会体育服务供给水平制约，居民运动健康的参与和消费需求长期得不到满足。以往全民健身场地运动项目较为单一，对运动爱好者的吸引仅来自球类、游泳、健身等传统运动项目，不能激发运动爱好者潜在的消费需求。但新兴的消费场景则可形成一定品类的集合，将不同定位或产品的价值生动形象地展现出来，可以更好地吸引和引导顾客并与顾客的需求充分对接。

"体育服务综合体"致力于升级原有消费业态，以挖掘潜在消费场景为核心改造方向，是体育场地设施向消费场景改造的一次实践和探索。专业的体育业态不仅能够满足消费者的基础需求，而且通过延展产品链条，以一站式体验消费提高消费者的黏性，形成具有合力效应的复合型业态集合。体育服务综合体通过吸引体育运动者，能带动周边餐饮、康养、娱乐等业态发展，也能促进消费场景的进一步发展。目前新建或改造的体育服务综合体可以分为两类，第一类是依托大型体育场馆改建而形成的体育服务综合体。2018年上海市启动了徐家汇体育公园改造项目，以打造全新的城市公共体育活动集聚区为目标，将原上海体育场、上海体育馆等四个主要建筑及周边区域重新规划改造，调整了原有场馆的体育业态集合，形成球类、户外、健身、新兴项目等多元运动项目集合的体育服务综合体。第二类是依靠改造闲置厂房或其他城市余裕空间而建成的都市运动中心。近年来新建成的"Urban Sports Centre"（城市体育中心）、上海翔立方体育服务综合体、上海万国体育中心、上海X-PARK运动基地等体育新空间，均拥有较好的体育消费场景基础，具有清晰的经营模式和推广路径。其中上海万国体育中心由原上海世博园的非洲联合馆改建，总占地面积达3.5万平方米，包含击剑运动竞赛培训中心、篮球馆、室内骑行环道、舞蹈中心等多个场馆，馆内还设置了插花店、餐饮店、体育用品超市等多种生活服务配套设施。

专栏三　上海翔立方体育服务综合体

"上海翔立方体育服务综合体"由原上海永红煤矿机械厂等数个老旧工业厂房改建而成，改造面积近3万平方米。综合体内开设足、篮、羽、乒、健身等传统大众热门体育项目，同时也导入了高尔夫球、滑雪室内模拟机、击剑、搏击等时尚体育运动。同时，秉承体教融合理念开设武术、跆拳道、舞蹈、轮滑等青训体验场馆，并推出运动装备品牌旗舰店、家庭运动器材专卖店、运动康复养生门店等运动衍生业态。商业配套方面，影院、儿童剧场、运动主题酒吧/餐吧、咖啡、便利店、手工坊、儿童游艺等时尚缤纷的高体验业态一应俱全。综合体基本满足了周边百姓对家庭体育模式的需求，一家人都可以在"翔立方"找到自己的兴趣点。2019年"翔立方"年客流量达150万人次，营收超8000万元，组织和承办了各类专业赛事活动108场，执行团建活动82场，培训业态辐射了周边近50家青少年运动培训俱乐

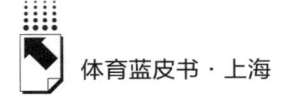

部,并作为资源服务平台和流量入口,为各俱乐部提供市场服务及人才配套等业务。

"翔立方"项目的成功获得社会广泛的关注,2017年被民政部授予"民生示范工程"的荣誉称号,2020年还被国家体育总局认定为"国家体育产业示范项目"和"体育服务综合体典型案例"。截至2019年,翔立方体育服务综合体先后已落地苏州、义乌、天津、威海、蚌埠、西安、石家庄、成都、常熟等多个城市,目前正在筹备的项目达20余个。

(四)重点建设市民体育公园

体育公园是城市生态绿色空间与体育场地设施融合发展的标志性产物。近年来,上海市加强"体绿"结合规划,通过新建、改建、扩建的形式建设了一批极具特色的体育公园。这些体育公园以大面积的园林绿化景观、丰富的运动项目场地和游览休憩场地为特色,重点承载了全民健身活动、群众赛事等大众普及性体育业态,内容多样、特色鲜明,为未来居民身边的体育场地设施建设提供了样板。

目前,体育公园主要包含三类。一是由体育中心改造而成的体育公园。闵行体育公园是上海首座体育公园,其由体育场馆区、休闲生态公园、水上游乐场三个主要部分构成,除传统运动项目外,公园还设有迷你高尔夫球场、儿童轮滑车场、垂钓场地等体育项目设施。公园景色优美、运动健身爱好者络绎不绝,已成为绿色生态与体育休闲有效衔接的示范。二是为承接专项赛事而建设的体育公园。2019年9月嘉定区上海市民体育公园·足球公园建设完成,项目占地超40万平方米,包含18片11人制足球场、32片5人制足球场和25片篮球场,配套设施、生态步道、休闲广场等配置齐全。自公园运营以来,举办了多项群众、职业体育赛事活动,接待体育运动爱好者近8万人次。新冠肺炎疫情防控期间足球公园引进线上预订和场馆智能化开放平台,于3月中旬恢复开放,在严格遵循常态化、新冠肺炎疫情防控工作要求的基础上满足了市民群众的健身需求。三是为提供居民体育健身服务而建设的体育公园。2020年10月，浦东新区上海前滩体育公园整体对外开放，项目占地23万平方米，布局有足球场、网球场、篮球场、乒乓球馆/场、健身房、室内高尔夫场地、室内儿童游乐场等多个运动场地。公园最具特色的是内含4万平方米的中央草坪，适合开展足球、橄榄球、棒球、垒球等多种运动，现已成为前滩商务区中重要的运动休闲集聚地。

（五）推动城市功能更新

随着居民的现代化社会生活需要不断提质升级，城市更新深刻改变了传统城市与居民的互动关系，以人的需求为导向的城市改建活动不断被提出并予以落实。目前，体育场馆、都市运动中心、体育公园、社区体育苑点、体育产业园区等构成了体育新空间形态。未来体育场地设施建设将更加注重城市体育空间的布局与优化，并将更加关注两者间的互动融合效应，城市与体育深度融合是未来发展的必要路径。

一方面，城市体育空间拓展以场地设施再利用、基础设施改善和城市体育健康配套为基础，共同推动城市功能更新。另一方面，体育场地设施与城市生态、绿色化发展相辅相成，融合态势与效应进一步加深。目前，上海市以老旧厂房、城市余裕空间改造建设的新型都市运动中心已超过40个，在未来，上海市将以黄浦江、苏州河沿岸和高架桥下空间开发为基础，布局多种类型的体育场地，在16个市辖区打造都市体育运动中心。

专栏四　城市体育空间融合发展的杨浦经验

上海已经进入了城市"有机更新"的新阶段。与传统"拆除新建"外延式扩张的发展老路不同，"有机更新"注重提升城市老旧空间发展的质量和活力，实现内涵式创新发展。杨浦滨江利用老工业遗存和老旧城结合改造的契机，形成黄浦江畔慢行步道系统和多个融合体育元素的社区公园。杨浦滨江岸线全长15.5公里，包含始建于1920年前后的明华糖仓、永安栈房、烟草仓库等历史保护建筑，杨树浦发电厂厂区和老旧街坊多种形态的改造空间。在体育功能改造方面，杨浦滨江已建成全线沿江步行道、跑步道和骑行道"三道系统"，同时预设大量体育赛事活动空间，2020年上海国际大众体育节在杨浦滨江揭幕，丰富多彩的展示项目和极具趣味的体验活动为居民带来独特的体育参与体验。

（六）应对新冠肺炎疫情挑战

2020年，根据新冠肺炎疫情防控工作要求，上海市所有体育场馆暂停对外开放。2020年3月17日，上海市体育局印发了《新型冠状病毒肺炎疫情期间本市体育场所复工工作指引（第二版）》，除密闭体育场所仍需要进行备案外，市区内公共体育场馆和经营性体育场所可以全面开放。在此基础上，上海市公共体育场馆积极应对新冠肺炎疫情挑战，做好场馆基础设施更新升级，调整运营管理思路，探索线上线下多元经营渠道，取得了良好的社会效益。

专栏五　场馆经营转"危"为机

虹口足球场是上海绿地申花足球俱乐部主场，新冠肺炎疫情防控期间，场馆计划的赛事和其他商业活动均无法如期举办。足球场运营方转变经营思路，首次将场地向公众开放运营，运营收益不仅基本覆盖了场地维护费用，同时也为申花球迷提供了独特的运动体验，搭建了球迷与体育场馆、主场球队间更高层次互动的渠道，成为新冠肺炎疫情防控期间专业体育场馆探索多元经营渠道的典型案例。

上海市江湾体育场始建于1934年，建筑特色鲜明、文化氛围浓厚，原场内空间仅作为足球场使用。新冠肺炎疫情进入防控常态化阶段后，江湾体育场在场内改建出一条全长750米的健身步道，并采用人脸识别系统管理入场人员，居民仅通过手机在线预约注册即可实现无人值守入场，场馆智能化改造取得良好的社会效益。

三 上海市体育场地设施建设与运营面临的问题

(一) 场地供给仍显不足

上海市2019年人均体育场地面积为2.38平方米,然而上海市与发达国家城市相比仍存在较大差距。美国城市人均体育场地面积达16平方米,日本的城市人均体育场地面积甚至高达19平方米[①]。从区域分布来看,上海市体育场地供给主要集中在外环外城区,而黄浦区、徐汇区、长宁区、杨浦区、虹口区、普陀区和静安区等中心城区的人均体育场地面积均低于全市平均水平,可供居民使用的体育场地设施明显不足。从上海市体育场地类型来看,长跑、慢走、健身苑点等基础性体育场地占据大部分,球类运动、冰雪运动等需要一定技能和技巧参与的运动项目场地数量占比仅为40%左右,尤其是涵盖马术、击剑等都市运动项目的时尚运动场地面积占比仅为0.74%,冰雪运动场地面积占比仅为0.04%[②],辖区内没有已建成的室内滑雪场地。由此可见,上海市体育场地带动运动项目产业发展的基础能力较弱。从场地供给情况来看,教育行业的体育场地面积和数量分别占总体的26.84%和22.38%,学校体育场地开放程度不高成为制约居民"十五分钟健身圈"建设的重要因素。为此,2019年上海市教委、市体育局等相关部门出台了《关于进一步加强本市学校体育场馆向社会开放工作的实施意见》,推动田径场等学校室外场地设施向社会开放。未来一段时间内,在政府、学校和社会三方的共同努力下,上海市将逐步扩大体育场地供给,满足居民体育用地需求。

---

① 《破解人均不足1.6平方米的全民健身场馆之困》,人民健康网,2018年6月5日,http://health.people.com.cn/n1/2018/0605/c14739-30036637.html。
② 由第七次全国体育场地普查数据整理得到。

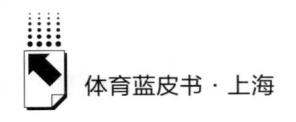

（二）体育场馆资源与赛事能级存在差距

上海市提出到2025年基本建成全球著名体育城市的目标，未来或将承办国际体育赛事，而上海正面临大型综合性赛事举办条件不足的问题。大型场馆配套设施不足、与赛事能级不匹配、旧场馆改造与定位缺乏统一布局等问题都将阻碍上海建设"国际体育赛事之都"的进程。2019年上海市举办了163项国际国内体育赛事，现场受众高达209万人次，ATP上海大师赛、F1中国大奖赛等国际品牌赛事现场受众超过15万人次[①]。而上海体育场作为上海最大的体育场馆，设有5.6万个座位，最多可同时容纳8万人，这与上海的赛事能级相比，显现了体育场馆资源相对滞后，制约了上海承办国际顶级体育赛事的能力。

（三）场地数字化、集约化管理有待提升

上海市目前有多个体育场地网络信息服务平台，但各个信息平台间数据不互通，场馆信息集约能力不足。如"上海市体育场馆设施管理中心"微信小程序仅可预约田林体育俱乐部、上海市体育宫、仙霞网球中心等7个体育场馆；"上海市社区体育设施信息化管理服务平台"网站涵盖了全市17184个体育健身苑点，但仅可在网络上对健身苑点位置、类型、器材信息等进行查询；"来沪动·健身地图"微信小程序的体育场馆信息采集不全，且无法通过平台直接完成场地预约、在线付费、教练预约、场地活动信息等关键功能；"大众点评""支付宝—运动""51运动"等市场主流的体育场地预订平台也未能实现整体场地覆盖，存在不同场地需要去不同平台预约付费的问题。相较于杭州市上线"杭州市·杭州市民卡"手机应用，市民可以在手机应用内查询主城区的251所中小学体育场地设施信息，并可就近选择学校场地预约，上海市体育场地网络信息平台建设有待提升。

---

① 《2019年上海市体育赛事影响力评估报告》，上海市体育局网站，2020年6月1日，http：//tyj.sh.gov.cn/gzdt2/20200602/6d78004a239f4dc791b294e5610120a0.html。

（四）场地运营服务效益有待提高

体育场地打造多元化休闲运动空间，不仅需要建设高效的运动空间管理平台，还需要提供完善的公共体育服务。目前，上海市传统场馆向城市体育服务综合体的改造更新逐步完成，但大部分体育场地经营管理仍以简单的场地开放收费、结构单一的运动食品饮料销售作为场地收入。如何提高场地智能化运营水平，改进配套服务供给，提高居民运动参与体验，培育居民养成体育消费习惯是体育场地运营服务未来发展需要解决的问题。另外，上海市场馆运营引入社会力量依然不足，受场馆管理和运营机制的制约，委托运营方式还不够普及，场地使用效率和服务质量还有待提升。在此方面，上海市可学习浙江一些城市的经验。温州市作为全国唯一以社会力量办体育试点的城市，于2020年9月出台《关于鼓励社会力量投资建设与运营体育场所的意见》，温州市政府在拓宽社会资本参与场馆建设运营方式以及土地、规划、财政、金融等方面给予大力支持。

四 上海市体育场地设施建设与运营的创新发展方向

（一）优化体育场地空间布局

面对体育场地设施数量与质量的发展问题，上海体育场地发展应形成体育场地设施空间布局总体方案，突出各区域体育场地空间职能划分，实现以居民多种需求为核心的体育场地空间功能与服务集聚。其应包括观赛、参赛等体育赛事场馆功能的集聚和以社区健身休闲服务为核心的扩散结构。上海应依托优质的赛事资源，建立与赛事能级相匹配的场地设施，尤其要鼓励建设或改造电竞场馆，支持打造电竞产业集聚区，合理利用城市空间资源，推动体育赛事在全市均衡合理布局。此外，在新冠肺炎疫情防控常态化趋势下，在规划大型体育场馆和全民健身场地时，可以结合区域公共卫生、安全应急体系协同规划，充分发挥体育场馆在重大公共卫生、安全事件中的空间应急功能。

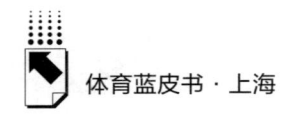

（二）明确体育场地智能化标准

体育场地智能化是体育场地空间发展的必然趋势，今后可以通过分类明确不同规模和功能的体育场地空间标准，以标准化提升城市公共体育场地空间的建设运营服务水平。加大场馆智能化改造力度，明确场馆智能化应用体系。以 5G 和高速 Wi-Fi 覆盖、完整的数据和场馆管理系统、大型互动显示屏及相关互联应用为重点推动竞赛级大型体育场馆的技术创新；以链接体育参与者的运动健康消费需求、互动感应和智能控制、智能化识别和引导、绿色生态为重点提高全民健身场馆的智能化水平。

（三）培育体育场地空间运营主体和服务品牌

体育场地空间运营主体是支撑体育场馆服务业发展的关键点。上海在巩固大型场馆运营管理服务商的基础上，应加强培育体育休闲产业园区、全民健身中心、都市运动中心等二级体育场地，以及社区全民健身苑点、学校体育场地等三级体育场地的运营服务企业，加大对智能体育场馆设备及应用供应企业的扶持力度。推动连锁化、场景化、娱乐化、自助化的体育场地服务体系和品牌构建，推动已形成规范管理和运营经验的场地服务企业向外输出管理模式，塑造上海市体育场馆服务品牌。

参考文献

清华五道口体育金融研究中心：《城市发展视域下国际城市体育空间研究》，2019年10月1日，http：//www.pbcsf.tsinghua.edu.cn/portal/article/index/id/4737.html。

戴德梁行：《2019 上海城市更新白皮书》，2019 年 11 月 28 日，https：//www.cushmanwakefield.com.cn/。

李慧林：《我国城市社区体育的分化性发展与张力整合》，《体育与科学》2020 年第 3 期。

肖坚、邹佳慧、刘舒鹏：《国有体育场馆运营管理的改革创新研究——基于上海浦东游泳馆的经验与启示》,《商丘师范学院学报》2018年第12期。

李陈:《上海市公共体育设施建设效应评价研究》,《体育科研》2019年第2期。

兰燕:《我国体育服务综合体可持续发展的路径研究》,载《第十一届全国体育科学大会论文摘要汇编》,2019。

刘宏亮、刘红建、沈晓莲:《英国"体育的未来"新战略:内容、评价及镜鉴》,《沈阳体育学院学报》2019年第6期。

B.5
上海市青少年体育培训市场发展报告

黄海燕 徐烨*

摘　要： 本报告以青少年体育培训业为切入点，探究了目前上海市青少年体育培训市场的发展情况。报告指出，上海市青少年体育培训市场正迈入稳步发展阶段，在市场主体壮大、青少年体育赛事体系构建、行业规范完善以及项目格局形成等方面都取得进展。然而体育培训行业所具有的客单价低、标准化困难、投融资市场不成熟和扩张模式不清晰等特征又决定了行业发展存在"天花板"。结合目前上海市青少年体育培训消费特征和体育培训行业发展的新趋势，报告提出了促进上海青少年体育培训市场发展的若干建议。

关键词： 青少年体育　体育培训业　青少年体育俱乐部

"少年强则国强"，青少年的身体素质关乎国家未来。国家层面陆续出台了一系列政策文件，推动将青少年身体素质纳入学校教育和学生评价的范围，鼓励青少年掌握1~2项运动技能，养成健康的生活方式。这也为青少年体育培训市场发展创造了有利条件。近年来，上海市青少年体育培训市场发展迅速，一方面得益于国家对青少年身体素质的日益重

---

* 黄海燕，体育人文社会学博士，教授，博士生导师，上海体育学院体育科学研究院副院长、上海运动与健康产业协同创新中心副主任，主要研究方向为体育产业、体育赛事、体育旅游等；徐烨，经济学硕士，上海体育学院上海运动与健康产业协同创新中心助理研究员，主要研究方向为体育产业。

视，另一方面也是社会发展、人民需求转变以及体育产业不断壮大的必然结果。

一 上海市青少年体育培训市场概况

近年来，上海市体育市场发展逐渐走向理性化和规范化，体育培训行业市场规模也从快速发展期进入相对稳定的发展期。2015～2018年整个行业呈快速发展趋势，总规模从12.49亿元增长至27.54亿元，增加值从10.00亿元增长至17.55亿元（见图1），总规模和增加值的年均增速分别为30.16%和20.62%。2018～2019年上海市体育培训行业发展规模呈现小幅缩减趋势。虽然近两年体育培训行业增长速度减慢，但是上海市青少年体育培训市场仍迸发出强大活力，未来可期。从目标客户年龄阶段来看，青少年体育培训市场目标用户集中在6～17周岁人群，整个市场潜力巨大。据上海市体育消费调查，青少年是体育消费的主力军，且主要集中在体育培训领域。2019年上海市6～17周岁青少年人群人均体育消费为3619元，超过上海市人均体育消费水平。

1. 市场主体多元化

目前上海市青少年体育培训市场主体包括三类，一是营利性体育培训机构，主要指开展体育培训业务的商业化公司；二是非营利性体育培训机构，如青少年体育俱乐部；三是青少年体育行业组织，如上海市青少年体育协会以及各单项体育协会。营利性体育培训机构是上海市青少年体育培训市场的主体，上海市体育产业统计数据显示，2018年全市共有14家体育培训企业进入500强体育企业，营业收入合计达到7.89亿元，2019年进入500强名单的体育培训企业为13家，营业收入有小幅增长，达到8.36亿元[①]。总体而言，上海市青少年体育培训市场呈现"小而美"的特点，虽然市场主体

[①] 《2019年度上海市体育产业统计公告》，上海市体育局网站，2020年12月11日，http://tyj.sh.gov.cn/ggtz2/20201211/0ccc7a75a7e747fbb19848aca326120b.html。

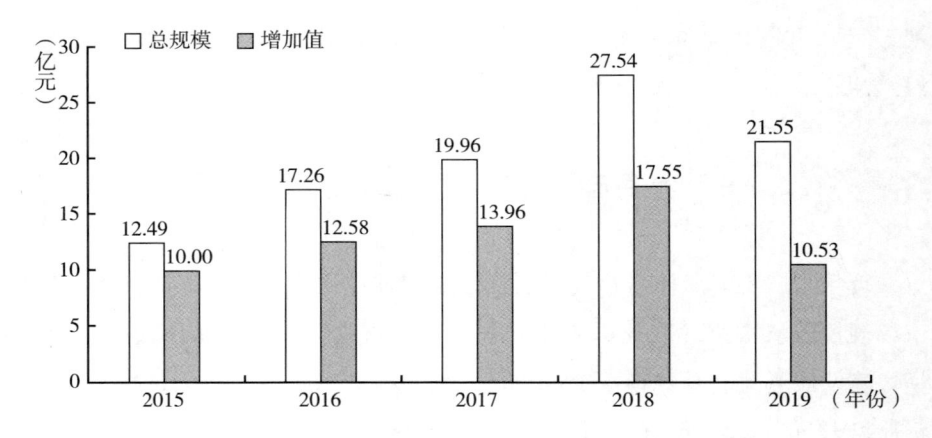

图 1　2015～2019 年上海市体育培训业总规模及增加值

资料来源：2015～2019 年度《上海市体育产业统计公告》，上海市体育局网站，http：//tyj. sh. gov. cn/ghjhxx/20170214/0027 – 131406. html，http：//tyj. sh. gov. cn/tycy4/20170925/0027 – 126620. html，http：//tyj. sh. gov. cn/tycy4/20180829/0027 – 126725. html，http：//tyj. sh. gov. cn/tycy4/20191022/0027 – 126855. html，http：//tyj. sh. gov. cn/ggtz2/20201211/0ccc7a75a7e747fbb19848aca326120b. html。

在数量和规模上相对弱小，但随着体育培训市场的逐步成长，未来发展前景较好。青少年体育俱乐部是体育行政部门利用体育彩票公益金，依托各级各类学校（体校）、体育场馆、社区、基层体育项目协会等单位组织和创建的公益性群众体育组织。青少年体育俱乐部的主要活动对象是青少年，主要任务是增强青少年体质、丰富活跃青少年业余文化生活，主要活动形式是组织青少年开展日常活动、技能培训、竞赛交流、夏（冬）令营[1]。截至 2019 年 4 月，上海市已建有青少年体育俱乐部 291 家，并以每年增加 20 家左右的速度稳步发展[2]，其中 2019 年新建市级青少年体育俱乐部 22 家。依托青少年体育俱乐部，2019 年上海市共开展 466 期青少年夏（冬）令营，配送体育项目技能培训课程至全市 556 个爱心暑托班及安心暑托班，惠及全市青

---

[1]《暑期到青少年体育俱乐部健身去》，上海市体育局网站，2014 年 6 月 26 日，http：//tyj. sh. gov. cn/bmxx/20140626/0027 – 23230. html。

[2] 上海体育：《2019 年全国青少年体育工作会议召开，上海做经验交流》，2019 年 4 月 3 日，https：//baijiahao. baidu. com/s? id = 1629795875838718709&wfr = spider&for = pc。

少年超过6万人次,并开展10个项目74个青少年体育社区体育配送班,配送课程462次,覆盖全市50多个街镇①,成为上海市青少年体育培训市场的中坚力量。青少年体育行业组织则发挥着加强青少年体育行业管理和自律的作用。其中上海市青少年体育协会通过承接政府购买服务的方式加快转型发展,打造承担青少年体育公共服务、引领青少年体育组织发展的枢纽型组织。目前协会共有各类青少年体育俱乐部、体育公司等会员单位256家。

2. 体育赛事体系化

开展青少年体育赛事活动是检验青少年体育培训成果的重要手段,也发挥着市场宣传、强化运动意识的作用。目前,上海市青少年体育市场共有三大类赛事,分别是少儿体育联赛、青少年体育俱乐部联赛和青少年体育精英系列赛(原上海市青少年体育十项系列赛),三项赛事共同构成青少年体育赛事体系。其中少儿体育联赛定位于青少年体育普及推广,帮助青少年儿童培养运动兴趣、养成运动习惯。青少年体育俱乐部联赛主要面向拥有一定基础的青少年运动爱好者,是他们在学习体育技能之余可以交流、展示的平台。青少年运动爱好者通过参加比赛,也有利于自身体育技能水平进一步提高。青少年体育精英系列赛则在俱乐部联赛的基础上,旨在培养青少年体育后备人才,帮助青少年运动员发掘潜力,是上海市青少年赛事体系"金字塔"的塔尖②。

专栏一　上海市青少年体育俱乐部联赛

上海市青少年体育俱乐部联赛创办于2015年,经过六年发展,比赛项目已经由最初的3项,发展为如今的18项,参赛人数从最初的200多人,扩大到如今的1000余人。相比其他青少年体育赛事,青少年体育俱乐部联赛的各个项目全部由社会力量承办,参与门槛低,更注重发挥各运动项目的

---

① 《关于印发〈2019年上海市体育局工作总结〉的通知》,上海市体育局网站,2020年1月8日,http://tyj.sh.gov.cn/glywxx/20200329/fa5a96890f774aa3ae9ab949c366edb5.html。
② 李一平:《覆盖各年龄、不同竞技水平,上海打造青少年体育竞赛"新体系"》,上海市青少年体育,2020年4月7日,https://mp.weixin.qq.com/s/RowLX-aGauVJXFRcOzDEjw。

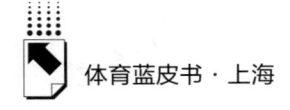

普及作用。

2020年的青少年体育俱乐部联赛不仅赛事项目增加，而且参赛范围也进一步扩大。青少年体育俱乐部、体育公司、学校等相关组织机构及个人均可报名参赛，包括上海在内的长三角地区的团体和个人也可参与到赛事的报名中。

3. 行业管理规范化

为保障上海市体育培训市场健康发展，上海市政府先后出台一系列政策文件，规范市场有序发展。2019年11月，上海市政府颁布《关于加强本市培训机构管理促进培训市场健康发展的意见》和《上海市培训机构监督管理办法》，文件提出将体育指导纳入"大教育"培训市场框架，并将建立健全覆盖各类培训服务的综合治理体系，全面提升培训机构规范水平、促进培训市场健康发展。在此基础上，2020年6月，上海市体育局出台《上海市体育局关于做好体育培训市场治理工作的通知》，进一步明确体育培训的监管范围和监管职责，加强对体育培训市场的监管，规范体育培训机构的经营行为，维护相关各方的合法权益，为体育培训市场良性发展提供保障。

4. 消费市场细分化

随着素质教育的不断推进，青少年体质健康问题日益受到重视，家长对于体育培训的消费观念发生了巨大变化，具体表现在以下两方面。一是体育教育"关口"前移，学龄前儿童的启蒙体育教育受到关注。在此背景下，传统体育培训项目呈现低龄化特征，足球、篮球、羽毛球、游泳、跆拳道等传统项目开始面向学龄前儿童招生。主打幼儿体能培训的机构也受到市场欢迎，例如少儿体适能训练、少儿体操等项目已成为近年来上海市体育培训市场的热点。二是受政策影响，面向中小学生的体育培训需求成为刚需。目前一些体育培训机构针对这一趋势纷纷推出面向升学考试的体育培训课程，并推动青少年体育消费市场向更加细分化、专业化的方向发展。

根据市场发育程度、市场主体数量以及参与人数，上海市青少年体育培训消费项目可细分为三类：大众项目、时尚项目和新兴项目。其中大众项目包括足球、篮球、排球、游泳、羽毛球、乒乓球、跆拳道等。这类运动项目进入市场早，大众对其认知度高，参与培训的青少年人群也最为广泛。根据2019年上海市6~17周岁青少年体育培训项目参与人数的统计数据，仅参与游泳、潜水和羽毛球培训的人数占比就已超60%，传统培训项目占有绝对市场优势（见图2）。例如优体青少年体育俱乐部、小赛虎足球、YBDL青少年篮球、启明青少年羽毛球等体育培训机构均在上海拥有10家以上门店，在训会员数量近万人。时尚项目包括网球、轮滑、自行车、击剑、棒球、垒球、帆船等。这类项目大多受到发达国家青少年体育培训市场发展影响，逐步进入国内市场，在青少年群体中已经拥有较高的接受度和参与度，2019年上海市青少年参与时尚项目培训的比例超10%，发展前景较好。经过几年的发展，涌现出不少龙头企业，如开展击剑培训的静安王磊体育俱乐部已在全市范围内拥有300余家培训网点。新兴项目则是伴随近几年社会变迁、居民需求变化以及政策变化应运而生的项目，包括少儿体适能、电子竞技、冰雪运动、壁球、马术等。虽然目前新兴项目的参与人数较少，但是受市场以及政策因素影响，未来发展潜力较大。

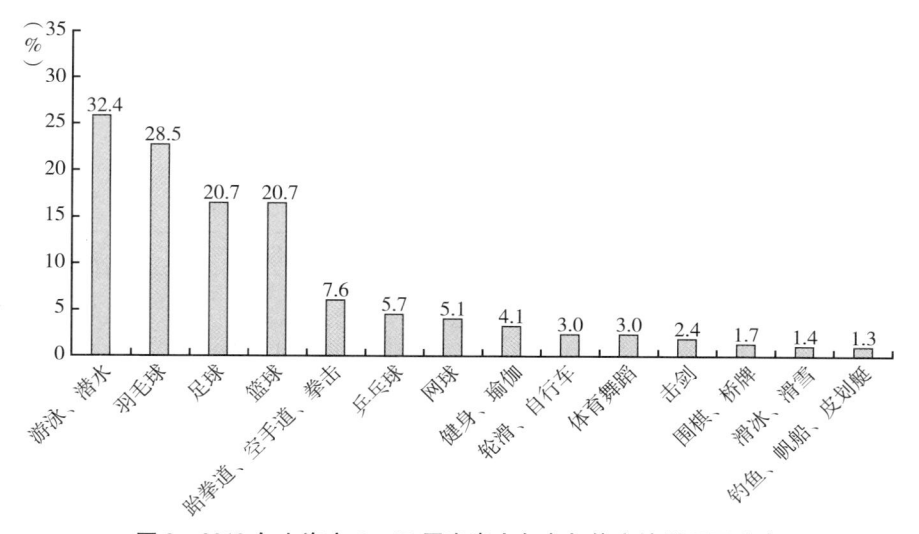

图2　2019年上海市6~17周岁青少年参与体育培训项目分布

资料来源：上海市体育局、上海运动与健康产业协同创新中心《2019上海市体育消费调查报告》。

二 上海市青少年体育培训市场发展亮点

（一）受投融资市场青睐

体育培训行业小微企业众多，小规模、轻资产的经营模式灵活，属于典型的"小而美"行业。体育培训行业与教育培训行业相似，课程费用、培训费用采用预付款缴费方式，为企业带来了长期充足、稳定的现金流，能有效增加风投、基金等市场资本对体育培训行业投资的信心，有效缓解大量体育培训企业的融资压力。目前，多家具备规模效应的体育培训机构受到投融资市场的青睐（见表1）。例如，2019年1月，小小运动馆获得复星集团的控股投资。早在2010年小小运动馆就已经进入中国市场，经过近10年的发展，截至2020年10月，在全国27个省、直辖市拥有门店近150家，仅在上海一地就拥有培训网点近30个，2019年服务会员2万人次。2019年10月，少儿体育教育公司牛牛成长获得联创永宣的控股投资，完成数千万元A轮融资，最新估值达到1.5亿元①。虽然2020年以来受新冠肺炎疫情影响，资本对体育行业投资更加谨慎，但是在经济全面复苏阶段，2020年1~9月体育行业发生了31起投融资事件，融资额高达17亿元②，体育培训行业蓄势待发，未来发展潜力巨大。

表1 2019年上海市青少年体育培训市场投融资情况

时间	项目名称	轮次	金额	投资方	最新估值
2019年10月	牛牛成长	A轮	数千万元	联创永宣（领投）盈动资本	1.5亿元
2019年9月	英士博	天使轮	未透露	荣安创投	500万元
2019年8月	乐体运动	A+轮	5000万元	深圳厚德前海基金	2.5亿元
2019年8月	快网网球	天使轮	1000万元	启赋资本	5000万元
2019年1月	小小运动馆	未透露	未透露（控股）	复星集团	未透露

资料来源：IT桔子投融资数据库，https://www.itjuzi.com/dataservice.html。

① 《专注"家门口的体育课"，"牛牛成长"获数千万元Pre-A轮融资》，36氪，2019年10月30日，https://36kr.com/p/1724516204545。
② 《蓄势而上，中国体育产业2020年度观察丨嘉年华》，懒熊体育，2020年10月25日，https://new.qq.com/omn/20201025/20201025A0BZEV00.html。

（二）OMO 模式成为行业新风口

为应对新冠肺炎疫情，上海市青少年体育培训行业进行了多维度的探索，新的商业模式开始出现，并逐渐成为行业发展的新趋势。在线下课程停滞的时期内，更多机构开始探索线上业务，体育培训行业的 Online-Merge-Offline（OMO）模式应运而生。OMO 模式是一种线上线下深度融合的商业模式，本质上是一种全网思维，即利用线上渠道的优势和特色对线下各个流程进行反馈和提升。OMO 模式具有全方位改造和提升体育培训行业的潜力，目前被运用于体育培训行业的教务流程、招生获客、教学、学员和家长服务等方面①。当 OMO 模式运用于教学环节，呈现为线上课程；运用于招生环节，呈现为社交媒体和社群运营；运用于教学反馈，呈现为智能运动装备监测运动数据反馈。2020 年新冠肺炎疫情的暴发成为加速体育培训行业线上化进程的重要因素，过去专注于线下教学的体育培训机构不得不加快转战至线上，纷纷推出直播课、短视频课等内容，更多企业开始进一步探索企业转型的 OMO 战略，这势必将带来整个青少年体育培训行业在商业模式和组织结构等方面的变革。

（三）与其他业态互动更加紧密

虽然目前上海市体育培训市场的发展程度不高，但作为一个单独业态，它对于体育产业整体发展却发挥着基石和桥梁的作用。首先，体育培训能培养人的运动技能，这是开展休闲健身及其他体育活动的基础。近年来，从国家层面到地方层面都出台了一系列政策措施，强调青少年体育教育的重要性，如由中共中央办公厅、国务院办公厅印发的《关于全面加强和改进新时代学校体育工作的意见》，逐步将体育教育提升到与文化教育同等的地位。其次，体育培训行业具有强关联性，对场馆服务业、竞赛表演业、体育

---

① 赵晶晶：《打响 OMO 战役以寻生存，新模式对体育培训机构来说，是伪命题还是救命之举？》，弈体谈，2020 年 3 月 30 日，https://mp.weixin.qq.com/s/bKk7VrNSave8iL86vYLG6Q。

用品业等其他业态都有显著的带动作用。开展体育培训活动，盘活了大量体育场地设施，青少年人群参加体育活动也带动了相关体育用品装备的生产销售活动。最后，上海市体育培训企业为拓展业务范围，提升经营活动的抗风险能力，也围绕周边业态进行多维度的探索。如跃动跳绳、索福德足球等企业，或从体育培训起家然后逐步拓展其他业务，或在原有业务的基础上加入体育培训业务，盘活原有的场馆资源，形成公司经营的良性循环。

（四）与体育赛事形成良性循环

经过多年的实践与发展，上海市青少年体育培训市场正逐步形成体育培训与体育赛事良性互动、相互促进的良好局面，对提高青少年体育运动参与度、提升青少年体育运动的能力和水平，以及培养体育后备人才发挥了至关重要的作用。首先，举办体育赛事能扩大运动项目普及，吸引更多青少年参与到运动项目中。例如"新民晚报杯"中学生足球赛、"东方体育日报杯"中小学生乒乓球比赛都是上海传统青少年体育赛事，分别已经举办了35届和17届，对于足球和乒乓球运动项目的普及、推广具有重要意义。2019年，上海市举办首届MAGIC3上海市青少年三对三超级篮球赛，该比赛成为向青少年普及篮球运动、推广篮球文化的重要途径，并逐渐发展成具有较大影响力的上海自主IP青少年体育品牌赛事。其次，"以赛代练"模式也是检验青少年体育培训效果、提升青少年运动水平的重要手段。由原上海市青少年体育十项系列赛升级而来的上海市青少年体育精英系列赛就是与青少年选材相结合、发挥竞赛杠杆作用、旨在通过赛事平台培养更多优秀的竞技体育后备人才的体育比赛，被称为上海体育人才的"练兵场"。此外，面向上海市全体青少年的俱乐部联赛也为广大青少年参与体育运动提供展示和切磋的舞台，并发挥着提升青少年参与体育运动的积极性和水平的作用。

专栏二　MAGIC3上海市青少年三对三超级篮球赛

MAGIC3上海市青少年三对三超级篮球赛是由市体育局和市教育委员会

主办的一项青少年品牌赛事。自2019年举办首届比赛以来，受到广大青少年篮球爱好者欢迎，2020年第二届MAGIC3比赛共吸引了2168支球队，近9000名选手，并设置"女孩专场""MINI MAGIC3专场""BIG MAGIC3专场""国际专场""动漫专场""市民运动会专场"等特色主题活动，在青少年人群中形成了浓厚的篮球参与氛围。

MAGIC3作为一项新兴创办的篮球赛事，对于在青少年人群中普及篮球文化具有重要意义，也带动了青少年篮球培训市场的发展。该比赛面向所有适龄青少年，"零门槛"保证每个篮球爱好者都有参与的机会。比赛还邀请知名篮球运动员刘炜和爱好体育运动的青年演员吴磊作为公益形象代言人，宣传篮球文化，推广篮球运动。在MAGIC3比赛的影响下，更多的青少年将爱上篮球运动，参与篮球运动，也在客观上繁荣了篮球培训市场。

三 上海市青少年体育培训行业痛点

（一）行业管理规范尚不完善

健全的市场运行机制是行业发展的基础。目前，上海市体育培训行业管理规范尚不完善，制约了行业的整体发展。一是市场管理体制不健全，管理部门职责不清，部分领域存在体育、教育、物价等多部门交叉管理和无人管理的情况。二是企业经营评价体系尚不健全，行业缺乏龙头企业和"风向标"的引导，导致市场主体发展难以形成规模效应。三是行政部门监管不到位，行业进入和退出缺乏规范管理，特别是对企业运营资金缺乏有效监管，企业资金链断裂的情况时有发生。

（二）市场有效需求不足

受当前我国教育评价体系的制约，青少年身体素质评价尚未达到与文化素质评价同样的高度，这就决定了青少年体育培训相比文化教育培训"刚需程度"不足。根据2021届上海市中考政策，总分750分中体育的分值仅30分，占总分值的4%。在这种学生评价体系的引导下，青少年及家长必然将更多的时间和金钱投入文化教育培训。不仅如此，在青少年体育培训服务供给市场，课程单价较低也是限制行业发展的重要因素。与文化教育培训的课程单价相比，体育培训课的价格往往低于文化课，平均价格不超过200元/节（马术、高尔夫球、帆船等项目除外）。在时间和价格的双重约束下，青少年体育培训行业的"天花板"显著，不仅难以培育出独角兽公司，也制约了行业整体发展。另外，一些马术、高尔夫球、帆船等体育项目难以大规模推广，这种专门面向高收入家庭的培训项目客户基础相对薄弱，市场有效需求不足。

（三）标准化工作相对滞后

体育产业是项目产业，各个业态都与运动项目息息相关。目前上海市体育培训市场上较为常见的项目就有20余项，每个运动项目各具特色，对场地、教练员、课程、考核评价的要求也各不相同。这也就意味着体育培训市场的标准化体系涉及的内容多、专业性强，大大增加了整个市场标准化的难度。当前上海市仅针对游泳和攀岩两项高危性体育项目出台相应的经营许可实施办法[1]，跆拳道和足球培训的相关管理规范和标准正在加紧制订中，其余大多数培训项目还处在没有统一服务标准和管理标准的局面下。全国范围内，体育培训的标准化工作也较为滞后，2013年出台的《体育场所开放条件与技术要求》[2]针对32类运动项目场所提出了规范要求，而涉及服务质

---

[1]《上海市高危险性体育项目（游泳）经营许可实施办法》《上海市高危险性体育项目（攀岩）经营许可实施办法》，上海市人民政府网站，http://service.shanghai.gov.cn/XingZhengWenDangKuJyh/XZGFDetails.aspx?docid = REPORT_ NDOC_ 003471，http://service.shanghai.gov.cn/XingZhengWenDangKuJyh/XZGFDetails.aspx?docid = REPORT_ NDOC_ 003472。

[2] 中华人民共和国国家质量监督检验检疫总局、中国国家标准化管理委员会：《体育场所开放条件与技术要求》，全国标准信息公共服务平台，http://openstd.samr.gov.cn/bzgk/gb/std_ list?p.p1 = 0&p.p90 = circulation_ date&p.p91 = desc&p.p2 = %E4%BD%93%E8%82%B2%E5%9C%BA%E6%89%80%E5%BC%80%E6%94%BE%E6%9D%A1%E4%BB%B6%E4%B8%8E%E6%8A%80%E6%9C%AF%E8%A6%81%E6%B1%82。

量、服务水平方面的标准几乎为零。标准化工作的滞后又导致了从业人员鱼龙混杂、服务质量参差不齐、行业投诉率居高不下等连锁问题,制约体育培训市场健康有序发展。

(四)企业盲目扩张,经营不善

受制于课程单价低、固定成本高等因素,体育培训机构想要做大做强,扩张门店是最简单且快速的方法。许多培训机构在具有一定规模并获得投资后,都不约而同地加快了门店扩张的速度。直营和加盟是大多数培训机构扩张的两种模式。在直营模式下,企业能更好地把控扩张门店的服务质量、教学水平,对于企业发展初期品牌塑造更有利。但直营模式也对企业的资金情况和财务管理水平提出了更高的要求——门店开张的场地、人力成本等都由总部来承担,资金链的管理也更为复杂。不少曾经是市场佼佼者的全国性体育培训机构,都因为直营扩张速度过快,成本支出骤然增加,资金链断裂,最终不得不退出市场。也有一些机构为了减小资金压力,开放加盟模式。在这种模式下,能以最低的投入实现门店快速扩张,每年还能向加盟商收取加盟费。但加盟模式必须要保证各加盟商对企业文化具有认同感,对服务品质的把控也更为困难。许多机构在单店模式尚不成熟的情况下选择加盟模式盲目扩张,导致出现资金链断裂问题。2020年新冠肺炎疫情的暴发进一步加速了上述问题的暴露,多家曾经是行业领头者的全国性体育培训机构都遭遇资金链断裂问题,趣动旅程、咕噜咕噜、巨石达阵都面临着关停门店、倒闭的结局。如何处理好门店数量扩张、资金管理和品牌维护三者的关系,是青少年体育培训行业的长期命题。

四 青少年体育培训市场发展建议

(一)推动体教融合,引入社会力量进校园

在目前体教融合的大背景下,政府鼓励每名学生熟练掌握1~2项终身

受益的运动技能。各中小学校广泛开展体育特色技能培育项目，市场需求量庞大，可在部分领域引入社会力量，兴办体育培训服务。在购买服务方面，鼓励大、中、小学向社会体育组织购买体育教学和教练指导服务，普及体育运动技能。在人才培养方面，培训业为竞技体育培养后备人才，要支持学校与体育部门建立运动员共同培养机制。在创新供地模式方面，鼓励社会力量拓宽校园运动场地利用方式，加大学校体育场、体育馆对外开放力度，鼓励试行社会资本投资运营学校体育和场馆的政策[1]，使学校体育场地资源效用最大化。

（二）加强行业规范，深化放管服改革

体育行政"放管服"改革的核心目标是"简政放权、放管结合、优化服务"。要持续推进培训市场的"放管服"改革，不仅要加强行业规范建设，还要提高政府服务能力和水平。社会体育组织、培训机构等体育培训行业主体都应规范化经营。在场所条件、师资条件、收费管理、教学质量等方面都应严格遵循规范化要求。同时，政府要落实相关税收优惠政策，在体育场地利用、企业融资等方面提供政策支持，做好政策保障工作，改善行业营商环境，激发市场主体的发展活力和潜力。

（三）丰富体育服务供给

上海市青少年体育培训市场主体具有显著的小微企业特征，鼓励小微企业发展壮大，规范其经营服务水平，提升抗风险能力是发展体育培训市场的重要内容。加快探索各级政府支持体育培训小微企业的创新经营管理方式，鼓励社会企业运用市场模式建设青少年体育俱乐部，打通各类市场主体参与举办体育赛事的渠道，建立面向青少年社会体育俱乐部的竞赛制度。同时，针对社区供地不足的问题，政府要加强社区青少年体育设施的规划和建设，积极构建青少年参与体育运动的社区场景。

---

[1] 江小涓等：《体育消费：发展趋势与政策导向》，中信出版社，2019。

社会主体也应当积极探索运用装配式场馆、合并运营等创新方式来破解场地资源限制问题。

（四）加快行业标准化建设

青少年体育培训行业是近 20 年快速成长壮大的新兴行业，在行业标准建设方面基本处于空白状态。体育培训行业本身具有广泛涵盖运动项目的特征，这样的特征就决定了标准化建设涉及面广、专业性强，因此，体育主管部门亟须组织各行业协会加紧编制行业标准。尤其要加快制订青少年体育设施场地标准、青少年体育培训服务标准、社会体育俱乐部进校园的准入标准，为青少年参加体育运动提供安全可靠的场所设施，提升市场主体提供体育培训服务的质量和水平。

参考文献

李瑛、郇昌店、刘远祥：《我国青少年体育技能培训市场现存问题、致因与治理对策》，《山东体育学院学报》2020 年第 1 期。

胡良平、骆秉全：《新型冠状病毒肺炎疫情影响下中国体育培训企业发展困境及对策》，《首都体育学院学报》2020 年第 3 期。

鹿云昭、陈元欣：《我国小众体育项目培训业发展研究》，《体育文化导刊》2018 年第 7 期。

田丰：《发达国家青少年体育发展的经验梳理及启示》，《中国青年研究》2017 年第 12 期。

李屹松：《澳大利亚政府购买体育培训服务的经验与启示》，《北京体育大学学报》2018 年第 1 期。

B.6 上海市体育用品业发展报告

任 波*

摘 要： 在上海加快建设卓越全球城市进程中，探究上海体育用品业发展现状、特点、问题、趋势与对策，有利于推动上海体育用品业高质量发展。近年来，随着上海体育用品业转型升级加快，体育用品业的规模、市场主体、盈利状况等向好。整体上，上海体育用品业具有政策环境向好、集聚水平较高、总部经济作用显著、研发能力较强、体育用品消费显著发展等特点，并呈现出体育用品生产向定制化转型、体育用品销售向线上化转型、体育用品制造向智能化转型的发展趋势。基于此，本报告提出探索体育用品新零售模式、建设世界体育用品企业总部、推动体育制造业从"制造"向"智造"转型、推动体育制造业数字化转型等对策建议。

关键词： 体育用品业 体育制造业 体育贸易业 上海市

近年来，在上海大力推动体育总部经济、促进体育用品贸易快速发展背景下，上海体育用品业发展获得了良好外部环境。本报告对上海体育用品业发展进行分析，主要从体育用品及相关产品制造业（简称"体育制造业"）和体育用品及相关产品销售、出租与贸易代理业（简称"体育贸易业"）两个维

---

* 任波，体育管理博士，盐城师范学院讲师，主要研究方向为体育产业。

度展开，首先分析上海体育用品业的发展现状，其次探析上海体育用品业的发展特点，再次解析上海体育用品业发展存在的问题以及发展趋势，最后提出上海体育用品业发展的对策，以为新时代上海体育用品业高质量发展提供理论参考。

一 上海体育用品业发展现状

（一）规模状况

上海市体育用品业规模进入快速调整阶段。从2017～2019年上海市体育用品业数据看，体育制造业总规模由412.45亿元，下降至336.25亿元，降幅达到18.47%；体育制造业增加值由79.77亿元，下降至69.75亿元，降幅达到12.56%。体育用品及相关产品销售、出租与贸易代理业总规模由461.37亿元，增长至678.56亿元，增幅达到47.08%；体育用品及相关产品销售、出租与贸易代理业增加值由210.22亿元，增长至279.17亿元，增幅达到32.80%（见表1）。整体上看，具有服务业性质的体育贸易业增长幅度较大，而具有制造业性质的体育制造业降幅较显著。

表1 2017～2019年上海市体育用品业总规模和增加值

单位：亿元，%

	2017年	2018年	2019年	增幅
体育用品及相关产品制造业总规模	412.45	351.81	336.25	-18.47
体育用品及相关产品制造业增加值	79.77	69.35	69.75	-12.56
体育用品及相关产品销售、出租与贸易代理业总规模	461.37	589.75	678.56	47.08
体育用品及相关产品销售、出租与贸易代理业增加值	210.22	279.70	279.17	32.80

资料来源：2017～2019年度《上海市体育产业统计公告》，上海市体育局网站，http://tyj.sh.gov.cn/tycy4/20180829/0027－126725.html，http://tyj.sh.gov.cn/tycy4/20191022/0027－126855.html，http://tyj.sh.gov.cn/ggtz2/20201211/0ccc7a75a7e747fbb19848aca326120b.html。

近年来，上海体育产业结构持续优化升级，具有服务业性质的体育贸易业呈现上升态势，具有制造业性质的体育制造业呈现下降态势，即体育服务业占比显著提升、体育用品业占比显著下降。这种体育用品业发展态势，在一定程度上符合上海体育产业结构调整规律。2017~2019年，上海体育制造业总规模占体育产业总规模的比重由32.6%下降至18.9%，降幅达到42.02%，体育制造业增加值占体育产业增加值的比重由17.0%下降至12.5%，降幅达到26.47%；体育贸易业总规模占体育产业总规模的比重由36.4%上升至38.1%，增幅为4.67%，体育贸易业增加值占体育产业增加值的比重由44.7%上升至49.9%，增幅为11.63%（见表2）。整体上看，具有制造业性质的体育用品及相关产品制造业占比呈现下降态势，具有服务业性质的体育用品及相关产品销售、出租与贸易代理业占比呈现上升态势，这进一步呈现出上海体育产业结构朝合理化和高级化方向发展的良好态势。

表2 2017~2019年上海市体育用品业总规模占比和增加值占比

单位：%

	2017年	2018年	2019年	增幅
体育用品及相关产品制造业总规模占比	32.6	23.5	18.9	-42.02
体育用品及相关产品制造业增加值占比	17.0	12.5	12.5	-26.47
体育用品及相关产品销售、出租与贸易代理业总规模占比	36.4	39.4	38.1	4.67
体育用品及相关产品销售、出租与贸易代理业增加值占比	44.7	50.2	49.9	11.63

资料来源：同表1。

（二）市场主体状况

上海市体育用品业的单位数和营业收入能够整体反映体育用品业的市场主体状况。2017~2019年，上海主营体育制造业的单位数由458个，增长至626个，增幅达到36.68%；上海主营体育制造业的营业收入由209.44亿元，增长至223.01亿元，增幅为6.48%。2017~2019年，上海主营体育贸易业的单位数由2468个，增长至5138个，增幅达到108.18%；上海主营体育贸易业的营业收入由700.57亿元，增长至1257.40亿元，增幅达到79.48%（见表3和表4）。整体上看，体育制造业和体育贸易业的单位数呈现上升态势，体育制造业和体育贸易业营业收入也呈现上升态势，且存在体育制造业单位数和营业收入增长幅度偏小的现象。由于上海体育产业是以加快改善体育产业结构、大力发展体育服务业、鼓励发展高端运动装备制造业为主要任务，因此体育制造业市场主体增长缓慢具有一定的现实依据。

表3 2017～2019年上海市主营体育用品业单位数状况一览

单位：个，%

	2017年	2018年	2019年	增幅
体育用品及相关产品制造业	458	483	626	36.68
体育用品及相关产品销售、出租与贸易代理业	2468	3237	5138	108.18

资料来源：黄海燕主编《体育蓝皮书：上海体育产业发展报告（2017～2018）》，社会科学文献出版社，2019；2017～2019年度《上海市体育产业统计公告》，上海市体育局网站，http://tyj.sh.gov.cn/tycy4/20180829/0027－126725.html，http://tyj.sh.gov.cn/tycy4/20191022/0027－126855.html，http://tyj.sh.gov.cn/ggtz2/20201211/0ccc7a75a7e747fbb19848aca326120b.html。

表4 2017～2019年上海市主营体育用品业营业收入状况一览

单位：亿元，%

	2017年	2018年	2019年	增幅
体育用品及相关产品制造业	209.44	205.01	223.01	6.48
体育用品及相关产品销售、出租与贸易代理业	700.57	937.19	1257.40	79.48

资料来源：同表3。

从2019年上海市500强体育用品业企业发展状况看，体育用品及相关产品制造业和体育用品及相关产品销售、出租与贸易代理业作为体育用品业的两个重要组成部分，500强企业数量分别为68个和162个，营业收入分别为214.62亿元和1235.02亿元，利润总额分别达到12.03亿元和97.37亿元（见表5），其企业数量、营业收入和利润总额在11个体育产业分业态中都居前两位。此外，《2019年度上海市500强体育企业概况》显示，在上海市500强体育企业中，排名前10的企业中有9家是以"体育用品及相关产品销售、出租与贸易代理""体育用品及相关产品制造"为主营业务,分别为滔搏企业发展(上海)有限公司、耐克商业(中国)有限公司、滔搏投资(上海)有限公司、上海莘威运动品有限公司、上海宝原体育用品有限公司、迪卡侬(上海)体育用品有限公司、上海锐力健身装备有限公司、新百伦贸易(中国)有限公司、匡威体育用品(中国)有限公司。整体上看,上海体育用品龙头骨干企业在整个体育产业中所占的比重较大,营收和利润可观,有力推动着上海体育用品业的高质量发展。

表5 2019年上海市500强体育用品业企业发展状况一览

	体育用品业总量			占全市500强体育产业总量比重		
	企业数量（个）	营业收入（亿元）	利润总额（亿元）	企业数量（%）	营业收入（%）	利润总额（%）
体育用品及相关产品制造业	68	214.62	12.03	13.6	12.5	8.6
体育用品及相关产品销售、出租与贸易代理业	162	1235.02	97.37	32.4	72.2	69.4

资料来源：上海市体育局、上海运动与健康产业协同创新中心：《2019年度上海市500强体育企业概况》。

（三）盈利状况

利润是产业经营主体所追求的目标,也是投资人和债权人进行投资决策和信贷决策的重要依据。2017~2019年上海体育制造业主营机构的利润总额由8.82亿元,增长至12.74亿元,增幅达到44.44%;体育贸易业主营机构的利润总额由39.69亿元,增长至102.75亿元,增幅达到158.88%(见表6)。一般认为,盈利额与企业数量有关系,反映盈利水平的除了盈利额还有利润率。每单位体育制造业利润额由2017年的0.019亿元,增长至0.020亿元,增幅为5.26%;每单位体育贸易业利润额由2017年的0.016亿元,增长至0.020亿元,增幅为25.00%(见表6)。从体育用品业利润额和每单位体育用品业利润额数据可以看出,近年来上海体育用品业盈利水平呈现提升态势。

表6 2017～2019年上海市体育用品业主营机构盈利状况一览

单位：亿元，%

	2017年	2018年	2019年	增幅
体育用品及相关产品制造业利润额	8.82	11.57	12.74	44.44
每单位体育用品及相关产品制造业利润额	0.019	0.024	0.020	5.26
体育用品及相关产品销售、出租与贸易代理业利润额	39.69	64.05	102.75	158.88
每单位体育用品及相关产品销售、出租与贸易代理业利润额	0.016	0.020	0.020	25.00

资料来源：同表3。

二 上海体育用品业发展特点

（一）政策环境向好

近年来，上海市出台的多份体育产业政策文件涉及体育用品业内容，为引领上海体育用品业发展提供了良好的营商环境（见表7）。政策文件主要涉及增强体育装备研发制造能力、推动体育制造业创新发展等，有力促进了体育制造业转型升级并不断迈向高质量发展。

表7 2015～2020年上海市体育用品业相关政策文件

时间	主管部门	政策文件	基本思想
2015年7月	上海市人民政府	《关于加快发展体育产业促进体育消费的实施意见》	在体育制造业领域，鼓励发展高端运动装备制造业，重点支持可穿戴运动设备和智能运动装备的研发、制造和销售，以改善产业结构、提升产业能级。在体育贸易业领域，大力发展体育服务贸易，将体育服务纳入《上海市服务贸易促进指导目录》
2016年12月	上海市人民政府	《上海市全民健身实施计划(2016—2020年)》	把积极支持体育制造业创新发展、强化全民健身科技创新，作为上海全民健身实施的重点工程

续表

时间	主管部门	政策文件	基本思想
2017年2月	上海市人民政府办公厅	《上海市体育产业发展实施方案（2016—2020年）》	推动体育制造业朝智能化、高端化方向转变，积极发展高端运动装备制造及销售，创新发展体育用品业，积极扶持体育用品总部经济
2018年8月	上海市人民政府	《关于加快本市体育产业创新发展的若干意见》	在体育制造业领域，将增强体育装备研发制造能力，作为加快发展体育产业的重点领域。在体育贸易业领域，充分发挥本市综合区位优势，通过规划引导、政策扶持、资源倾斜等方式，优化体育用品总部经济发展的软硬件环境，促进体育用品贸易聚集
2020年11月	上海市人民政府办公厅	《上海全球著名体育城市建设纲要》	鼓励创新发展智能体育，包括吸引体育类企业研发总部落户上海，鼓励体育企业与高校、科研院所联合创建体育用品研发制造中心，引导企业开发科技含量高、拥有自主知识产权的体育产品。大力发展体育智能制造、体育新材料产业，支持智能运动装备的研发与制造

（二）集聚水平较高

产业集聚是一种企业的空间集聚现象，其能够给集群内的企业和产业带来外部经济效应、规模经济效应以及范围经济效应[1]。从上海体育产业的11个子业态构成的体育类企业CR10指数[2]看，与体育用品业相关的两个业态中，体育用品及相关产品制造的企业CR10指数为80.80%，体育用品及相关产品销售、出租与贸易代理的企业CR10指数为71.00%。体育用品业的企业CR10指数仅次于体育传媒与信息服务的企业CR10指数，高于体育竞赛表演活动、体育健身休闲活动、体育教育与培训等体育类企业CR10指数（见表8）。整体上看，体育用品及相关产品制造以及体育用品及相关产品销售、出租与贸易代理的CR10指数较高，体现出了上海体育用品业集聚水平较高的特点。

---

[1] 刘树林：《产业经济学》，清华大学出版社，2012，第273~275页。
[2] CR10指数用来衡量行业集中度，是指该行业的相关市场内前10家最大的企业所占市场份额的总和。

表 8 上海市体育类企业 CR10 指数

单位：%

序号	体育产业各业态	CR10 指数
1	体育传媒与信息服务	86.40
2	体育用品及相关产品制造	80.80
3	体育用品及相关产品销售、出租与贸易代理	71.00
4	体育竞赛表演活动	69.60
5	其他体育服务	68.10
6	体育健身休闲活动	58.60
7	体育教育与培训	58.60
8	体育场地设施建设	49.70
9	体育场地设施管理	48.90
10	体育经纪与代理、广告与会展、表演与设计服务	45.60
11	体育管理活动	—

资料来源：作者根据上海市体育局、上海运动与健康产业协同创新中心《2019 年度上海市 500 强体育企业概况》数据整理所得。

上海体育用品业集聚带来的优势和影响主要体现在以下方面：一是许多特定体育用品企业和相关机构集中在一起，能够更好地满足集群内企业对专业性技术、人才、劳动力、工厂机器设备等多种要素和各种服务的需求，从而有效降低生产经营成本，提升经济效益；二是体育用品集聚区内的企业能够促使专业分工高度化和集中化，形成体育用品产业群；三是体育用品集聚区内的企业能够通过区位优势，围绕核心产品生产相关联的衍生产品，有效满足市场的个性化和多样化需求。

（三）总部经济作用显著

根据《上海全球著名体育城市建设纲要》《关于加快本市体育产业创新发展的若干意见》等文件精神，上海将"打造辐射全球的体育资源配置中心""全球领先的体育科技创新中心"，吸引体育用品跨国公司地区总部、体育企业研发总部落户上海，并配套资金奖励、出入境便利等鼓励政策，形成体育用品业总部经济。在一系列利好政策的推动下，一批国内外有影响力的体育用品制造企业、贸易企业纷纷落沪，为上海打造体育用品业总部经济奠定了基础。例如，中国最大的运动服饰产品零售商及代理商之一的宝胜国际（控股）有限公司的运营总部位于上海市徐汇区，得益于优良的商贸环境，截至2017年底，公司已在国内拥有5465家直营零售店、3313家加盟店铺，形成了覆盖全国的零售网络①。此外，还有迪卡侬、阿迪达斯、滔搏、新百伦等国外体育用品知名品牌和经销商先后在上海设立地区总部，开拓中国市场。2019年国内体育用品企业安踏出资8亿元人民币布局虹桥商务区，计划建设世界级体育用品企业总部。2019年上海市政府举行的第30批跨国公司地区总部和研发中心颁证仪式，公布了新认定的22家跨国公司地区总部和5家研发中心。其中，包括耐克商业（中国）有限公司、全球最大的综合体育用品零售商之一的"迪卡侬"②。上海体育用品业的集聚效应正随着越来越多企业地区总部的入驻逐步显现。

（四）研发能力较强

《上海市体育产业发展实施方案（2016—2020年）》指出，应引导体育用品制造龙头企业加大技术创新和技术改造力度，积极发展高端运动装备制造及销售，创新发展体育用品业。在上海积极创建科技创新中心背景下，良好的政策发展环境，为体育制造业研发创新提供了保障。近年来，国内外著名体育品牌企业陆续进驻上海，聚焦体育装备研发、设计、制造和销售等环节，通过发挥上海良好的营商环境优势，打造形成国际体育用品总部基地。

（五）体育用品消费显著发展

实物型体育消费包括购买运动服装鞋帽、体育器材和书刊等，能够反映居民在体育用品消费方面的状况。在上海市体育消费结构中，2018年实物型体育消费占比为59.1%，服务型体育消费（指租场地、聘教练、购买比赛门

---

① 中国体育用品业联合会：《2018年中国体育用品产业发展报告》。
② 《上海市政府举行第30批跨国公司地区总部和研发中心颁证仪式》，上海市人民政府网站，2019年5月6日，http：//service.shanghai.gov.cn/SHVideo/newvideoshow.aspx? id＝4F5AF4FCBBC0F7A1。

票等）占比为19.2%；2019年实物型体育消费占比为55.3%，服务型体育消费占比为35.9%①（见图1）。可以看出，实物型体育消费在上海体育消费结构中占据主导地位，这在一定程度上反映出上海体育用品消费市场较强劲的发展态势。在"以国内大循环为主体、国内国际双循环相互促进的新发展格局"的影响下，国内体育用品消费市场将迎来发展机遇期。近年来，上海体育用品消费市场获得显著发展，有效顺应"双循环"新发展格局，对培育壮大上海体育用品消费市场、促进上海体育用品消费市场快速发展具有积极作用。

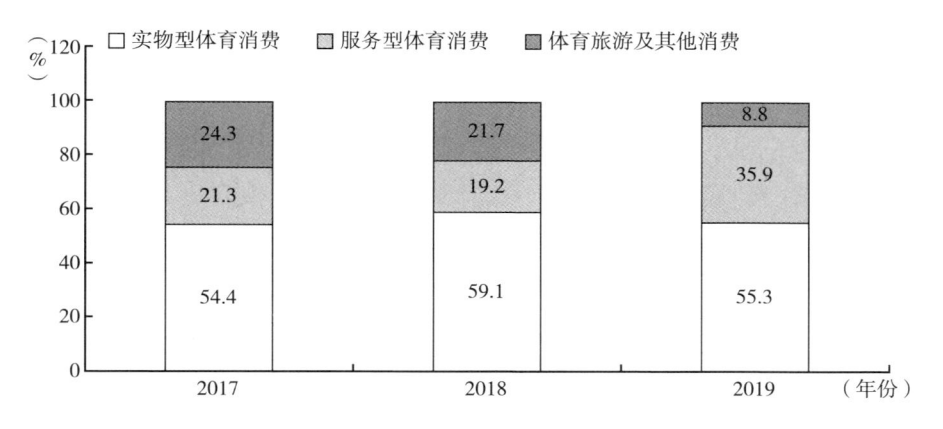

图1 2017～2019年上海市体育消费结构

资料来源：上海市体育局、上海运动与健康产业协同创新中心：2017～2019年度《上海市体育消费调查报告》。

三 上海体育用品业发展存在的问题

（一）体育用品及相关产品制造业发展面临下行压力

近年来，受到上海体育产业结构调整的影响，体育制造业发展面临下行压力。从体育用品及相关产品制造业总规模看，2017～2019年，上海体育制造业

---

① 上海市体育局、上海运动与健康产业协同创新中心：2018～2019年度《上海市体育消费调查报告》。

总规模由412.45亿元，下降至336.25亿元；上海体育制造业总规模占体育产业总规模比重由32.6%，下降至18.9%。从体育用品及相关产品制造业增加值看，2017~2019年，上海体育制造业增加值由79.77亿元，下降至69.75亿元；上海体育制造业增加值占体育产业增加值比重由17.0%，下降至12.5%。整体上看，近年来上海体育用品及相关产品制造业发展呈现出减速态势（见图2、图3）。

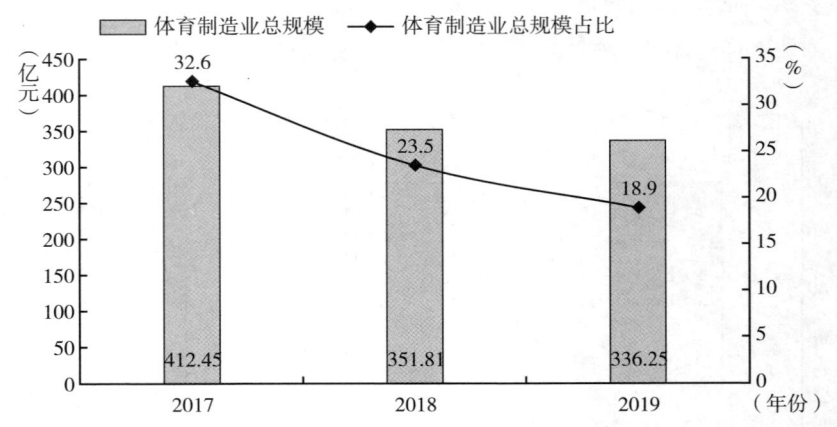

图2 2017~2019年上海市体育用品及相关产品制造业总规模及其占比

资料来源：同表1。

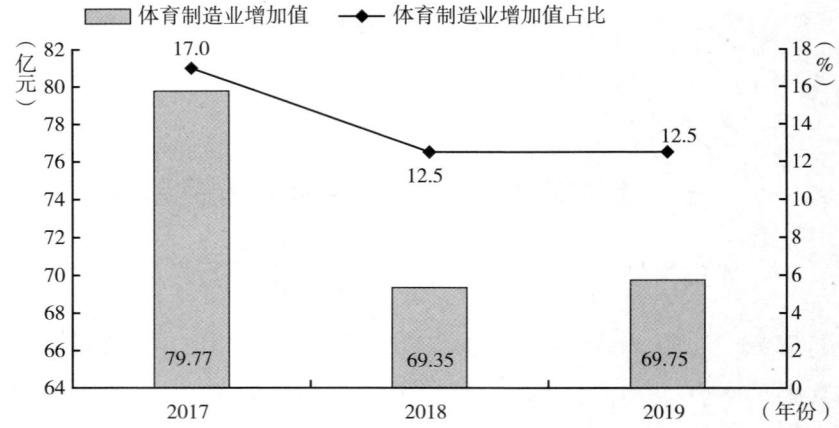

图3 2017~2019年上海市体育用品及相关产品制造业增加值及其占比

资料来源：同表1。

（二）体育用品及相关产品制造业市场主体数量偏少

依据《体育产业统计分类（2019）》，体育用品业包括体育用品的制造、销售、贸易代理等，广义上可以划分为体育用品及相关产品制造业和体育用品及相关产品销售、出租与贸易代理业。2017～2019年体育制造业单位数由458个，增加至626个，体育贸易业单位数由2468个，增长至5138个（见图4）。虽然企业单位数均呈现增长趋势，但从整体来看，体育制造业单位数远远少于体育贸易业单位数。体育市场的单位数量可以反映体育市场主体状况及其活跃程度，因此可以认为，体育用品业结构中的体育用品及相关产品制造业市场主体数量整体偏少。

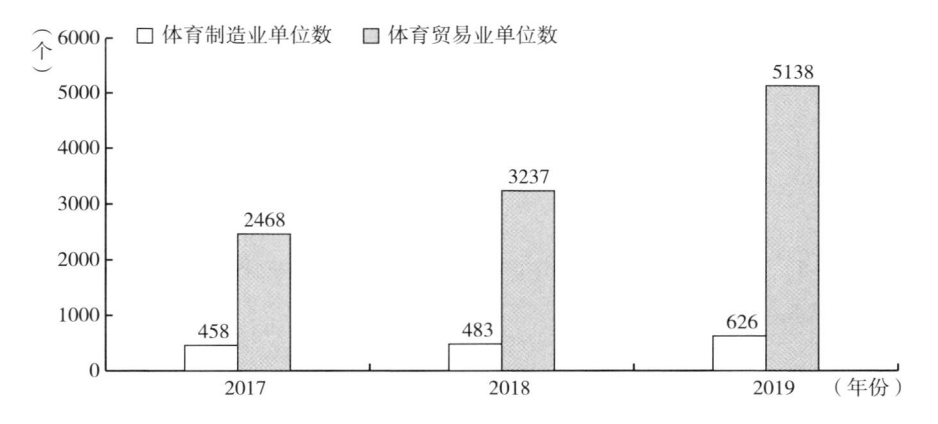

图4　2017～2019年上海市体育制造业单位数与体育贸易业单位数比较

资料来源：黄海燕主编《体育蓝皮书：上海体育产业发展报告（2017～2018）》，社会科学文献出版社，2019；《2017年度上海市体育产业统计公告》，上海市体育局网站，http：//tyj.sh.gov.cn/tycy4/20180829/0027-126725.html；上海市体育局、上海运动与健康产业协同创新中心：2018～2019年度《上海市500强体育企业概况》。

（三）体育制造业与体育贸易业盈利差距呈现拉大态势

2017～2019年，上海体育用品及相关产品制造业主营机构利润额与体育用品及相关产品销售、出租与贸易代理业主营机构利润额均呈现上升态势，但体育用品及相关产品制造业与体育用品及相关产品销售、出租与贸易代理业盈利差距呈现拉大态势。2017年体育用品及相关产品销售、出租与贸易代理业主营机构利润额比体育用品及相关产品制造业主营机构利润额高30.87亿元；而2019年体育用品及相关产品销售、出租与贸易代理业主营机构利润额比体育用品及相关产品制造业主营机构利润额高90.01亿元（见图5）。

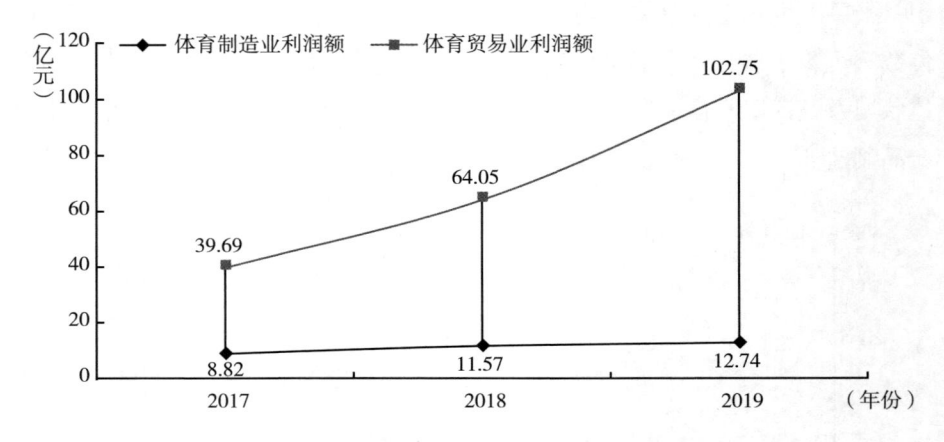

图5　2017~2019年上海市体育制造业与体育贸易业主营机构盈利状况

资料来源：同图4。

2017~2019年，从上海每单位体育用品及相关产品制造业主营机构利润额与每单位体育用品及相关产品销售、出租与贸易代理业主营机构利润额来看，每单位体育用品及相关产品制造业主营机构利润额呈现先增长后减少态势，而每单位体育用品及相关产品销售、出租与贸易代理业主营机构利润额整体呈现稳步增长态势（见图6）。综合图5和图6发现，上海体育用品及相关产品制造业主营机构单位数较少，在一定程度上对体育用品及相关产品制造业的整体盈利状况产生了不利影响。

整体上看，体育用品及相关产品制造业与体育用品及相关产品销售、出租与贸易代理业盈利差距呈现拉大态势，需要培育体育用品及相关产品制造业市场主体，增强体育用品及相关产品制造业的盈利能力。在上海建设全球著名体育城市背景下,增强体育装备研发制造能力,提升体育用品及相关产品制造业盈利水平,有利于促进上海体育产业高质量发展。而当前体育用品及相关产品制造业主营机构单位数偏少、市场主体力量较弱,制约着体育用品及相关产品制造业转型升级。

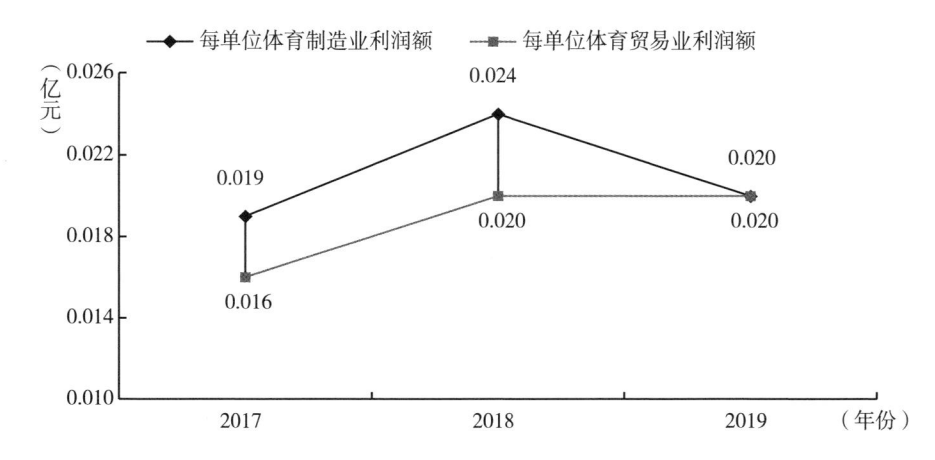

图 6 2017～2019 年上海市每单位体育制造业与体育贸易业主营机构盈利状况

资料来源:同图 4。

四 上海体育用品业发展趋势

(一)体育用品生产向定制化转型

在新一轮科技革命和产业变革背景下,新型数字技术赋能体育制造业,运用大数据能够准确分析体育市场需求,通过市场需求倒逼供给端,促进企业开展定制化生产,推动体育用品生产向定制化转型。当前,大众体育消费朝个性化、多样化方向转化,原有的规模化、批量化的体育用品生产模式,已经难以满足大众的体育消费结构升级需要。随着体育产业领域的新业态、新模式、新消费不断涌现,体育用品细分领域向精细化发展。体育用品企业的定制化生产,能够有效匹配大众日益增长的体育消费需求,并逐渐成为体育用品业发展的一个趋势。从上海体育制造业发展来看：一方面，上海具有良好的体育消费基础，《2019年上海市全民健身发展报告》显示，2019年上海人均体育消费已经达到2849元，并呈现出良好的发展态势；另一方面，上海是多家体育用品制造企业总部，具有良好的体育用品生产环境。总体上，上海良好的体育消费基础和营商环境，为上海体育用品生产向定制化转型提供了良好的条件。

（二）体育用品销售向线上化转型

体育用品销售到市场主要有线上和线下两种途径。在突如其来的新冠肺炎疫情影响下，大众的消费方式、消费爱好发生了一定的变化，居家健身、家庭化的线上体育消费成为一种新的生活方式。加之，体育用品网络零售等新型电商模式的普及与推广，线上化的体育消费已经成为大众重要的体育参与方式。如新华网2020年6月调研数据显示，疫情暴发后，苏宁易购的健身器材销量同比增长269%，智能健身产品销量相比同期大涨了556%[1]。相较于传统的线下体育用品销售模式，互联网等新型数字技术赋能体育用品业，能够减少中间环节、降低交易成本、提高运行效率等，促进体育用品销售的规模化发展。上海市体育局、上海运动与健康产业协同创新中心的《2019年度上海市体育消费调查报告》显示，2019年上海市体育消费结构中的实物型消费占比达到55.3%，迫切需要体育用品销售的线上化转型，推进形成"互联网+体育用品"新模式，积极适应体育消费需求升级的现实要求。

（三）体育用品制造向智能化转型

随着近年来大众消费结构升级，疫情下大众对高端化、个性化、智能化的体育用品需求加大，智能可穿戴设备、智能跑步机等增长迅猛，倒逼体育企业创新体育产品与服务的呈现方式与呈现形式。如2020年在上海举行的

---

[1] 《走上线，走进宅——疫情催生体育消费新形态》，新华网，2020年6月7日，http://www.xinhuanet.com/2020-06/07/c_1210649871.htm。

第三届中国国际进口博览会，首次设置"体育用品及赛事专区"，其中由上海体育学院中国乒乓球学院、庞伯特科技和高通公司三方共同开发的乒乓机器人是一款融合5G与AI技术的乒乓球训练机器人，其配置的高速双目立体视觉系统、骁龙865芯片以及背后的人工智能算法平台[①]，有效适应了当前智慧体育快速发展的要求，能够为健身人群带来高品质乒乓球体验、为体育教育专业人员带来适宜的教学训练方式、为专业运动员带来实战性演练。整体上，在5G、VR/AR等新型数字技术向体育制造业渗透过程中，体育用品制造将呈现向智能化转型发展的新趋势。

五 上海体育用品业发展对策

（一）探索体育用品新零售模式

在上海体育用品业加速转型升级背景下，借助上海科创中心建设，以及物流和贸易便利，打造体育用品新零售模式，能够推动体育用品业形成新业态和新模式。探索体育用品新零售模式，能够实现体育消费者与体育企业的精准化对接。从对消费者的影响来看，客户能够参与到产品设计和制造之中，增强消费者黏性；从对企业的影响来看，体育企业能够更好地发挥平台经济作用，实行个性化生产与服务，进而减轻库存压力、提高商品周转率，最大化地提高企业经济效益。

（二）建设世界体育用品企业总部

在上海建设具有全球影响力的科创中心背景下，优良的营商环境为探索建设世界体育用品企业总部奠定了基础。

一方面，通过龙头引领，集聚全球体育用品业高端要素。加快完善一

---

① 《进博会首设体育用品及赛事专区：5G+AI赋能智慧体育 外企发力中国市场》，央广网，2020年11月8日，http://www.cnr.cn/list/finance/20201108/t20201108_525322876.shtml。

系列配套设施和配套政策，充分发挥示范区在长三角的引领作用，推动长三角体育用品业转型升级。同时围绕上海建设全球科创中心的目标，加快科技在体育领域的应用和推广，打造重点高端用品器材装备，建立品牌总部、研发总部，将上海打造成为具有世界影响力的体育用品创新中心和研发高地。

另一方面，完善配套，强化多重功能叠加。借鉴世界著名体育用品集聚区发展经验，着力加强西虹桥区域的复合属性，优化配套体系，增强综合功能，壮大产业集群，形成包括核心地块、商贸设施、公共空间在内的布局形态，满足区域内体育企业的行政、研发、营销等多重需求。充分联动周边的国家会展中心、虹桥综合交通枢纽等商贸设施，举办世界顶级体育用品和体育科技展会，打造辐射全国、影响全球的世界级体育用品总部经济[1]。

（三）推动体育制造业从"制造"向"智造"转型

随着大众消费结构升级，人民群众对体育用品的需求有向个性化、多元化转化的趋势。提升本土体育制造业品牌影响力、增加本土体育制造业的科技含量，需要推动体育制造业从传统意义上的"制造"向现代意义上的"智造"转型。通过依靠科技创新赋能体育制造业，增加体育用品的科技元素、提高体育装备研发制造能力，以不断满足大众多样化体育用品需求，加快推进体育制造业高质量发展；通过深耕科技研发，推进体育制造业升级，抓好"微笑曲线"两端，以抢占价值链高端，打造上海体育制造业发展"新高地"。把国际标准和核心技术攥在手里，是体育制造业升级破题的关键所在[2]，也是推动体育制造业从"制造"向"智造"转型的关键因素。

---

[1] 黄海燕：《联合举办国际重大赛事、建体育用品企业总部，体育产业应该领跑长三角高质量一体化发展》，上观新闻网，2019年11月10日，https：//www.jfdaily.com/wx/detail.do?id=187697&from=timeline&isappinstalled=0。
[2] 《中国体育产业的头号王牌军，还得看它！——中国体育用品制造业观察》，新华网，2019年1月10日，http：//m.xinhuanet.com/sports/2019-01/10/c_1123971170.htm。

（四）推动体育制造业数字化转型

在新冠肺炎疫情的影响下，体育制造业发展受阻，探索体育制造业的数字化发展道路，有利于体育制造企业转"危"为"机"。在新一轮科技革命和产业变革引领下，互联网、大数据、人工智能等信息技术不断向体育制造业渗透，催生出新业态、新模式和新消费，有力推动体育制造业数字化转型。一方面，通过全流程可视化监测、全过程集中化紧密控制，形成一体化的智能生产和运维系统，提高产品质量和生产效率[①]；另一方面，通过智能化产品嵌入传感器等数据采集装置，精准化监测用户运动的实时数据，提供"运动处方"等个性化服务。此外，推动体育制造业数字化转型，能够实现与体育用品新零售的结合，形成C2B商业模式，成功打造用户定义价值—个性化营销—拉动式配销—柔性化制造的新型体育制造业发展系统[②]，推动体育制造业高质量发展。

参考文献

《我国体育产业蓬勃发展前景广阔——第四次全国经济普查系列报告之十五》，国家统计局网站，2020年1月20日，http：//www.stats.gov.cn/tjsj/zxfb/202001/t20200120_1724133.html。

[①] 《互联网平台治理研究报告（2019年）》，中国信通院网站，2019年3月1日，http：//www.caict.ac.cn/kxyj/qwfb/bps/201903/t20190301_195339.htm。

[②] 汤潇：《数字经济——影响未来的新技术、新模式、新产业》，人民邮电出版社，2019，第106~115页。

B.7
上海市体育消费发展研究

余诗平　曾鑫峰*

摘　要： 本报告以2016~2019年上海市体育消费调查数据为基础，着重分析2018年、2019年两年上海市体育消费的发展趋势及其主要特征。整体上，上海市体育消费呈现消费规模持续扩大、消费层次有所提高、服务型消费稳步上升、区域消费更加均衡等良好趋势；从细分人群的角度看，"她"经济成为重要增量、青少年体育消费保持强劲增长、中等收入人群消费潜力较大。本报告从国内运动品牌、运动项目消费、赛事观看需求、新兴项目发展、消费意愿等多个方面对上海市体育消费特征进行了总结。针对上述研究结论，从深入推进试点工作、优化产品服务供给、激发消费需求、注重消费新空间打造等四个方面提出了进一步促进上海市体育消费的若干建议。

关键词： 体育消费　消费需求　上海

顺应消费升级，充分激发我国超大规模市场优势和消费潜力，是构建以国内大循环为主体、国内国际双循环相互促进的新发展格局的必然要求。随着居民消费的多元化、品质化趋势越发明显，教育消费、文娱消费、医疗养老消费、体育消费等新型消费发展迅速，成为新的消费增长点，为我国畅通

＊余诗平，上海市体育局规划产业处（法规处）处长，主要研究方向为体育产业；曾鑫峰，上海体育学院硕士研究生，主要研究方向为体育经济。

国民经济循环提供了重要原动力。随着人民对自身健康越发重视，体育需求已成为人民向往美好生活的基本诉求。上海作为全国体育产业的发展高地，高度重视体育消费在体育产业持续发展过程中的基础性作用，率先在全市开展体育消费专项调查，及时准确地把握上海市居民消费需求、消费习惯的动态变化，为进一步扩大上海市体育消费规模、全面提升体育消费质量提供有力的决策依据。

体育消费统计是了解体育消费态势的重要工作内容，连续、有序、系统地开展体育消费统计工作，对于摸清体育消费现状、发现消费制约瓶颈、展望未来消费趋势具有重要意义。上海高度重视体育消费统计的专项调查工作，2016年至2019年，已完成连续4年的上海市居民体育消费常态化调查。2019年上海市体育消费调查问卷根据上海市体育消费展现出的新特征和新趋势，进行了部分细节优化，共设置37个问题，采用线上调查的方式进行了两轮问卷发放，共得到有效问卷40427份。

一 上海市体育消费总体概况

（一）消费规模持续扩大

2015~2019年上海市人均体育消费年均增长率为10.2%，呈现良好的上升趋势。2019年上海市人均体育消费占当年人均可支配收入的4.1%，占当年人均消费支出的6.2%，达到2849元，较2018年上涨了10.4%。上海市人均体育消费明显高于全国平均水平，但依然和德国、英国、澳大利亚等发达国家存在较大差距（见图1）。

（二）消费层次有所提高

2019年上海市有体育消费人群占比为80.3%，有体育消费人群人均体育消费达3701元，较上年增长22.4%；其中，6~17岁人群人均体育消费为4837元，较上年增长15.7%；18~59岁人群人均体育消费为4606元，

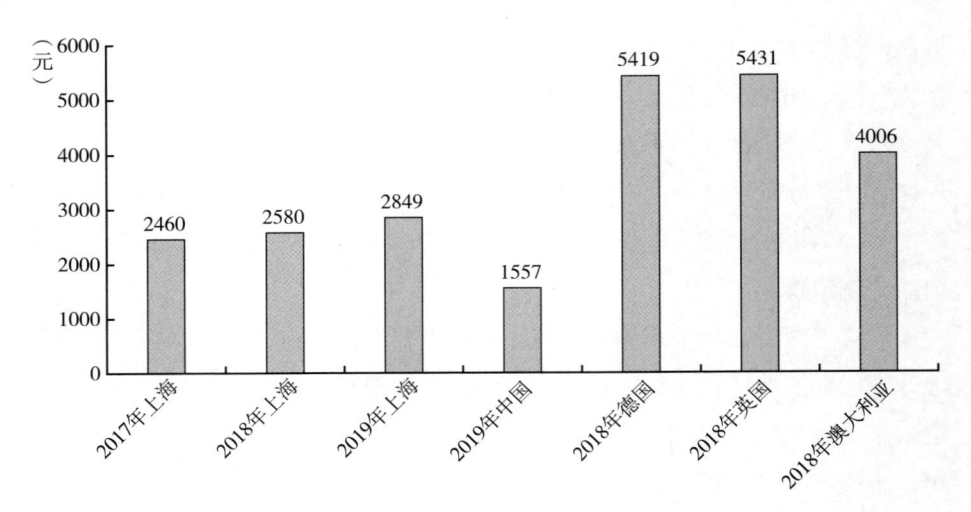

```
(元)  6000                                           5419    5431
       5000
                                                                    4006
       4000
                              2849
       3000  2460    2580
       2000                          1557
       1000
          0
           2017年上海 2018年上海 2019年上海 2019年中国 2018年德国 2018年英国 2018年澳大利亚
```

图1　2017～2019年上海及我国人均体育消费和部分发达国家体育消费状况

资料来源：上海市体育局、上海运动与健康产业协同创新中心，2017～2019年度《上海市体育消费调查报告》；德勤咨询，https：//www2. deloitte. com/content/dam/Deloitte/de/Documents/consumer－business/Deloitte_ Sportmarktstudie2018. pdf；英国体育产业研究中心，"Is Participating in Sport Becoming too Expensive for Average Australians？"，https：//www. abc. net. au/news/2018－09－10/is－participating－in－sport－becoming－too－expensive/10220960。

较上年增长26.3%；60岁及以上人群人均体育消费为1888元，较上年增长16.4%。另外，从上海市居民体育消费的水平结构来看，2017～2019年人均消费在3000元以上的人群占比在不断上升，500～3000元档的占比在逐渐减少，体现出上海市居民体育消费能力和水平在进一步升级（见图2）。

（三）服务型消费稳步上升

体育消费结构是衡量体育消费质量、窥探未来消费趋势的重要表征之一，服务型体育消费的占比往往能体现居民体育消费需求的变化，也是推动体育产业结构不断高级化的重要动力。为了适应社会需求的快速升级，反映体育产业新业态、新模式、新消费的深刻变化，2019年的调查在消费业态的分类上做了进一步细化，将原本划入其他体育消费里的如"电竞游戏消费""体育彩票"等单独列出并入服务型消费，另外"体育彩票"一项由2019年上海市体育彩票销售总额计算得出。2019年上海居民实物型消费

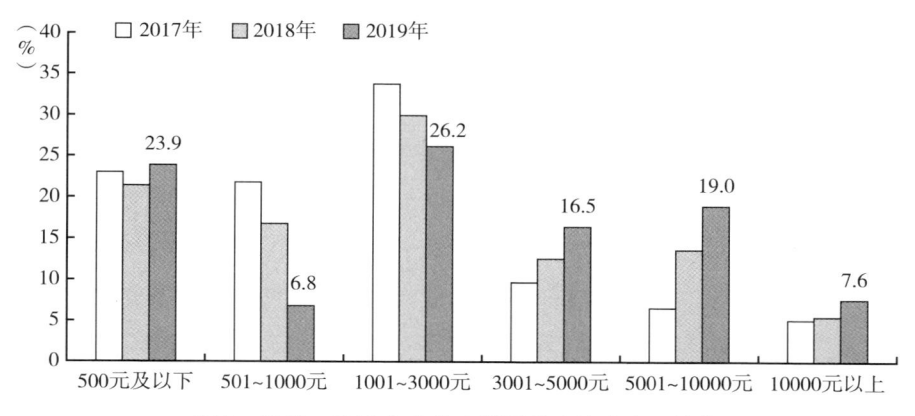

图 2　2017～2019 年上海市居民体育消费水平结构

资料来源：上海市体育局、上海运动与健康产业协同创新中心，2017～2019 年度《上海市体育消费调查报告》。

（包括购买运动服装、购买运动鞋、购买体育相关器材、购买体育书刊及纪念品等）占 56.0%，服务型消费（包括购买现场观赛门票、参与体育运动培训、支付参加体育锻炼时场地租金、购买健身卡及聘请健身私教、购买体育类网络视频产品等）占 35.2%，体育休闲旅游及其他体育消费占 8.8%，其中服务型消费占比较去年提升 16 个百分点（见图 3 和表 1）。

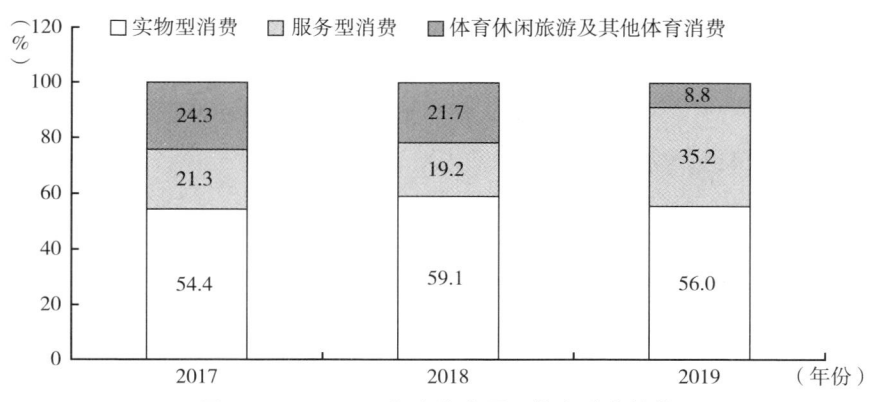

图 3　2017～2019 年上海市居民体育消费结构

资料来源：上海市体育局、上海运动与健康产业协同创新中心，2017～2019 年度《上海市体育消费调查报告》。

表 1　2019 年上海市居民体育消费人均各项支出明细

单位：元，%

消费类别	金额	占比
购买运动服装	623	21.86
购买运动鞋	726	25.47
购买体育相关器材	227	7.96
购买现场观赛门票	79	2.77
购买体育类网络视频产品	17	0.61
购买健身卡及聘请健身私教	447	15.67
参与体育运动培训	183	6.44
购买体育书刊及纪念品（如冬奥纪念品）	20	0.71
支付参加体育锻炼时场地租金（足、篮、羽、游泳等）	93	3.28
体育休闲旅游（含旅游的体育项目）	228	8.00
用于电竞游戏付费的支出额（如购买英雄联盟、DOTA2、王者荣耀等电竞游戏赛事/联赛虚拟服务产品的消费，不包含日常游戏充值）	24	0.83
购买体育彩票	160	5.61
其他体育消费	23	0.80

注：若总量与分量合计尾数不等，是数值修约误差所致，未做机械调整。
资料来源：上海市体育局、上海运动与健康产业协同创新中心，《2019 年度上海市体育消费调查报告》。

（四）区域消费更加均衡

上海市各区域的体育消费水平一直是各区政府精准实施政策的重要参考。从 2019 年上海市各区域人均体育消费情况来看，黄浦区、徐汇区、静安区位于前列，奉贤区、金山区、崇明区相对靠后，整体上依然呈现中心城区较高、周边郊区偏低的非均衡分布，但同时各区域消费差异在不断缩小，收敛趋势越发明显（见图 4）。2017 年上海市各区域人均体育消费的标准差（SD）为 641 元，2018 年为 400 元，2019 年下降至 260 元，区域体育消费水平日益均衡。

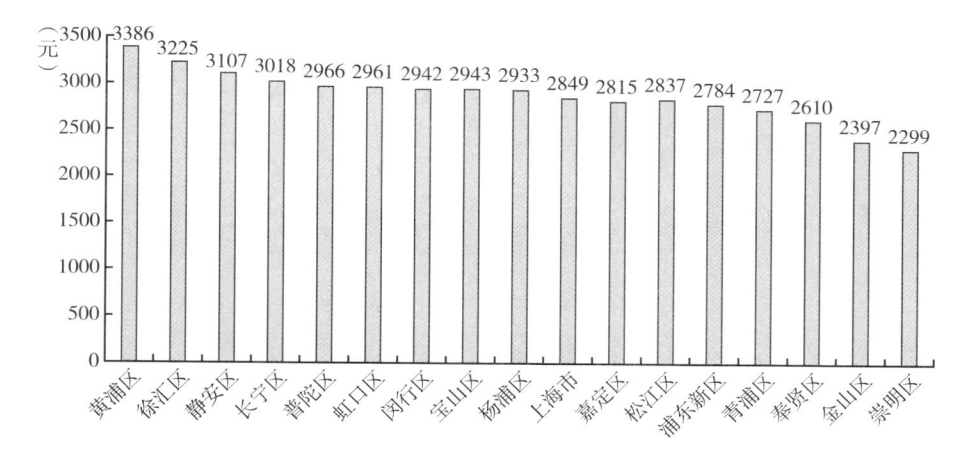

图4　2019年上海各区域人均体育消费额

资料来源：上海市体育局、上海运动与健康产业协同创新中心，《2019年度上海市体育消费调查报告》。

二　上海市体育消费人群特征

（一）"她"经济成为重要增量

随着女性经济实力的不断增强，"她"经济已逐渐成为我国各行各业重点开发和培育的新领域。对于体育产业而言，由于女性注重身材管理、渴望健康的生活方式以及释放生活工作压力等诸多诉求，女性体育消费成为体育产业发展的强劲增量。本报告选取上海市18~59岁年龄段的居民，分析性别对体育消费的影响。从频次上看，该年龄段女性居民参加健身俱乐部的意愿更强；从金额上看，该年龄段女性居民人均体育消费达到4025元，超出同年龄段男性657元。从具体的消费业态上看，女性在购买运动鞋服、购买健身卡及聘请健身私教、参与体育运动培训、体育休闲旅游等方面的消费均明显高于男性。但同时，上海市成年男性购买现场观赛门票和体育类网络视频产品、支付参加体育锻炼时场地租金的消费要高于女性，体现出男性进行观赛消费的意愿更强（见图5、图6）。《2019天猫运动消费报告》中的相关

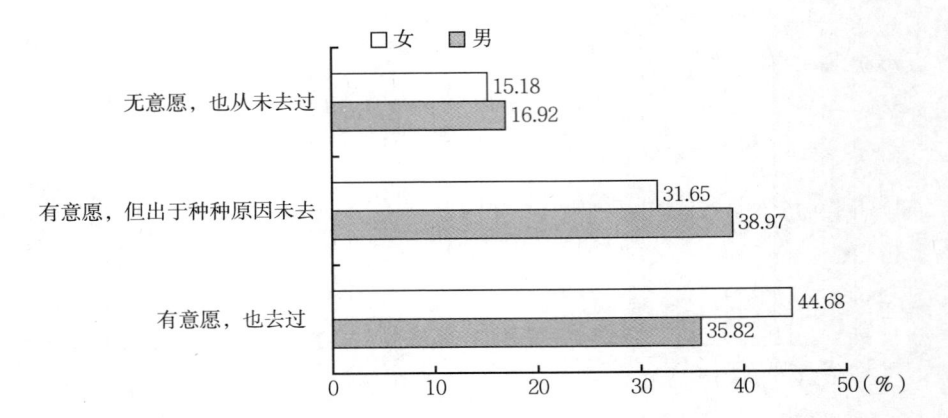

图5　2019年上海市18~59岁不同性别居民前往健身俱乐部锻炼的意愿

资料来源：上海市体育局、上海运动与健康产业协同创新中心，《2019年度上海市体育消费调查报告》。

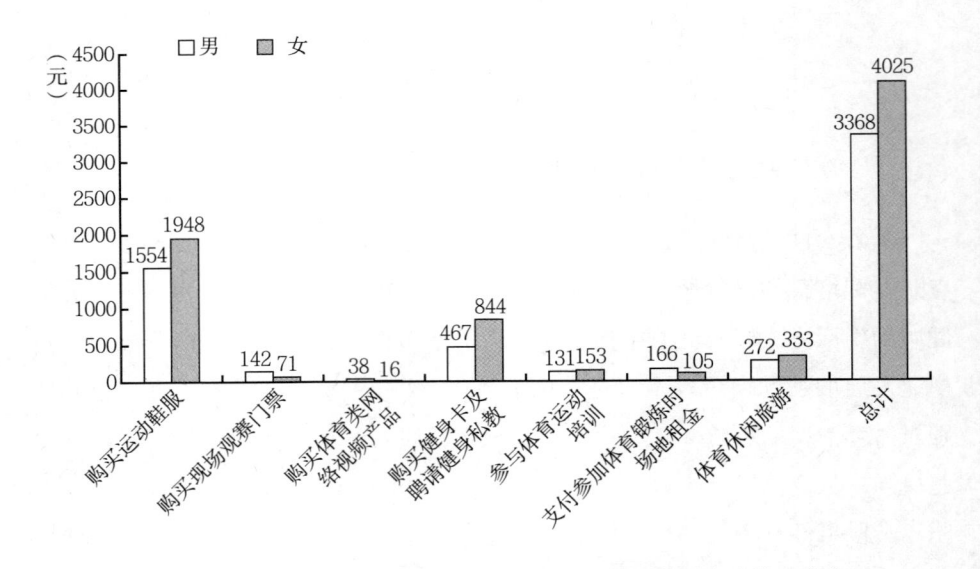

图6　2019年上海市18~59岁不同性别居民部分类别人均体育消费

注：为突出性别消费偏好的差异性，部分类别的人均消费未计入。

资料来源：上海市体育局、上海运动与健康产业协同创新中心，《2019年度上海市体育消费调查报告》。

数据显示女性消费人数已超越男性，年消费金额同比增长38%，有超过5400万人通过天猫平台购买瑜伽装备，其中女性居多。

（二）青少年消费保持强劲增长

从不同年龄段来看，2019年上海市6~17岁人群人均体育消费为3619元，18~59岁人群人均体育消费为3722元，60岁及以上人群人均体育消费为1216元（见图7）。

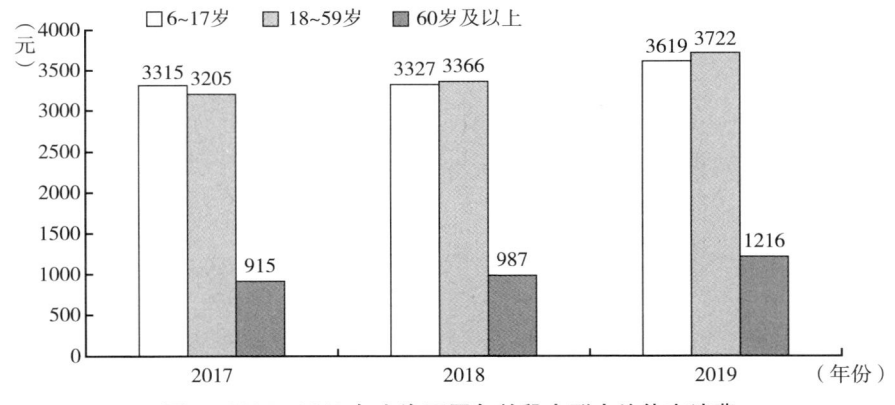

图7 2017~2019年上海不同年龄段人群人均体育消费

资料来源：上海市体育局、上海运动与健康产业协同创新中心，2017~2019年度《上海市体育消费调查报告》。

青少年是体育消费的重要人群，体育培训作为其主要的消费形式也是体育消费的重要内容。另外，青少年时期是形成体育参与意识、培养运动技能、养成体育锻炼习惯的关键阶段，青少年是未来体育消费的主力军，分析上海市青少年的体育消费特征有利于把握未来上海市体育消费的发展趋势。从上海市2019年6~17岁人群参与体育培训的主要项目来看，占比较高的有游泳、潜水（32.4%），羽毛球（28.5%），足球（20.7%），篮球（20.7%）等，与往年相比并未发生较大变化，传统运动项目依然是青少年参与体育培训的首选。其中足球和羽毛球占比较往年上升明显，在一定程度上从侧面反映出社会足球场地设施的供给以及老旧厂房改造对场地要求较高的项目的促进作用。但与此同时，游泳、潜水虽一直占据青少年体育培训项目的第一位，但其占比呈现逐年下降的态势，由2015年的50.6%下降至2019年的32.4%，随着青少年体育培训项目越发多样化，培训项目的分流现象也更加明显。例如，网球首次出现在排名前八的项目中，仅次于乒乓球，体现出新生一代更为丰富的运动项目选择（见图8）。

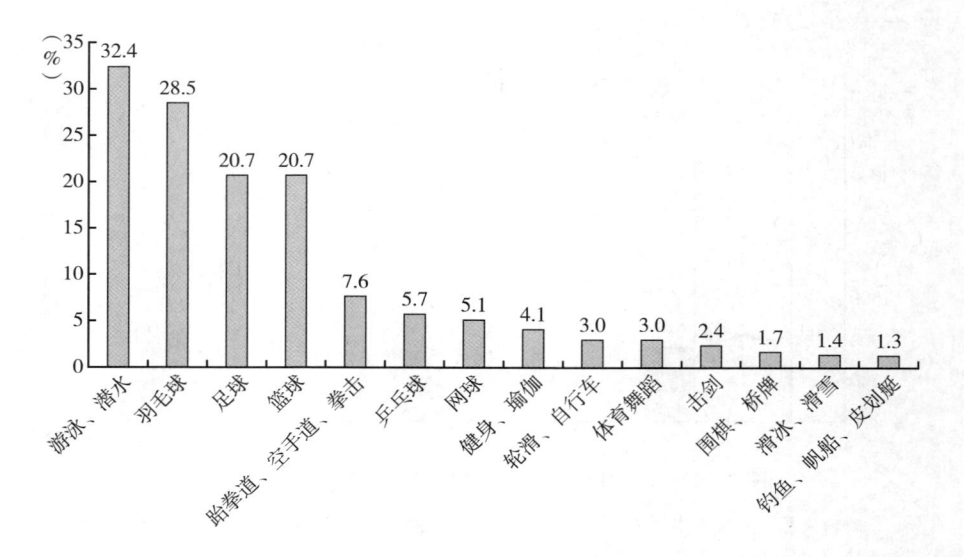

图8 2019年上海市6~17岁人群参与体育培训主要项目分布

资料来源：上海市体育局、上海运动与健康产业协同创新中心，《2019年度上海市体育消费调查报告》。

（三）中等收入人群消费潜力较大

体育产业是典型的收入需求弹性较高的产业，体育消费尤其是服务型消费属于需求层次较高的消费，与个人的收入存在密切联系。无论是实物型消费还是服务型消费，个人收入与体育消费水平总体上呈正相关关系。但这种正相关关系在个人年收入20万元以下的人群中体现得较为明显，而个人年收入超过20万元之后，无论是各项体育消费金额，还是服务型消费在总消费中的占比均未呈现较大的变化，个人年收入在50万元以上的人群甚至还出现了倒退。这可能是由于体育消费受到边际效用递减和时间约束的影响，消费金额达到一定水平后，不会产生大幅上升，收入需求弹性的影响减弱（见图9）。因此，扩大上海市体育消费规模的目标人群主要为中等收入人群，应通过增加收入、优化收入分配结构、发放消费券等方式鼓励该收入人群扩大体育消费。

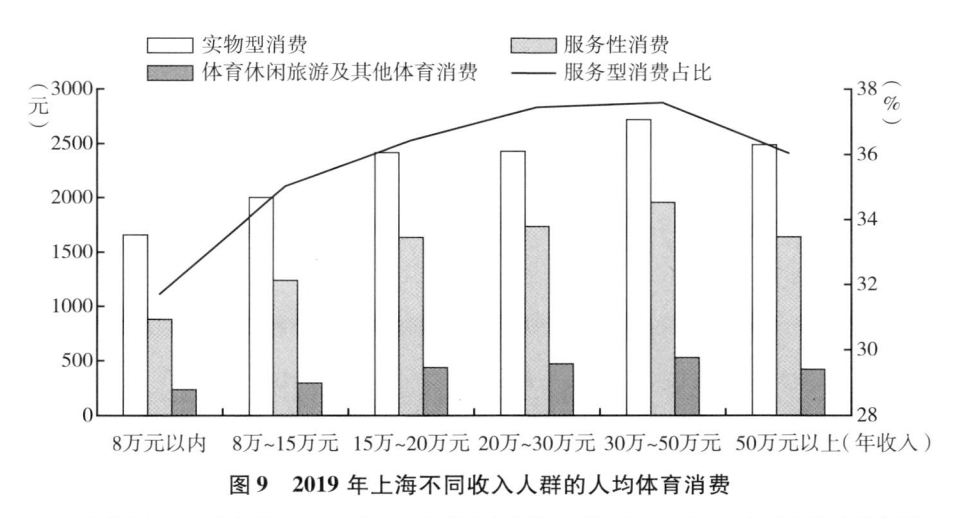

图9　2019年上海不同收入人群的人均体育消费

资料来源：上海市体育局、上海运动与健康产业协同创新中心，《2019年度上海市体育消费调查报告》。

三　上海市体育消费主要趋势

（一）国内运动品牌的消费认同有所提升

"双循环"新发展格局，是对未来外部环境变化的重要判断，也给体育制造业带来了机遇和挑战。我国体育制造业在很大程度上依赖外贸和出口，外部环境不确定性增加，势必会对体育制造业产生冲击，同时也对我国体育制造企业加快核心技术研发、加强国内自主品牌建设提出了更高的要求。

从上海市居民运动品牌选择意向与因素可以看出，国内运动品牌在质量层面已经有所提升，在看重质量的人群中有83.4%的人选择了李宁，超越了阿迪达斯和耐克；安踏则在实用性方面较为领先。但是从品牌力的角度来看，国内运动品牌与国外运动品牌相比依然存在较大差距，这一点在安踏和斐乐中体现得较明显。斐乐已经被安踏收购，但是"看重品牌"这一项比安踏高出了20.5个百分点（见图10）。同时安踏2019年财报中的数据显示，斐乐的毛利率达到70%以上，而安踏只有41.3%，在品牌溢价层面，国内运动品牌仍有进步空间。我国体育用品的市场份额长时间被耐克、阿迪达斯等国外运动品牌占据，同时前期国内运动品牌在质量、设计等方面较为落后，在很长一段时间内并不被国人认可。但随着近年来国内运动品牌在研发投入、营销宣传上持续发力，国内运动品牌也逐渐得到了国人认同。

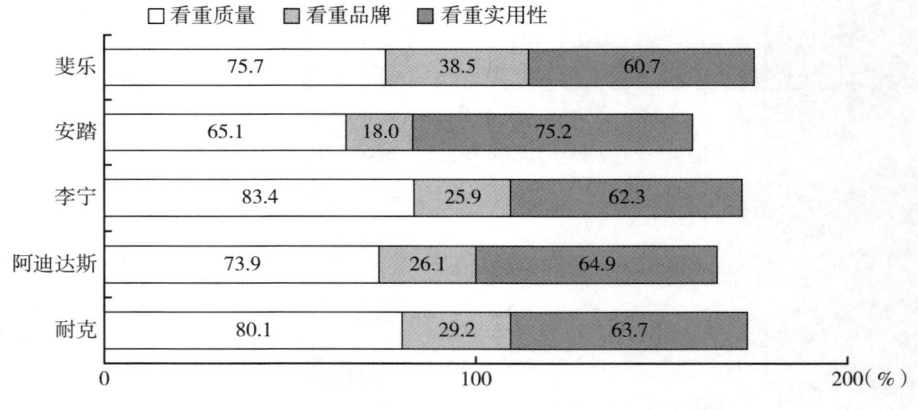

图10 2019年上海市居民运动品牌选择意向与因素

资料来源：上海市体育局、上海运动与健康产业协同创新中心，《2019年度上海市体育消费调查报告》。

（二）不同运动项目消费差异较大

由于不同运动项目的产业链、参与人群、发展阶段均存在差异，不同运动项目的参与人群所产生的体育消费也具有显著差异。从不同运动项目参与人群的人均消费可以看出，高尔夫球、冰雪运动项目、拳击类、游泳、健身瑜伽、户外运动等项目的人均体育消费较多，足球、电子竞技、广场舞、棋牌类消费相对较少（见图11）。一方面，这源于参与人群自身的经济实力差异，如高尔夫球、帆船等项目自身就设有会员制门槛，这类项目的参与人群往往具备较强的消费能力；另一方面，项目本身产业链的长短也是重要原因，如滑冰、滑雪、户外、瑜伽、钓鱼等运动需要专业装备的配套支撑以及新手入门的培训费用等，产业链条相对较长，相关消费带动能力也较突出。《2019天猫运动消费报告》显示，2019年有5438.7万人购买过瑜伽装备，有3676.8万人购买过垂钓装备，攀岩的消费增长也达到了32%，体现出这类运动项目的消费带动力。①

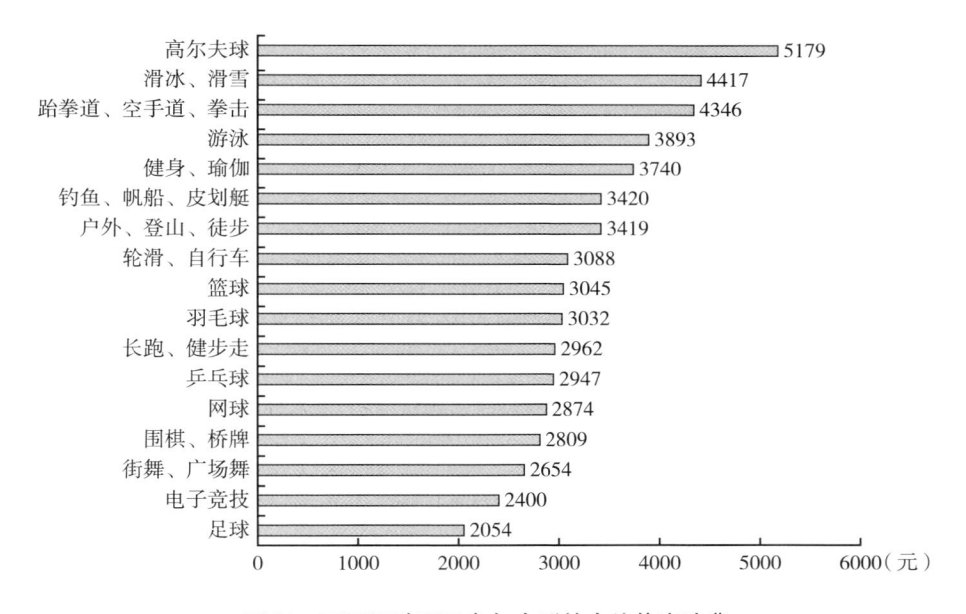

运动项目	人均消费（元）
高尔夫球	5179
滑冰、滑雪	4417
跆拳道、空手道、拳击	4346
游泳	3893
健身、瑜伽	3740
钓鱼、帆船、皮划艇	3420
户外、登山、徒步	3419
轮滑、自行车	3088
篮球	3045
羽毛球	3032
长跑、健步走	2962
乒乓球	2947
网球	2874
围棋、桥牌	2809
街舞、广场舞	2654
电子竞技	2400
足球	2054

图11　不同运动项目参与人群的人均体育消费

资料来源：上海市体育局、上海运动与健康产业协同创新中心，《2019年度上海市体育消费调查报告》。

---

① 《天猫：2019运动消费趋势》，中文互联网数据资讯网，2019年12月17日，http://www.199it.com/archives/982241.html。

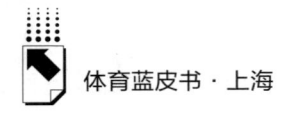

（三）赛事观看需求愈加丰富

竞赛表演业是体育服务业的核心产业，上海市依托自身资源优势集聚了一批国际国内顶尖赛事，每年的赛事消费受到广泛关注。2019年上海市体育消费调查中有26%的人花钱到现场看过比赛，比2018年上升了1.3个百分点，现场观赛人群占比进一步提升，该人群人均现场观赛消费为741元。一些新兴项目的观赛人群在快速发展，电竞类赛事进入现场观赛的前10位。而在购买体育类网络视频产品的调查中，该人群人均购买体育类网络视频产品的消费为170元，橄榄球、搏击等赛事占比均在前列，体现了新生代多样化的观赛需求（见图12）。

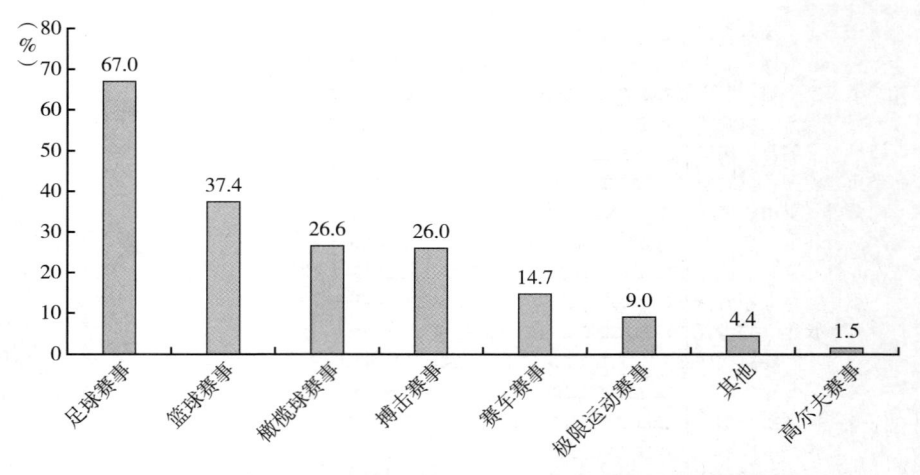

图12　2019年上海市居民购买体育类网络视频产品的种类分布

资料来源：上海市体育局、上海运动与健康产业协同创新中心，《2019年度上海市体育消费调查报告》。

（四）新兴项目消费快速增长

消费存在年龄效应和代际效应，新生一代的思想观念和项目参与会产生新的变化，也会促进新兴项目消费的快速增长。其中，电子竞技作为近年来兴起的项目，无论是参与人数、网络关注度还是赛事数量均呈指数型增长，上海作为电子竞技发展的龙头城市，集聚了一批电竞俱乐部和电竞赛事，《2019年上海电子竞技产业发展评估报告》指出，截至2019年5月，上海电子竞技场馆数量约为35家，比2017年增长了75%，国内知名电子竞技俱乐部中，有48.7%设立在上海。[①] 2019年上海居民有电竞消费人群的人均消费[②]为324元。《上海青年电竞报告（2020）》中指出，77.4%的受访者表示曾购买游戏内皮肤、装备，41.6%的受访者购买过游戏软件。与此相比，购买战队选手周边、购买门票、打赏主播的受访者仅分别占7.2%、6.9%、4.8%。[③] 因此，在电竞产业中游戏消费依然占据主导地位，俱乐部、赛事运营等体育元素的融合依然存在较大的上升空间，随着上海电竞产业生态链的不断优化，电竞产业的体育消费将会进一步释放。

（五）疫情发生后消费意愿受挫

新冠肺炎疫情给体育产业带来了较大冲击，尤其是竞赛表演和健身休闲两类体育服务业的核心产业。各级各类赛事的陆续取消以及体育场馆、公共体育设施的限制开放，使服务型体育消费大幅缩减，同时也对未来一段时间上海居民的体育消费态度和决策产生一定影响。从疫情防控常态化后上海居民的体育消费态度可以看出，仅有10.1%的居民表示有意进行补偿性体育消费，增加消费频率，15.2%的居民选择与之前保持一致，而有近75%的居民表示会减少体育消费或没有消费计划，体现了居民因为疫情对于未来一段时期的体育消费持谨慎态度。其中，担心人员聚集有危险成为首要因素，但同时有24.5%的居民认为"在家就可以开展相应项目"（见图13），反映出疫情对居家健身、云健身等新趋势的促进作用，也为上海健身服务企业转变经营策略提供了思路。

---

① 上海新闻出版局：《2019年上海电子竞技产业发展评估报告》。
② 有电竞消费人群的人均消费指购买电竞游戏赛事/联赛虚拟服务产品的消费，不包含日常游戏充值。
③ 《〈上海青年电竞报告（2020）〉：青年参与者超73%电竞观众近半数》，腾讯网，2020年7月31日，https://new.qq.com/omn/20200731/20200731A0JQT600.html。

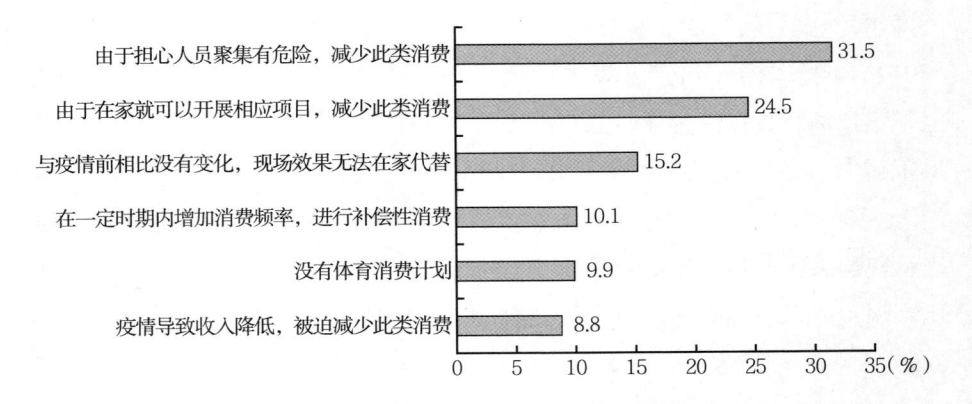

图13 疫情防控常态化后上海市居民体育消费态度

资料来源：上海市体育局、上海运动与健康产业协同创新中心，《2019年度上海市体育消费调查报告》。

四 促进上海市体育消费的相关建议

（一）深入推进消费试点工作

以上海杨浦区、徐汇区成功入选国家体育消费试点城市为契机，推动体育消费机制创新、政策创新、模式创新、产品创新，为促进体育消费探索更多经验。一是探索建立体育消费试点工作联席会议制度，形成定期商会机制，决策部署试点区域年度重点工作和重大项目。二是加大试点区域的产业资金扶持力度，提高体育产业引导资金的使用效率，建立和优化有关管理制度、奖补制度和问责制度，更好地发挥引导资金的杠杆效应和引导作用，撬动更多社会资本流入体育产业。三是重点提升居民体育参与水平。一方面要加强青少年运动技能培养，通过购买社会服务的方式，引入市场化青少年体育运动俱乐部，提供多种运动技能的培训机会；另一方面要加大群众性体育赛事供给，支持体育社会组织、体育企业等积极参与举办全民健身赛事活动，调动居民参与体育的积极性，激发大众体育消费需求。四是建立国家体育消费试点城市工作评估制度，对工作重点任务、阶段性目标、创新举措、试点经验等方面进行定期总结，形成可复制、可推广的体育消费促进模式，以点带面，推动全市体育消费快速发展。

（二）优化体育产品和服务供给

为满足日益丰富的体育需求，必须要从供给端发力，提升体育产品和服务的供给水平。一是要顺应产业数字化、智慧化的趋势。一方面，要抓住建设新基建的战略机遇，不断提升体育用品企业的研发和"智造"水平，提升体育用品的科技含量与消费吸引力，进一步增强国内运动品牌的品牌内涵和文化。另一方面，要拓展大数据、5G、虚拟现实等科技在体育服务产品中的应用空间，大力发展智能体育产业，不断催生线上健身、线上体育培训、VR观赛、云参赛等体育服务的新业态、新模式，为居民的体育消费提供更多便捷、新颖、个性的选择。二是要加强体育基础设施建设，以实现社会效益与市场化运作并举，利用产业园区、各类商业设施、旧厂房、仓库等城市空间和场地设施资源，通过新建或者改建等方式，增加体育场地设施供给。三是要抓住细分人群的体育消费特征，有针对性地优化产品和服务供给。一方面应进一步释放女性消费市场潜力，顺应"她"经济发展趋势，在女性消费的重点领域如运动鞋服、健身私教等方面，充分挖掘女性体育消费需求，推动女性产品的研发与销售，针对女性的运动习惯与特点设计健身服务；另一方面要深入了解青年一代的体育消费习惯改变以及行为偏好，对于一些深受青少年以及新生一代热爱的新型项目，要注重消费产品和服务的升级，加快新兴项目产业链、生态链的完善和开发。如电子竞技领域内，相较于游戏消费，电竞赛事及其衍生产品的体育消费相对较少，应抓住上海建设电竞之都的机遇，在赛事运营、俱乐部引进、电竞人才培养、电竞赛事文化开发等方面进行产业链的整合升级，形成有效的体育消费。

（三）激发疫情防控常态化时期的消费需求

针对疫情给体育消费带来的冲击，应采取适当措施激发体育消费信心和需求，在现有条件允许的情况下尽可能恢复体育消费活动秩序，找寻疫情防控常态化时期体育消费的新业态、新机遇，最大限度地缓解疫情给体育消费带来的负面影响。一是保障和维护公共体育场所的安全和秩序，合理限制体育场馆、健身设施区域等人群聚集区的人流量，定期对重点场所进行安全防疫措施的检查，结合互联网、大数据等信息技术（如"随申码""健申码"二码合一等）形成长效的监督机制，最大限度地打消居民对人员集聚危险的担忧。二是创新使用消费工具，通过与财政、金融等相关政策统筹协调，运用发放体育消费券、进行全民健身积分补贴等手段进一步激发居民的消费热情和消费活力。例如，上海已经实施了包括派发90万张健身消费券、开展体育消费券定点场馆招募等诸多措施。三是抓住居家健身的新趋势，以及疫情防控常态化时期居民对自身健康的重视，推动部分体育用品企业及时调整短期经营策略，将产品研发销售的重点适当向居家健身产品转移；同时鼓励部分体育服务企业组织开展线上培训、线上赛事等"云上业务"，促进线上线下有效融合，挖掘体育消费新增长点。

（四）打造体育消费新空间

体育消费新空间的打造，对于形成体育消费需求场景、推动消费需求向消费行为转化具有重要作用。因此，应多措并举打造上海体育消费新空间。一是要加快体育场馆的升级改造，引导相关企业，发挥市场主体的作用，尽快开展智慧场馆、智能跑道、智能体育公园等体育空间的数字化建设和升级工作，提升群众参与体育运动、观看体育比赛的实际体验和服务质量。二是要注重体育消费文化的建设，尤其是球队文化、赛事文化，打造周边消费文化场景，同时加快探索体育虚拟社群的开发，完善体育公共空间的生态建设。三是要以建设"都市运动中心"为抓手，打造一批体育特色鲜明、服务功能完善、经济效益良好的体育服务综合体，探索"体育＋文化＋教育＋商业＋旅游"等多元化运营方式，形成各功能相互依存、相互支撑、相互裨益的多功能、多业态、高效益的体育消费集聚区，为市民提供体育健身和休闲娱乐等多元服务，提升上海市民进行体育消费的获得感和满意度。

参考文献

王睿、杨越:《家庭视域下扩大我国体育消费的政策研究》,《体育科学》2020年第1期。

黄海燕、朱启莹:《中国体育消费发展:现状特征与未来展望》,《体育科学》2019年第10期。

高琦、夏成前:《"她经济"视域下女性体育消费主要问题及对策》,《体育文化导刊》2020年第1期。

徐开娟、曾鑫峰、黄海燕:《青少年体育消费特征及影响因素的实证分析——基于上海市青少年体育消费的调查研究》,《体育学研究》2019年第4期。

马晓卫、任波、黄海燕:《互联网技术影响下体育消费发展的特征、趋势、问题与策略》,《体育学研究》2020年第2期。

黄海燕、朱启莹:《体育消费的内在逻辑拓展与政策选择》,《体育学研究》2019年第4期。

B.8
上海体育企业发展报告

张叶涵*

摘　要： 体育企业竞争力提升是上海市体育产业高质量发展的根基，是实现上海打造"国际体育赛事之都""国际体育贸易中心""体育用品总部经济""体育资源配置中心""体育科技创新平台"的核心力量。本报告依托上海体育企业成长发展宏观状况及微观特征的基本面分析，梳理优势，解析瓶颈，并以专业化、融合化、特色化、新颖化、国际化为切入点，从运营、研创、风控、资管、营商五个角度对如何提高上海体育企业的成长力、创新力、持续力、辐射力和贡献力提出针对性建议。

关键词： 体育企业　总部经济　上海

上海体育企业以运动项目、优质赛事、健身休闲、中介服务、国际贸易、高端装备为重点，以构建现代体育市场体系为抓手，宏观角度下，增长强力、分区助力、龙头发力、贸易活力、总部聚力、辐射势力，微观角度下，运营助力、产品给力、研创动力、融资借力、消费赋力，逐步走出市场化程度高、开放性特征强、总部化集聚密、品牌化竞合优、融合化创新快、区域化协同佳、社会化效益好的体育企业发展"上海模式"。上海体育企业的健康发展是本地体育经济持续进步的活力来源，是上海体育领域"四大

---

* 张叶涵，博士，上海体育学院副教授，主要研究方向为体育管理。

品牌"建设的基础保障，加快构建以国内大循环为主体、国内国际双循环相互促进的新发展格局，将更具有落地感和实效性。

一 上海体育企业发展背景

体育企业成长的基本位势和发展态势受到产业宏、微观环境的显著影响，近5年，上海体育企业进入高速发展、竞争力塑造的关键时期，地域特征和行业优势显著，充分地发挥了体育经济发展的微观基础和力量载体的作用。

（一）产业结构日渐优化，市场培育逐步完善

随着体育企业新的增长动力和比较竞争优势的形成，体育产业的结构调整和布局优化效果明显，近年来，上海体育产业总规模增长显著。2014~2019年，上海市体育产业总规模增加1013.88亿元，增长幅度约为132.18%，年平均增速超过18.35%，产业总值占当年全市GDP的比重从1.3%上涨到1.5%，超过全国1.1%的平均水平。[1] 总产值的增加取决于主营体育产业单位数量的增多和营业状况的改善，主营体育产业单位从2018年的16286个增加到2019年的22385个，增加了37.45%。2019年，此类单位营业收入为1952.73亿元，利润总额约为219.49亿元，纳税总额约计29亿元，上海体育企业在良好的营商环境中形成了自身坚实的根基与特色。2014~2019年，体育产业中三个大的行业类别体育服务业、体育制造业和体育建筑业单位的总营业收入的平均增长率依次为32.22%、4.73%、-2.38%（见表1）。量质双增中亦可见体育服务业企业产出效应明显，体育制造业发展缓慢，体育建筑业有一定下滑，

---

[1] 2014~2019年度《上海市体育产业统计公告》，上海市体育局网站，http：//tyj. sh. gov. cn/ghjhxx/20170214/0027 - 131406. html，http：//tyj. sh. gov. cn/tycy4/20170925/0027 - 126620. html，http：//tyj. sh. gov. cn/tycy4/20180829/0027 - 126725. html，http：//tyj. sh. gov. cn/tycy4/20191022/0027 - 126855. html，http：//tyj. sh. gov. cn/ggtz2/20201211/0ccc7a75a7e747fbb19848aca326120b. html。

上海市体育企业服务驱动的明显特征。在体育产业优结构、畅循环、稳增长、树标准、促创新的背景下，行业空间较大，市场主体专心营业，放心经营，安心发展，活力将会逐步释放。

表1 2014～2019年上海主营体育产业单位发展状况一览

单位：亿元，个

	2014年	2015年		2016年		2017年		2018年		2019年	
	营业收入	单位数	营业收入	单位数	营业收入	单位数	营业收入	单位数	营业收入	单位数	营业收入
体育服务业	424.63	7236	544.74	8184	749.12	10765	1053.62	15508	1339.4	21399	1715.87
体育制造业	176.99	474	181.24	480	183.55	458	209.44	483	205.1	626	223.01
体育建筑业	15.62	228	15.51	246	21.04	266	27.68	295	12.58	360	13.85
总计	617.24	7938	741.49	8910	953.71	11489	1290.74	16286	1557.08	22385	1952.73

注：上海市主营体育产业单位名录库建设工作从2015年起始，所以此表2014年单位数未标出。

资料来源：2014～2019年度《上海市体育产业统计公告》，上海市体育局网站，http://tyj.sh.gov.cn/ghjhxx/20170214/0027-131406.html，http://tyj.sh.gov.cn/tycy4/20170925/0027-126620.html，http://tyj.sh.gov.cn/tycy4/20180829/0027-126725.html，http://tyj.sh.gov.cn/tycy4/20191022/0027-126855.html，http://tyj.sh.gov.cn/ggtz2/20201211/0ccc7a75a7e747fbb19848aca326120b.html；上海运动与健康体育产业研究中心，《上海市主营体育产业单位名录库》。

（二）空间布局合理有序，各区产业特征鲜明

《上海市体育产业集聚区布局规划（2017—2020年）》提出上海构建"一核两带多点"体育产业发展空间体系的目标，并规划了国家体育产业示范基地和体育产业集聚区。[1] 该规划与2017年《上海市产业地图》、2018年《关于推进本市健康服务业高质量发展加快建设一流医学中心城市的若干意见》在空间维度和产业维度的思路匹配，产业集聚和企业发展、重大项目

---

[1] 国家体育总局、上海市体育局：《上海市体育产业集聚区布局规划（2017—2020年）》。

和产业地图形成了良好互动。例如，浦东前滩体育总部集聚区，依托东方体育中心，充分发挥滨江区位、科创中心及自贸区政策叠加优势，吸引国际体育组织、知名体育企业入驻；杨浦五角场体育产学研集聚区，充分发挥上海体育学院及上海体育国家大学科技园、耐克大中华区总部等高校、园区、企业协同效应；闵行旗忠体育产业集聚区以马桥旗忠为内核，发挥国际赛事辐射效应，赋能莘庄、七宝、梅陇、浦江等地的产业发展；宝山电子竞技体育产业集聚区，以"电竞小镇"为核心特色，吸引PLU游戏娱乐传媒、上海市物联网行业协会等机构进驻；普陀和嘉定分别构建桃浦国际健康创新产业园和精准医疗与健康服务集聚区，呈现出"一区一品，一聚一优"的体育企业空间分布特征。以上体育及健康集聚都同区域优势、产业布局和居民需求有效衔接，有效地发挥了产业集群的效力，有利于企业的协作共享和影响力提升。

（三）龙头企业持续发力，产业链条全面覆盖

2019年度上海市500强体育企业分布覆盖体育产业11个主要类别，营业收入为1711.41亿元，利润总额为140.33亿元，分别同比增长25.4%和15.6%，占当年全市主营体育产业单位营业收入的比重分别为87.6%和63.9%,① 在上海体育产业领域主导地位显著。从行业集中度来看，行业数量最多、营业收入最高、利润总额最高的3个行业依次为体育用品及相关产品销售、出租与贸易代理，体育用品及相关产品制造，体育健身休闲活动，三者企业数量、营业收入和利润总额占比分别为58.8%、89.28%、85.69%。从贡献度来看，在企业数量上，除体育用品及相关产品制造，其他10个行业500强企业占全市主营体育产业单位比重未超过10%；在营业收入上，500强企业在体育用品及相关产品销售、出租与贸易代理，体育用品及相关产品制造，体育竞赛表演活动等3个行业贡献度最高，占全市主营体育产业单位

---

① 上海市体育局、上海运动与健康产业协同创新中心：《2019年度上海市主营体育产业单位名录库》。

比重分别为98.2%、96.2%、82.8%，均超过80%，其他行业500强企业占全市主营体育产业单位比重均超过两位数；在利润总额上，体育用品及相关产品销售、出租与贸易代理，体育用品及相关产品制造，体育场地和设施管理，体育竞赛表演活动4个行业贡献度最高，占全市主营体育产业单位比重分别为94.8%、94.4%、84.8%、81.0%（见表2）。总体而言，上海体育企业业务覆盖完整，实现全产业链布局，行业绝对集中程度高，行业利润率差异较大，头部企业贡献明显，小微企业数量占比高但营业状况需提高，上海零售、贸易、信息、休闲四个端口的体育企业产出具有明显的特色，和上海市经济特征高度匹配。

表2 2019年上海主营体育产业单位发展状况一览

类别	500强总量			占全市主营体育产业单位比重(%)		
	企业数量（个）	营业收入（亿元）	利润总额（亿元）	企业数量	营业收入	利润总额
总计	500	1711.41	140.33	2.3	87.6	63.9
体育管理活动	0	0.00	0.00	—	—	—
体育竞赛表演活动	50	59.90	5.57	1.4	82.8	81.0
体育健身休闲活动	64	78.37	10.86	0.9	78.7	34.0
体育场地和设施管理	26	13.47	2.44	5.4	64.4	84.8
体育经纪与代理、广告与会展、表演与设计服务	21	11.32	0.90	1.5	63.0	65.3
体育教育与培训	13	8.36	0.36	1.1	25.0	22.5
体育传媒与信息服务	56	70.82	9.80	5.7	37.3	17.1
其他体育服务	10	8.54	0.57	0.7	51.9	51.2
体育用品及相关产品制造	68	214.62	12.03	10.9	96.2	94.4
体育用品及相关产品销售、出租与贸易代理	162	1235.02	97.37	3.2	98.2	94.8
体育场地设施建设	30	10.98	0.43	8.3	79.3	72.9

注：此处占全市主营体育产业单位比重为上海市500强体育企业占全市同业态体育企业的比重。

资料来源：上海市体育局、上海运动与健康产业协同创新中心，《2019年度上海市500强体育企业概况》。

（四）体育服务贸易发展，开放经济特征明显

近年来，在"一体两翼多引擎"模式的驱动下，体育特色服务贸易领域贯彻落实上海市建立开放型经济新体制行动和国际贸易中心建设规划的思路，开放性、包容性、创新性、国际性特征显著。

其一，在商品贸易角度，长三角地区先进制造业外溢、区域集群协同、国际分工深度参与以及消费结构快速升级四大效应，形成上海体育用品先进制造发展、一般贸易引领、总部经济集聚、特许经营发力、产业集群拉动的内外市场双重依赖格局，同时有效带动了外资企业、小规模企业、低生产率企业的出口。2019年上海市体育用品及相关产品销售、出租与贸易代理领域总产出为678.56亿元，同比增长15.05%，其总产出和增加值占上海市体育产业总产出和增加值的比重分别达到38.1%和49.9%，[①] 位居体育产业各行业之首（见表3）。

其二，在服务贸易角度，2015年体育服务首次纳入《上海市服务贸易促进指导目录》后，根据《上海市人民政府关于加快发展体育产业促进体育消费的实施意见》《上海市加快促进服务贸易发展行动计划（2016—2018）》要求的"大力发展体育服务贸易，鼓励和支持社会资本或境外资本在自贸试验区内设立体育服务类机构"，"加强体育服务的国际交流，吸引全球知名赛事落户上海，促进职业运动员的自然人移动"等积极推进体育服务贸易的发展。近年来，体育组织国际合作、体育资源异地集散、体育服务跨境交易、体育消费人际流动为体育服务贸易奠定了良好的基础，全球体育赛事、国际体育会展等板块迅速壮大。例如，2019年第三十七届中国国际体育用品博览会，参展企业近1500家，展览规模达18万平方米，来自80多个国家的国内外观众计15万余人次，[②] 2020年11月第三届中国国际进

[①] 《2018年度上海市体育产业统计公告》，国家体育总局网站，2019年10月25日，http://www.sport.gov.cn/n316/n338/c931320/content.html。

[②] 《2019中国国际体育用品博览会开幕，近1500家企业参展》，新华网，2019年5月23日，http://www.xinhuanet.com/sports/2019-05/23/c_1124532872.htm。

口博览会首设体育用品及赛事专区。立足本土，面向全球，上海逐步成为和洛杉矶、纽约、伦敦、巴黎等城市比肩的跨国体育公司的孵化、创新、贸易和资源配置基地。

表3　2015~2019年上海体育用品及相关产品销售、出租与贸易代理增长一览

单位：亿元

	2015年		2016年		2017年		2018年		2019年	
	总产出	增加值	总产出	增加值	总产出	增加值	总产出	增加值	总产出	增加值
上海体育产业	910.13	351.22	1045.87	421.27	1266.93	470.26	1496.11	556.90	1780.88	558.96
体育用品及相关产品销售、出租与贸易代理	350.77	170.06	397.93	197.84	461.73	210.22	589.75	279.70	678.56	279.17

注：若总量和分量合计尾数不等，是数值修约误差所致，未做机械调整。

资料来源：2015~2019年度《上海市体育产业统计公告》，上海市体育局网站，http：//tyj.sh.gov.cn/ghjhxx/20170214/0027-131406.html，http：//tyj.sh.gov.cn/tycy4/20170925/0027-126620.html，http：//tyj.sh.gov.cn/tycy4/20180829/0027-126725.html，http：//tyj.sh.gov.cn/tycy4/20191022/0027-126855.html，http：//tyj.sh.gov.cn/ggtz/20201211/0ccc7a75a7e747fbb19848aca326120b.html。

（五）总部效应辐射显著，国际国内循环互补

2002年上海出台首个吸引跨国公司设立地区总部的政策，自此，上海总部经济发展走上快车道，上海也是中国跨国公司地区总部最集中的地区。据上海市商务委员会统计，至2019年底上海累计引进跨国公司地区总部758家，外资研发中心累计达到475家，占全市外资企业总数的1.34%，总部数量继续保持全国领先，世界500强中已有1/4在上海设立了地区总部，①

---

① 《上海经济总量跃居全球城市第六位　成为跨国公司进入亚太的主要门户》，新华社，2020年11月7日，https：//article.xuexi.cn/articles/index.html?art_id=301711036684360280&t=1605223224157&showmenu=false&study_style_id=feeds_default&source=share&share_to=wx_single&item_id=301711036684360280&ref_read_id=84e94bd3-dcbb-4efe-9861-1a28cf3e3220_1607477491119。

并在营业收入、利润额和纳税总额上贡献显著①。疫情背景下，上海实际外资到位仍呈增长状态，也显示了外商对上海和中国发展前景的良好预期。②

在体育领域，上海坚持"积极吸引国际体育组织和世界著名的体育集团公司、国际体育学校将其全球或区域运营中心、研发中心、销售中心、教育培训中心落户上海"的政策指导，积极破解各种要素跨境流动的障碍，从总部经济形成的基础条件、商务设施、研发能力、专业服务、政府服务和开放程度角度优化营商环境，设计提升上海市设立体育企业总部资金运作、贸易、物流和研发等功能的政策措施，扩大对外开放，提高利用外资的质量和水平，吸引知名企业进驻。截至2018年底，耐克、宝原体育、迪卡侬、新百伦、匡威、亚瑟士、安德阿镁、奥递乐、哥伦比亚、尤尼克斯、阿迪达斯、安踏等国内外体育用品知名品牌和经销商先后在上海设立地区总部（见表4）。"引进来"给国际体育企业带来明显的规模经济、学习效应和区位优势，也为上海本土体育企业创造了"走出去"的示范效应，对于推进上海市体育多中心建设与产业国际化高质量发展奠定了良好的基础。据统计，2019年上海市500强体育企业营业收入为1711.41亿元，同比增长25.4%，占当年全市22385个主营体育产业单位营业收入的比重为87.6%；利润总额为140.33亿元，同比增长15.6%，占当年全市22835个主营体育产业单位利润总额的比重为63.9%，500强体育企业在上海体育产业领域主导地位显著。③

---

① 《上海出台促进跨国公司地区总部发展新政策》，新华网，2019年8月13日，http：//www.xinhuanet.com/fortune/2019-08/13/c_1124871562.htm?fbclid=IwAR0uTZseUJt2haiPQts5raaEwwosHufrbcilURyvZaUUI_JHjqVPcds022c。

② 《上海出台促进跨国公司地区总部发展新政策》，新华网，2019年8月13日，http：//www.xinhuanet.com/fortune/2019-08/13/c_1124871562.htm?fbclid=IwAR0uTZseUJt2haiPQts5raaEwwosHufrbcilURyvZaUUI_JHjqVPcds022c。

③ 上海市体育局、上海运动与健康产业协同创新中心：《2018年上海市主营体育产业单位名录库》。

表4 上海市主要外资体育用品贸易企业在沪设立总部情况

行政区划	企业名称	是否是地区总部	行政区划	企业名称	是否是地区总部
浦东	迪卡侬（上海）体育用品有限公司	是	长宁	新百伦贸易（中国）有限公司	是
	上海斐毡商贸有限公司	是		亚瑟士（中国）商贸有限公司	是
	亚玛芬体育用品贸易（上海）有限公司	是		匡威体育用品（中国）有限公司	是
	戈尔工业品贸易（上海）有限公司	是	静安	尤尼克斯（上海）体育用品有限公司	是
	三星法绅贸易（上海）有限公司	是		卡拉威高尔夫贸易（上海）有限公司	是
	狮迈（上海）贸易有限公司	是	徐汇	阿迪达斯（中国）有限公司	是
				斯伯丁体育用品（中国）有限公司	是
	赛标（中国）体育用品有限公司	是		哥伦比亚运动服装商贸（上海）有限公司	是
虹口	滔搏企业发展（上海）有限公司	是	嘉定	日加满饮品（上海）有限公司	是
	上海宝原体育用品商贸有限公司	是	青浦	上海美津浓有限公司	是
杨浦	耐克商业（中国）有限公司	是		上海安踏体育用品有限公司	是
黄浦	安德阿镆贸易（上海）有限公司	是	崇明	上海特提斯体育用品有限公司	是
				上海卡帕体育用品有限公司	是

资料来源：上海市体育局、上海运动与健康产业协同创新中心，2017~2018年度《上海市500强体育企业概况》。

（六）区域一体协同进步，改革有效消融壁垒

2018年习近平总书记公开表示"支持长江三角洲区域一体化发展并上升为国家战略"[1]，体育产业长三角一体化加速推进，同年，《长三角地区体育产业一体化发展三年行动计划（2018—2020年）》审议通过。2020年，包括《2020年长三角地区体育一体化重点项目合作协议》、《长江三角洲汽

---

[1] 《习近平出席首届中国国际进口博览会开幕式并发表主旨演讲》，人民网，2018年11月5日，http://cpc.people.com.cn/n1/2018/1105/c64094-30382745.html。

车运动产业一体化发展合作框架协议》① 和《长三角地区体育一体化高质量发展的若干意见》等重要文件印发，实质性探索区域体育一体化发展的制度体系和路径模式，提升长三角地区体育整体综合实力②。

据《体育蓝皮书：长三角地区体育产业发展报告（2018～2019）》数据可知，从2015年到2018年，长三角地区体育产业总规模和增加值4年年均复合增长率分别为11.4%和12.92%。③ 2018年长三角地区体育产业总规模约占当年全国体育产业的1/3，在培育区域经济增长新动能方面的贡献日渐突出，业已成为我国体育产业重要的增长极。④ 其中在体育城市建设及竞赛表演业发展上，有良好的基础，根据2019年SPORTCAL发布的全球体育城市排名，全球前50名中，南京、上海、杭州三个长三角核心城市名列前茅（见表5）。长三角地区体育产业一体化具备"和而不同"的良好根基，地区性体育产业的资源与市场共享日趋紧密，要素充分流动的壁垒被逐一打破，长三角范围内体育产业一体化的形式也趋于协同化、融合化、集聚化、互补化、创新化。上海、江苏、浙江、安徽四地的属地效能和比较优势打开，着力发挥上海体育国际化、市场化的先导经验，江苏体育县域经济、智慧体育的优先力量，浙江民营经济、产业集群的核心势力，安徽体育资源、下沉市场的潜在动能。伴随长三角一体化战略的辐射作用、引领作用越发明显，上海市体育企业的量级提升亦进入区域协同联动布局高质量发展的快车道。长三角地区体育产业一体化要在"十四五"期间统筹谋划，开放、服务、创新、高效打造体育产业区域协同高质量发展样板区，率先实现现代化引领区建设，成为全国体育产业发展的改革创新典范。

---

① 《长三角地区体育一体化工作推进会在上海召开》，江苏省体育局网站，2020年1月6日，http://jsstyj.jiangsu.gov.cn/art/2020/1/6/art_ 79371_ 9398324.html。
② 上海市体育局、江苏省体育局、浙江省体育局、安徽省体育局：《长三角地区体育一体化高质量发展的若干意见》，浙江省体育局网站，2020年10月23日，http://tyj.zj.gov.cn/art/2020/10/23/art_ 1347213_ 59014772.html。
③ 黄海燕主编《体育蓝皮书：长三角地区体育产业发展报告（2018～2019）》，社会科学文献出版社，2020。
④ 《推进体育一体化 2018年长三角体育产业规模约占全国三成》，人民网，2020年1月3日，http://m2.people.cn/r/MV8wXzEzNTYxOTA2XzE0MDdfMTU3ODA2MzY3NQ==。

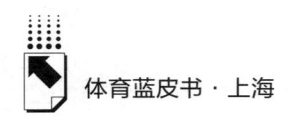

表5　2019年GSI中国全球体育城市排名

全国名次	城市	是否为长三角城市	全球名次	赛事数量	最终得分
1	北京	否	8	7	8388
2	南京	是	11	6	6615
3	成都	否	28	4	4087
4	上海	是	37	5	3446
5	张家口	否	42	3	3279
6	杭州	是	46	2	3128

资料来源：SPORTCAL，2019，https：//www.sportcal.com/。

二　上海体育企业发展特征

上海市体育发展的城市愿景与时代使命为体育企业微观战略层面的创新与成长带来了强有力的引导与赋能，也使得企业的战略设计、行动与执行拥有完整的逻辑、清晰的边界和领先的模式，区别于中国早期福建、浙江、山东等地体育企业的制造导向、集群模式、规模优势等特点。在微观层面，上海体育企业的服务、创新、融合、现代特征都更为明显，依托体育运动项目的内核，在娱乐化和健康化的双翼驱动下，提升企业内力，增强了行业竞争力。

（一）企业运营战略精准布局

上海体育产业发展的环境动态性从全球化竞争和技术扩散角度对体育企业成长的内在驱动力提出了较高的要求，体育企业传统的运动项目依赖的草根式、个体化、散漫式的发展模式已经不适于上海体育品牌化、国际化、高端化的成长。在鼓励企业做大做强的目标引领下，完整的战略管理过程和公司治理结构在近年的上海市优质体育企业发展中成为必然追求，引导优质企业上市也成为未来的发展方向。

从公司层战略角度来看，跨国战略、合并收购、精简重组、战略联盟在企业经营管理中被应用，例如：阿里体育与虎牙达成WESG独家版权战略合作，聚力传媒与当代明诚就西甲版权的推广与运作事宜签署了《关于进一步推进西甲版权业务合作之框架协议》，斐讯体育与中国田协达成战略合作，舒华体育全球运营中心正式启用，上海久事自2017年先后与上海文化广播影视集团有限公司（SMG）、腾讯公司、上汽集团等实现战略合作，复星集团在早教板块布局收购了小小运动馆（中国）。

从业务层战略角度来看，聚焦战略、成本领先战略、差异化战略等被体育企业灵活应用，体育企业明确地定位细分市场，服务目标客户，例如：上海盛力世家文化传播有限公司在精英体育领域的IP打造和培育经验丰富，利用壁球、击剑、勇士赛撬动中产群体的高端社交场景和赛事平台；上海梅洛体育文化传播有限公司旗下的青少年篮球发展联盟YBDL，是上海唯一一家全外教的专业篮球青少年培训机构，以4~18岁的青少年为目标群体，注册学员超万名，拥有近百家网点布局在全国30多个城市。在健身休闲、体育培训、竞赛表演等业态中，连锁化品牌运营成为主流。同时，数字化引发的产业转型趋势不可阻挡，上海的数字体育服务业已经开始呈现多元丰富的新业态。

专栏一　复星集团收购小小运动馆（中国）

2019年1月，复星集团成功收购儿童运动教育品牌——小小运动馆（中国），这是复星集团首个投资控股的教育品牌。此次复星集团与小小运动馆（中国）的战略合作坚持了"健康、快乐、富足"的运营理念，利用线上线下资源共享，为家庭客户提供高品质的产品和服务，同时也推动了中国体育教育培训行业的突破和迭代。

此次收购，源自复星集团在早教领域的布局。早在过去几年，复星集团就开始涉足早教领域的投资，其合作品牌包括宝宝树、亲宝宝、Silver Cross银十字宝贝、年糕妈妈等。复星集团对小小运动馆（中国）的控股可能是其在教育领域进一步发力的信号。未来小小运动馆（中国）在复星集团的支持下，将会重点关注家庭客户的需求、体验和反馈，在早教领域进行深入布局，推出更多线上产品，丰富产品机构，打通线上和线下连接，在提高品牌影响力的同时，让更多的孩子接受专业的体育指导和训练。①

（二）产业融合推动产品创新

随着全民健身与全面健康战略的深入推进，上海体育产业与健康产业融合发展，体育企业产品创新趋势增强。

首先，从现有体育产品的层次而言，为顾客持续创造价值逐渐成为优质体育企业的产品目标。体育企业向消费者提供兼具健康、休闲、娱乐效用的核心产品，打造差异化供给，增强顾客价值感知，深化产品附加内涵。例如，2019年5月25日，"跃动跳绳"在新品发布会上宣布开启智能跳绳新时代，由制造业端口向生产性服务业转型，以服务普及促进产品层次优化。区别于靠"低价"取胜市场竞争模式，"跃动跳绳"利用智能化产品实现用户个性化、社交化、娱乐化的跳绳体验。

其次，融合业态推动体育产品与服务创新。在全民健康背景下，上海体育企业创新显著，国民体质监测与康体服务、科学健身调理、运动康复按摩、体育健康指导、运动创伤治疗等业态蓬勃发展，健康旅游产品层出不穷，"文体旅+康养"模式广受欢迎；大数据、云计算、物联网等技术广泛应用于体育服务领域，催生了智能体育产品和服务。随着这一趋势加速发展，包括运动医疗、运动康复、运动医药、运动营养、运动养生、运动监测、运动处方、运动培训、运动传媒等在内的新型产品与服务将会层出不穷，运动医疗产业、运动健康核心产业、运动健康信息产业、运动装备产业、运动保险业也将成为上海体育企业的优势领域。

---

① 《复星集团收购小小运动馆，持续布局早教领域》，新浪财经，2019年1月16日，http：//finance.sina.com.cn/roll/2019-01-16/doc-ihqfskcn7679148.shtml。

专栏二　运动大健康产业的产品"蓝海"

健康关口前移背景下，上海的运动大健康产业呈现一片蓝海，尤其是在运动医疗、运动康复、运动医药、运动营养、运动监测、运动处方等交叉领域。例如：上海体育学院打造"社区健康师"项目，面向中老年人、运动爱好者、慢性病患者、家庭客户、残障人士等不同人群，推出了"4+1"多样化服务内容体系。通过线上学习与线下参与相结合、集中式讲解与个性化指导相结合的模式，为用户提供运动营养、科学健身、伤病防护、心理调适等服务。

上海尚体深耕运动健康促进、老年康复领域，聚焦运动健康科技，长期致力于慢病运动干预，创新开拓了社区"体育+健康+康复+养老"一体化的服务模式，打造5~10分钟社区健康生活圈。2019年6月，尚体徐汇区康健街道市民健身（健康）中心（原健康社区体育场）正式启用，利用大数据、人工智能等技术，为用户提供个性化运动锻炼和康复训练方案。

每步科技开发的线上运动会骨骼识别评分系统，通过人工智能骨骼识别算法和机器视觉识别反馈及运动轨迹追踪技术，可以完成数据捕捉和标准动作相似度比对，实现智能纠错、实时指导、精准评估等功能。这项技术还可以用于科学健身、云端培训、智能体能测试评估等体育运动场景。

逸动医学长期专注于新一代智能化、数字化骨科器械的研发、生产，为患者提供骨关节运动临床检测服务，主要包括关节运动采集、关节运动分析、关节运动评估、关节运动大数据化等，产品种类丰富多样，涉及运动医学、康复医学、关节外科等多个领域。

（三）科技促进业态更新

新技术、新应用、新内容生产方式改变了健康消费的供需特征。以人工智能、机器人技术、虚拟现实、云计算等技术为突破口的工业革命与全民健身融合。物联网、智能装备融入日常生活，改变健康理念，优化健身感受，场景变化与体验至上激发上海体育企业模式、业态的新活力，赋予顾客价

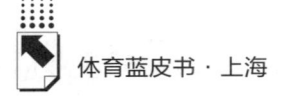

值、盈利模式、经营资源、业务流程新内容，上海出现了一批优质科技助推业态或模式创新的企业，也有不少企业看好上海体育消费的沃土，在沪开展新零售试验田。

新零售助力生产性服务业创新。2018年，Reebok锐步的亚太首家旗舰店落户上海，该旗舰店将健身体验的Cross Fit场馆与实体零售门店融合起来。同年，耐克首家全新概念店于上海世茂广场正式开业，并在负一层的核心中场打造了一块地面互动LED屏，能测试耐克鞋的触地跳跃、极速快步、敏捷折返等数据，为用户打造沉浸式、数字化的产品试穿和运动体验。在健身休闲业，以共享健身房为代表的新零售模式也在促进服务的创新。

新技术助力垂直业态数据引领。三体云动以数字促进标准化建设，2019年为线下门店规划了包含多模块知识点的服务、运营、营销手册，将渠道营销、新媒体营销、数据营销、服务流程、服务调研、服务设计、销售服务等内容标准化呈现。每步科技为从专注于大众IP赛事的开发、管理与运营到以科技为核心，以群众赛事为入口的体育产业科技平台级公司，将智能"产品+服务"创新模式发展壮大。英士博技术团队自主研发的Sbeam系统，自助预约课程、选课、耗课、支付，系统还配合智能硬件，实现门禁、电力、设备、空调的自动管理。

（四）金融助力体育企业发展

伴随体育产业的发展，体育与金融的跨界交互趋势明显，体育基金（含体育产业投资基金）管理服务、体育保险服务、体育投资与资产管理、产权交易服务等有效推进。《上海市体育产业发展实施方案（2016—2020年）》提出"引导有实力的体育企业以资本为纽带，实行跨地区、跨行业、跨所有制的兼并、重组、上市"，也从创业投资、信贷抵押等方面提出了针对体育企业的方向性建议。上海的优质金融资源配置能力、国际辐射能力、政策保障能力也促进了上海体育金融在企业层面的有效落实。

金融机构与体育企业广泛开展合作。首先，银行为重大赛事活动提供支持。例如，2019年，中国民生银行上海分行与上海市体育局签署全面战略合作协议，为第十五届世界武术锦标赛提供支持。兴业银行连续五年为上海国际马拉松提供资金助力。其次，银行为体育科技类初创企业提供资金帮助。2020年9月，上海市体育局与银行等金融机构合作，创新"你运动，我补贴"的体育消费券配送项目，围绕"18+X"的服务项目，由政府补贴和定点场馆让利两部分金额组成，发放一次性使用的电子消费券，为体育复产复业增添了活力。体育保险领域，平安保险、阳光保险、人保财险、工银安盛等保险公司推出了针对马拉松的保险产品，比如交银康联人寿为2019上海中心国际垂直马拉松赛提供独家保险保障，2019年度上海国际马拉松开赛，平安健康险为跑步者提供健康保障，平安健康App利用运动健康特权俱乐部Hello Run Club，将旗下"i动保"系列产品保障提升，i动保·百万医疗与i动保·重疾形成效补充，用户只需走路即可获取最高110万元的保障。

同时，体育产业投资基金也在积极布局，上海体育产业投融资市场保持活跃。据懒熊体育融资数据统计，2020年上半年，中国体育领域发生投融资事件16起，其中上海发生5起，约占总数的1/3（见表6）。2015~2019年，国内体育领域公开融资事件共计874起，上海体育企业在其中的占比也名列前茅。金融工具的广泛应用也体现在产权交易层面，2014年中国首家"体育产权交易中心"在上海文化产权交易所挂牌，2017年上海市体育局和上海联合产权交易所共同启动上海市重点体育赛事交易平台，包括路跑、骑行、水上运动、铁人三项等4大类共14项赛事的承办权正式上线，体育赛事产权的集中为上海体育企业融资形成平台助力。

表6 2020年上半年中国体育领域部分投融资事件

区域	项目名称	轮次	金额	投资方	分类
上海	Dig Potency	种子轮	1000万元	动域资本	健身工作室
	人马线	A轮	1000万元	分众体育（上海）有限公司	健身工作室
	Justin & Julie Fitness	A轮	数千万元	SIG海纳亚洲投资基金	精品团操健身工作室
	英士博	A轮	千万元	日本SBI集团	少儿体适能培训机构
	爱动健身	B+轮	数千万元	晟道投资	健身社交应用

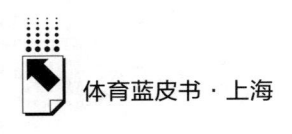

续表

区域	项目名称	轮次	金额	投资方	分类
其他地区	椰云网络	天使轮	1000万元	海南联合资产管理有限公司	竞技积分发行及兑换平台
	TT直播健身	A轮	千万元级	熊猫资本、复朴资本和老公东梅花创投	线上直播健身平台
	弈小象	天使轮	百万元级	北塔资本	象棋线上培训机构
	左梵瑜伽	A轮	未透露	开元股份	瑜伽教练培训机构
	光猪圈	Pre-B轮	未透露	泰有投资	智能互联便利健身平台
	准者体育	A轮	数千万元	鼎晖创新与成长基金	综合性体育用品供应商
	Keep	E轮	8000万美元	时代资本领投、GGV纪源资本，腾讯等老股东跟投	健身平台
	超能鹿战队	天使轮	1200万元	吃货大陆领投，优贝迪基金会跟投	商业健身餐连锁品牌
	怦怦健身	战略投资	未透露	未透露	智能健身云平台
	情久电竞俱乐部	天使轮	近亿元人民币	个人	文化产业运营平台
	鲨鱼菲特	天使轮	1000万元人民币	不惑创投	健康速食品牌

资料来源：懒熊体育《2020年国内外体育领域融资半年报》，2020年7月20日，http：//www.lanxiongsports.com/posts/view/id/19383.html。

专栏三　上海体育产权交易中心：从上海到长三角

在2017年"上海市重点体育赛事推介会"上，上海市体育局首次宣布与上海联合产权交易所展开合作，计划共同打造体育赛事交易平台。会后，包括路跑、骑行、水上运动、铁人三项等4大类共14项赛事的承办权正式上线上海市重点体育赛事交易平台。

2020年，上海联合产权交易所与上海市体育局合作，并协调江苏省体育局、浙江省体育局和安徽省体育局，共同搭建长三角体育资源交易平台。平台设有介绍展示、政策法规公布、意向线索收集、交易规则公布、行业动态发布、投资人管理等功能，能够为三省一市提供信息流通、资源平台共享和业务拓展等服务,提升信息集散、资源整合、项目孵化、产融结合、产品流转的效率。长三角体育资源交易平台为各类体育资源交易提供专业规范的服务,助力体育资源交易方式市场化、过程规范化和效益最大化。①

(五)重视体育品牌建设

上海体育在不同业态均出现了知名企业品牌,消费驱动带动了上海体育企业的成长。上海以其良好的国际知名度、城市繁荣度、商业活跃度、到达便利度、消费舒适度、政策引领度等成为新兴国际消费中心城市,体育消费围绕"健康、休闲、快乐"进行内容开发与品牌建设,让消费者在良好的体验感、获得感和幸福感中实现体育生活的最优解。较之过去3~5年的政策红利型高速发展,未来3~5年的上海体育企业的竞争需要站稳品牌与责任,用好的产品服务,打造人民体育的名片。2019年,上海体育企业更凸显了上海体育为人民的总体思路,从消费出发,从责任落脚,随着更多上海市民迈开腿,体育逐步成为上海人民生活中必不可少的内容,品牌成为上海体育高质量发展的外显标志。不同业态的上海体育企业均打造出群众耳熟能详的品牌,如红双喜、回力、姚记扑克、滔博、一兆韦德、绿地申花、盛力世家、虎扑、力盛赛车、久事体育、双刃剑、天行达阵等,其中,上海久事体育赛事运营管理有限公司荣获2018年上海企业"二十佳创新品牌"奖项。2019年上海体育文化品牌"体荟魔都"发布,体育以独特魅力为"上海文化"注入新的内涵。在上海体育企业品牌化成长过程中,践行体育力量,担负健康责任是体育最大的名牌,也是培育消费者的最强大的力量之一。

---

① 《上海产权市场建立长三角体育资源交易平台》,新华网,2020年1月4日,http://www.xinhuanet.com/local/2020-01/04/c_1125422229.htm。

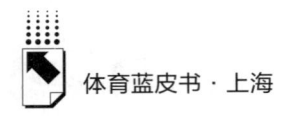

专栏四　体荟魔都：打造硬核上海体育文化品牌

2019年，上海体育推出全新体育文化品牌"体荟魔都"，围绕上海体育改革发展，整合系统内外优质资源，利用线上线下全媒体宣传平台，传播上海体育正能量价值观。"体荟魔都"是一个立体化、多方位的体育文化品牌，也是一个交流传播竞技体育精神、汇集上海体育产业发展资源、展现上海城市精神面貌的综合性平台。

"体荟魔都"品牌塑造逐步深化，每年推出的年度收官之作——"上海体育年度印记"都展现了沪上体育品牌的经典时刻和人文记忆。2020年，"体荟魔都"围绕上海体育发展，打造了具有上海城市特点、蕴含上海体育精神的传播平台、体育产业发展的资源平台、城市精神的文化平台。"体荟魔都"已经成为展现上海城市精神面貌的传播平台，未来还将通过体育的视角展现上海的"魔"与"潮"。①

三　上海体育企业发展瓶颈

自2014年10月《关于加快发展体育产业促进体育消费的若干意见》发布以来，上海体育企业从小到大、从弱到强，不断发展壮大，成为上海体育领域创业就业、体育科技创新的核心主体，为上海体育的发展发挥了重要作用。上海体育企业在组织形态、社会效能和区域辐射上有了明显的提升，但是现实中，这些企业的创立、存续、成长、壮大乃至退出均存在诸多自身和外部层面的不足，盈利模式不清、产品同质化程度高、发展稳定性差、抗风险能力低、研创转化速度慢等影响核心竞争力的问题尤为突出。

（一）市场主体作用尚需加强

上海2.2万余家主营体育产业单位中，绝大多数是中小企业。实践

---

① 上海市体育局：《"体荟魔都"收官之作"2019上海体育年度印记"成功举办》，网易网，2020年1月10日，http://sh.news.163.com/20/0110/15/F2HRG5MI04189814.html。

显示，政策红利赋予了体育产业在中小企业圈层低门槛进入、低标准发展、低质量前进仍能存活的状态。上海良好的产业基础和环境特征也赋予体育健身休闲业、体育竞赛表演业、体育传媒与信息服务机构数量、营业收入、利润总额的结构性增长的领先地位，但其也呈现出增长的结构性不足以及内生性增长动能不足等问题。据核算，2019年500强体育企业的业态分布与发展状况中，在营业收入复合增长率分布上，体育用品及相关产品销售、出租与贸易代理同比增长72.2%，属于领先速度；体育用品及相关产品制造为12.5%，属于标准速度；其他业态均为5%以下的保级速度。① 因此，上海体育企业仍需要提高动能，尤其是降低政策性依赖，提升市场主体活力。

（二）风险应对能力亟须提升

受新冠肺炎疫情影响，以中小微企业为主的体育产业年度产值受损预期明显，短期内，资金储备低，金融杠杆高，浮动成本占比大，履约赔偿责任多的体育企业短期经营风险激增。体育旅游、营地教育及冰雪产业受挫严重，竞赛表演、健身休闲、体育培训处于明显收缩区间，洗牌效应明显，尤其疫情发生后，体育企业线下业务几乎归零，部分制造业企业线上销售虽然客单增多，但受物流影响，库存积压严重。体育企业的经营问题主要集中在体育场所开放、房屋租金减免和中小微企业融资需求3个方面，也反映出体育企业自身资产结构、资金状态、资源依赖方面的不足。以外向依赖为主导的上海体育企业，体育组织国际合作、体育资源异地集散、体育服务跨境交易、体育消费人际流动受制严重。短期看以国际赛事和职业体育停摆为核心桎梏，国际体育旅游、职业体育经纪、体育版权与资产交易、体育经纪咨询等服务贸易板块均短期受阻，外部市场需求收紧下，该部分逆差收窄，对上海体育企业"内生型"增长模式转型反是利好。上海服务贸易板块高产出与快增长态势被短暂遏止，2019年国际赛事

① 上海市体育局、上海运动与健康产业协同创新中心：《2018年上海市主营体育产业单位名录库》。

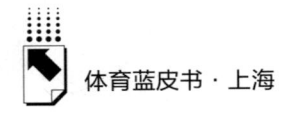

超50%的盛况在疫情防控常态化时期难以实现，因此加强风险应对能力，提高企业动态适应力尤为重要。

（三）产业标准化发展短板依存

上海体育企业的纵向一体化垂直布局和横向一体化扩展发展有了明显的提升。但多元化发展提升的保障是管理的科学化、精益化和标准化。高标准是高质量的保证，标准意味着定义权和话语权，在推动上海体育企业发展方面有不可替代的作用。目前，健康上海发展的体育切入点明晰准确，但上海体育发展的国际对标、国内领标仍在探索行进，上海体育系统的标准体系建设、标准制修订、标准法规制定、标准研究、国际合作等标准化工作仍存在较明显的短板，在体育领域贯彻落实《国务院办公厅关于印发国家标准化体系建设发展规划（2016—2020年）的通知》和《国务院办公厅关于印发强制性标准整合精简工作方案的通知》尚需明确的引领。如何深入了解上海体育标准需求，做好有利于体育高质量发展的标准规划、宣传、普及及监督极为关键。高度重视标准作用，全面提升不同规模、业态类型体育企业的标准化能力，是未来上海体育高质量发展的基础。

（四）企业数字化创新谋略未定

龙头企业国际化、大型企业多元化、小微企业专业化是目前上海体育企业的基本趋势。上海体育企业向现代企业治理模式的发展是必然趋势，也是显著困难，梳理战略观和数字观尤为重要。但目前，体育企业的数字化多以产品或服务数字技术嵌入为表征，以服务单一线上化为形式，尚未达成企业的数字化战略，尤其缺乏数字化理念嵌入企业价值链流程的全局思路。同时，专业化垂直业态布局成为体育企业发展的重要路径，但高关联性发展还需战略层面的思考，因此转型不是唯一的思路，但如何转型应时刻配置于企业管理的内生格局中。

（五）监管评估扶持方式需优化

营商环境是上海体育发展的重要保障，但目前看来，上海体育发展政策的分析及宣传存在不足，体育企业知政策、懂政策、用政策的能力尚需提升。体育各级部门与其他政府部门协同治理、层级联动的机制尚未达成，尚不能从财政支持、融资便利、信贷优惠、金融创新、保险支持、税费减免、社保缓交、研发补贴、稳岗政策、简化审批、审慎监管等多方面实现多层次保障。在监管上，以体育健身类为例，2019年全年，上海市消费者权益保护委员会共计受理体育健身类投诉7543件，同比增长34.1%，争议涉及金额2461万余元。在上海市消费者权益保护委员会发布的2019年消费者投诉分析报告中，"预付式+消费贷"叠加成为消费新问题。据三体云动数据中心调研统计，2019年上海市的健身场馆倒闭率达到12.1%，位居全国第一，比2018年上升了3.5个百分点。①《上海市体育健身行业单用途预付消费卡存量预收资金余额管理实施办法》的落实尚需推进。因此，如何挖掘不同业态发展的桎梏，有针对性、精准化、弹性化的监管帮扶成为关键。

（六）全球影响力提升尚需时间

上海体育企业的壮大在内循环上动力能级加强，在从国际到国内的单循环上形成了较好的机制和发展惯性，但从国内到国际的发展思路、路径、方法都需完善，尤其在思辨、动态、适合的标准下，对标顶级全球城市，紧跟国际体育产业发展新趋势，主动融入全球化进程，探索新时代上海开放型体育经济新模式，极为重要。在扩大内需的前提下，如何坚持上海"全球赛事之都""国际体育贸易中心"的目标定位，"走出去""请进来"，促进国际赛事运营商务效应、国际服务贸易对接效应、国际商品贸易升级效应是上海体育企业思考的重点与难点。推进《上海市贯彻落实国家进一步扩大开

---

① 《2019中国健身行业数据报告目录（在线版）》，三体云动官网，2020年2月20日，https://blog.styd.cn/news/3393.html。

放重大举措加快建立开放型经济新体制行动方案》《上海市人民政府关于本市促进跨国公司地区总部发展的若干意见》在体育领域的应用，在资金、技术、人才领域开放包容，以稳定、安全、便利的市场迎接优质要素国内转移的上海体育企业发展新机遇均需智慧。

四 上海体育企业发展建议

识别瓶颈存在，促进企业成长，支持"专、精、特、新"中小微体育企业发展，是上海体育产业发展的核心点和支撑力。本报告就以上现状及问题，提出以下建议和意见。

（一）提升体育市场主体活力

注重龙头体育企业发展，促进其由高速增长阶段转向高质量发展阶段，通过资本化、证券化等方式优化资本配置，打造国内外领先的综合性体育企业；在健身、赛事、信息三个板块以供给侧结构性改革为主线，真正解放和发展体育消费、投资、贸易驱动的生产动力，重点支持"专、精、特、新"中小微体育企业发展，培育一批民营体育"独角兽"企业，充分调动上海市体育企业在"健康上海"构造中的市场主体活力。

（二）提升体育企业抗风险能力

在体育政策推动的市场扩张下，体育企业面对突发问题与风险，防患于未然的能力亟须加强，尤其要提升战略决策、财务管理和风险控制的能力。赛事类企业要加强重点赛事全产业链直接与间接经济损失监控，防范合同履约纠纷引发的民事责任赔偿风险；加强密集办赛公共资源配置及办赛主体协调；加强与国际组织沟通，提升话语权、主动权；加强赛事风控安防、法律保险、智能体验、评估预警体系升级；加强大众体育赛事财政预算。健身休闲培训类企业要核算成本损耗和现金流，提高预付费资金和服务的偿付能力，并做好企业风险防范及客群服务等。

（三）优化体育企业运营标准

国际企业要对标全球价值链标准，实现标准互认互通互融，加强"一带一路"、金砖国家技术标准研究，积极推动与上海体育主要贸易国标准化合作，积极推进上海体育优势领域标准和国际标准互认工作，建立"标准＋大数据"模式的体育产品及服务质量追溯体系，提升"上海体育标准"的国际化水平，以标准"走出去"，用标准"引进来"。国内企业要匹配国家标准的优化改进，上海体育相关领导部门要加强行业标准管理激发市场资助制定标准的活力，要推行公共体育服务、企业市场服务、体育社会组织建设中的标准化建设。同时企业内部要加强工作标准、技术标准、项目标准、服务标准、人才标准等模块化建设，以动态优化、因地制宜的标准促进上海体育企业科学化管理，精益化发展。

（四）提升体育企业智能化发展水平

随着科技进步，体育产品服务的线上线下融合成为主流趋势，体育企业发展亟须提高智能化水平。青少年体育教育、家庭健身课程线上模式高速发展，文字描述、视频展示、直播课程为初级阶段，课程研发、交互体验、远程指导、付费服务等成为必需。自媒体直播平台融合动作模式识别、虚拟现实、计算机仿真等，实现智慧体育直播平台及教学优化，融合"线上健身＋体能监控＋健康管理＋健身社交"的智慧健康管理模式发展。数字创新力要从战略、管理、运营、服务的价值模块中全赋能，呈现全流程数字化的提升。

（五）优化体育企业营商环境

政府要积极研制和弹性落实体育企业发展政策，优化货币信贷传导机制，建立差异化小微企业利率定价机制，保障优质体育企业开源节流，稳步前进。将政策制定和营商环境优化放置在区域一体化的背景下，根据不同区域产业发展侧重点，精准施策。要通过政策手段适时适度对品牌资产形象好、社会责任贡献高、科技创新展望好的优质企业安排专项帮扶资金，加大政府采购力度，给予产业引导资金的倾斜资助或其他优惠。推进行业法制化体系、信用体系、互保体系和舆情监测体系四大体系建设，实现上海市体育企业成长发展的持续跟踪、动态监测和精准评估，以公正、客观、系统地评价体育企业的健康水平、发展能力和成长潜力，关注初创、小微企业的生存，培育科创、成长企业的发展，扶持总部企业、龙头企业。

（六）推动体育企业"双循环"发展

未来，体育服务数字化创新需求将加快自主知识产权体育智能健身装备及系统的研发、投产、应用速度，包含体育用品在内的"上海制造"外部依赖度下降，全球价值链攀升预期明显。跨国公司投资便利度、安全度、盈利度的预期，促使上海总部经济发展，跨国公司地区总部及总部型机构数量及投资额度均有增加可能。面对海外市场的不确定性，应以养内安外的思路保证上海体育贸易企业短期受挫下产业的内生增长，以内生消费需求增大冲抵外需缩减的损失，以产业集群及自主研发优势冲抵外部配件供给不足的损失，以大众体育赛事活跃及本土品牌赛事升级冲抵国际赛事延期取消的不利影响，以线上增值服务支持降低线下暂时体验恢复不完善的不利影响，以公共资金投入冲抵社会资本短暂不足的可能。应推动优质体育用品企业的海外市场布局，实现相关多元化或国际化战略转型。

专题篇
Special Topics

B.9 上海市体育产业发展指数报告

黄海燕 康 露*

摘 要： 为助力上海市体育产业"提质增速"，实现体育产业由"经验判断"走向"数据证实"，本报告在产业发展理论、综合评价理论和指数理论的指导下，构建了体育产业发展综合评价指标体系，并运用功效系数法和"纵横向"拉开档次法，以上海市16个区2014~2019年的体育产业统计数据为依据，计算出每个区的体育产业发展指数。在此基础上，对各区体育产业发展综合指数、排名变化进行分析，将各区的体育产业发展水平划分为跳跃发展型、波动发展型和平稳发展型三类，并具体分析每个区体育产业发展过程中的亮点，从而准确把握上海市体育产业发展综合水平和动态趋势，实现了对

---

* 黄海燕，教授，博士生导师，上海体育学院体育科学研究院副院长，上海运动与健康产业协同创新中心副主任，主要研究方向为体育产业、体育赛事、体育旅游；康露，上海体育学院在读博士研究生，主要研究方向为体育经济与产业。

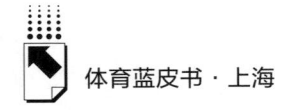

上海市体育产业的综合考量，这对整体把握上海市体育产业发展方向及未来战略部署具有指导意义。

关键词： 体育产业　发展指数　上海市

上海作为我国的经济中心，是我国体育产业发展重要的增长极和先行区，体育产业发展迅速，2019年上海市体育产业总规模1780.88亿元，创造增加值558.96亿元，占上海市2019年GDP的比重达到1.46%，处于全国前列[①]。然而，对于上海市体育产业发展到底处于什么样的水平、上海市各区体育产业发展排名情况如何、与前几年相比又取得了什么样的进步，传统的研究往往只基于体育产业增加值等单一数据，未从综合角度对体育产业发展水平进行考量。因此，亟须系统构建上海市体育产业发展综合评价指标体系，用于阶段性、总结性的成果检验，明晰上海市体育产业发展综合水平和动态趋势，这是新时期全面推动上海市体育产业高质量发展的基础性工作。体育产业发展指数有利于识别、量化和测度体育产业发展程度，反映上海市体育产业发展的质量、效益，对执行、评估、监控和调整上海市体育产业政策、促进上海市体育产业高质量发展尤为重要。基于此，本报告拟从上海市体育产业发展综合评价指标体系的构建着手，设计体育产业发展指数测度模型，在产业发展理论、综合评价理论和指数理论的指导下，以上海市16个区2014~2019年的相关体育产业统计数据为样本数据，对上海市体育产业发展水平进行指数测度和综合评价，为上海市未来体育发展的战略部署提供决策参考。

---

① 2018~2019年度《上海市体育产业统计公告》，上海市体育局网站，http://tyj.sh.gov.cn/tycy4/20191022/0027-126855.html，http://tyj.sh.gov.cn/ggtz2/20201211/0ccc7a75a7e747fbb19848aca326120b.html。

一　上海市体育产业发展综合评价指标体系的构建

（一）构建原则

上海市体育产业发展综合评价指标体系，应遵照指标体系构建的一般原则和统计指数的性质来构建，同时结合上海市体育产业发展实际，展现出如下三个特征。一是科学性。指标体系设计要体现体育产业发展的核心和本质，评估指标要直观、明确、逻辑性强、易于解释和呈现，各个环节的评价方法择优选取，可以采用多种方法的组合。二是可操作性。体育产业发展包含了许多内容，评价指标体系与方法要充分体现指标体系的综合性、全面性，突出均衡发展的特性。指标体系不能简单累加所有内容指标，而是要有所权衡和舍弃，尽可能选择简明的关键性指标。三是可得性。一方面要考虑指标的代表性，另一方面也要考虑数据来源的权威性和可持续性，保证评价结果的客观性。在指标体系的基础之上，可进一步测度相关指数。

（二）指标选取

依据定性选取指标的原则，从客观评价体育产业综合发展的实际需要出发，选取并增加部分代表性强、可操作、可量化的指标。在指标选取中，尽量避免逆向指标，以正向指标为优先；其计算结果，必须是实数轴上的一个点值，且指标阈值确定，无论处于哪个集合中，评价结果都是唯一的。本报告构建的体育产业发展指数测度模型能够连续研究区域内长时间的体育产业发展变化趋势，不会因为动态数据的增加而使得测度结果不具有可比性，可实现"一把尺子量到底"。

（三）指标体系

现代体育产业的发展水平评价，涉及复杂的经济学原理，体育产业的发展也是多部门共同作用的结果，只有多角度、有深度的指标体系，才能应用于实践，对上海市体育产业发展做出指导。产业发展是一个既包含"量"又包含"质"的概念。"量"主要指产业规模。"质"的含义较为宽泛，从产业发展的角度来说，一般包括产业结构、效率、动力和效益等方面，各方面相互联系、相互依存、相互促进。以往我国体育产业发展的突出问题是产业发展"质"与"量"之间的不协调，质量的提高显著滞后于数量的扩张。所以，产业结构、效率、动力和效益指标将是评价上海市体育产业发展的重要指标。因此，基于上海市体育产业发展的情况，按照由内及外、依次递进的原则，主要从五个方面度量上海市体育产业综合发展水平：产业规模、产业结构、产业效率、产业动力、产业效益。

产业规模：指一个国家或地区的体育产业产出水平持续提高，可分解为产值总量和市场主体规模2个二级指标。具体由体育产业总规模、体育产业增加值、体育企业数量、体育企业收入、体育企业利润、龙头体育企业发展规模6个三级指标来衡量，它是体育产业发展的基础，也是体育产业结构、效率和效益等的保障。

产业结构：反映了体育产业发展过程中的要素配置和要素分布。根据产业结构的向度可以分为外部结构和内部结构。外部结构体现为体育产业在经济结构中的比重，本报告选取体育产业增加值占GDP比重来衡量。内部结构核心强调体育产业各部门必须按比例协调发展，根据数据的可得性，本报告选取体育服务业总规模占比来衡量。

产业效率：指体育产业发展的有效性，主要考察体育产业发展过程中要素投入量与产出量之间的对比关系，高生产率是体育产业规模扩大的重要保障。根据效率的不同维度，效率一般包括综合效率、要素效率、组织效率和增长速率。综合效率选取体育产业增加值率来衡量。要素效率选取劳动效率来衡量。组织效率选取体育企业收入利润率、体育企业单位产出率来衡量。增长速率是衡量效率的关键指标，常选取体育产业增加值年增长率来衡量。

产业动力：发展动力的选择与转变是体育产业发展的关键，根据新发展理念，只有以创新发展为第一动力，才能适应体育产业发展中的持续性技术革新和结构变革。根据数据的可得性，产业动力可以分为创新活力和创新载体2个二级指标。创新活力考察体育企业创新创业活力，选取体育类专利申请量、新增体育企业数量占比来衡量。创新载体在促进体育科技成果转化、产业集聚发展等方面发挥着重要作用，本报告选取体育新空间数量占比指标来衡量。

产业效益：主要指产业发展过程中，人与自然物质相互作用所引起的经济、社会整体系统的成果与耗费之间的关系。其外延主要包括社会效益、经济效益两个维度，反映社会需求与产业经济增长带来的产出间的契合度。具体包括体育产业对经济的贡献率、体育产业对经济的拉动率、体育产业对政府税收的贡献、体育产业对就业的贡献4个三级指标。

综上，上海市体育产业发展综合评价指标体系包括产业规模、产业结构、产业效率、产业动力和产业效益5个一级指标，12个二级指标，20个三级指标（见表1）。

表1 上海市体育产业发展综合评价指标体系

一级指标	二级指标	三级指标	具体衡量指标	单位
产业规模	产值总量	体育产业总规模	体育产业总规模	亿元
		体育产业增加值	体育产业增加值	亿元
	市场主体规模	体育企业数量	体育企业数量	家
		体育企业收入	体育企业收入	亿元
		体育企业利润	体育企业利润	亿元
		龙头体育企业发展规模	500强体育企业数量、500强体育企业营收占比	家,%
产业结构	外部结构	体育产业增加值占GDP比重	体育产业增加值/GDP	%
	内部结构	体育服务业总规模占比	体育服务业总规模/体育产业总规模	%
产业效率	综合效率	体育产业增加值率	体育产业增加值/体育产业总规模	%
	要素效率	劳动效率	全员劳动生产率	万元/人
	组织效率	体育企业收入利润率	体育企业利润/收入	%
		体育企业单位产出率	体育企业收入/体育企业数量	万元/家
	增长速率	体育产业增加值年增长率	当年体育产业增加值增量/上一年体育产业增加值	%

续表

一级指标	二级指标	三级指标	具体衡量指标	单位
产业动力	创新活力	体育类专利申请量	年末体育企业拥有专利授权数	项
		新增体育企业数量占比	当年新增体育企业/体育企业总数	%
	创新载体	体育新空间数量占比	国家级、市级体育新空间（体育产业基地、运动休闲特色小镇、体育旅游示范基地、体育服务综合体、体育产业创新试验区等）数量占比	%
产业效益	经济效益	体育产业对经济的贡献率	体育产业增加值的增量/GDP的增量	%
		体育产业对经济的拉动率	体育产业对经济的贡献率×经济增长率	%
		体育产业对政府税收的贡献	体育企业上缴税收总额	亿元
	社会效益	体育产业对就业的贡献	体育产业从业人员数量	人

二 上海市体育产业发展指数测度方法

指数测度方法是一种重要的统计分析方法。通常，在计算指数之前先要定下个基准数，并为每类指数设计一套科学、合理的计算公式，然后对收集的大量数据进行分析和研究，从而计算出一个具体的指数。本报告把体育产业发展指数定义为：在时间或空间条件下，综合反映体育产业发展水平的总体变动方向和程度，以及总体变动中各因素影响方向和程度的相对数。本报告采用综合评价理论中的"纵横向"拉开档次法测度上海市各区2014～2019年体育产业发展指数，具体包括数据收集、指标无量纲化处理、指标权重计算和指数合成方法等方面。

（一）数据收集

基于数据的可得性，本报告选择的样本时期为2014～2019年，共计6年。研究数据主要来源于上海运动与健康产业协同创新中心、上海体育学院体育产业大数据中心、上海市主营体育产业单位名录库。上海市主营体育产业单位名录库涵盖上海市主营体育产业的单位数及营业收入、利润、上缴税收等重要财务数据。上海体育产业统计数据统计工作采取"5+1"的合作模式,即体育局、统计局、发改委、经信委、税务局与上海体育学院合作完成统计工作,上海运动与健康产业协同创新中心全程参与。后面对数据来源不再具体说明。对数据的缺失值和异常值采用线性插值法和均值替换法进行补全和替换。

(二)指标无量纲化处理

由于评价体育产业发展水平的指标非常多,而指标之间的单位和数量级有很大差异,故难以直接进行比较,因而还需要将计量单位和性质不同的指标进行无量纲化处理,将不同计量单位的指标数值,转化成可以直接汇总的同度量化值,这样才能进行指标之间的对比。考虑到体育产业发展指数测量的连续性,经方法对比,本报告选取功效系数法对评价数据进行无量纲化处理,可保证随着后续评价数据的增加,规范化后的数值以及测量结果具有可比性。

(三)指标权重计算

本报告采用"纵横向"拉开档次法确定指标权重。"纵横向"拉开档次法解决的是时序多指标决策问题,既在横向上体现不同时刻各系统之间的差异,又在纵向上体现各系统总的分布情况。同时兼具以下优点:无论对于"时序立体"数据,还是"截面"数据,其综合评价的结果均具有客观性和可比性,且没有丝毫的主观色彩;可操作性强、原理简单,具有明确的直观意义和几何意义。

(四)指数合成方法

在多指标综合评价中,合成是指通过一定的计算公式将多个指标对事物多方面的评价值综合在一起，以得到一个整体性的评价。指数可以进行分层处理，各层次指数也具有现实意义；通过低层次向高层次依次综合，形成最终指数，从而获得一个总体评价值。本报告采用线性加权法合成上海市体育产业发展指数。

三 上海市体育产业发展指数测度结果

（一）指标权重

依据"纵横向"拉开档次法，运用MATLAB R2019a测算出指标权重系数值，如表2所示。一级指标权重排名为：产业规模（36.07%）＞产业效率（21.01%）＞产业效益（18.06%）＞产业动力（14.02%）＞产业结构（10.22%）。这说明产业规模在上海市体育产业发展过程中影响最大，而产业动力和产业结构为上海市体育产业发展的主要制约因素。二级指标中权重排名前三的指标分别是市场主体规模（26.49%）、经济效益（13.02%）、创新活力（10.26%）。三级指标中权重排名前三的指标分别是龙头体育企业发展规模（8.34%）、新增体育企业数量占比（6.20%）、体育企业收入（6.09%）。

表2 上海市体育产业发展指标权重

单位：%

一级指标权重		二级指标权重		三级指标权重	
产业规模	36.70	产值总量	10.21	体育产业总规模	5.43
				体育产业增加值	4.78
		市场主体规模	26.49	体育企业数量	6.07
				体育企业收入	6.09
				体育企业利润	5.99
				龙头体育企业发展规模	8.34
产业结构	10.22	外部结构	5.29	体育产业增加值占GDP比重	5.29
		内部结构	4.93	体育服务业总规模占比	4.93

续表

一级指标权重		二级指标权重		三级指标权重	
产业效率	21.01	综合效率	3.81	体育产业增加值率	3.81
		要素效率	4.53	劳动效率	4.53
		组织效率	9.05	体育企业收入利润率	4.40
				体育企业单位产出率	4.65
		增长速率	3.62	体育产业增加值年增长率	3.62
产业动力	14.02	创新活力	10.26	体育类专利申请量	4.06
				新增体育企业数量占比	6.20
		创新载体	3.76	体育新空间数量占比	3.76
产业效益	18.06	经济效益	13.02	体育产业对经济的贡献率	3.39
				体育产业对经济的拉动率	3.73
				体育产业对政府税收的贡献	5.90
		社会效益	5.04	体育产业对就业的贡献	5.04

资料来源：作者计算整理得出。

（二）测度结果

根据上海市体育产业发展指数测度模型测算结果，2014～2019年上海市16个区体育产业发展情况见表3。

表3 2014～2019年上海市16个区体育产业发展指数

	2014年	2015年	2016年	2017年	2018年	2019年
黄浦区	80.87	81.92	74.23	69.87	76.69	88.11
徐汇区	77.57	76.97	122.73	105.78	117.88	116.49
长宁区	79.83	87.45	89.62	80.57	83.92	92.49
静安区	76.11	80.46	74.57	72.51	79.86	82.73
普陀区	67.19	69.17	63.19	65.44	71.07	67.29
虹口区	77.34	82.70	87.80	99.68	112.53	114.83
杨浦区	76.70	79.46	86.08	82.54	89.01	94.11
闵行区	76.97	78.45	78.16	80.89	81.66	85.25
宝山区	66.92	67.33	67.83	69.33	84.51	70.54
嘉定区	77.68	79.37	79.57	76.44	81.63	81.96
浦东新区	87.35	90.65	100.63	98.13	107.16	104.37
金山区	68.35	67.85	65.52	73.11	73.20	72.50

续表

	2014年	2015年	2016年	2017年	2018年	2019年
松江区	69.45	70.17	68.02	72.27	75.68	73.47
青浦区	71.40	73.23	74.30	73.09	77.90	80.54
奉贤区	69.93	70.40	71.87	71.78	76.09	76.93
崇明区	70.22	72.55	73.54	93.48	91.66	78.79
平均值	74.62	76.76	79.85	80.31	86.28	86.28

资料来源：作者计算整理得出。

四 上海市体育产业发展指数讨论分析

为进一步分析上海市各区体育产业发展指数排名的波动性，进而分析其变化趋势，计算上海市各区指数排序方差，依据方差的变化范围，将上海市16个区的体育产业发展水平分为三类。其中，排序方差 $0 \leq s^2 \leq 3$ 的为平稳发展型，排序方差 $3 < s^2 \leq 8$ 的为波动发展型，而排序方差 $s^2 > 8$ 的为跳跃发展型，如图1和表4所示。下面将根据指数测度结果从以下几个角度进行深入分析。

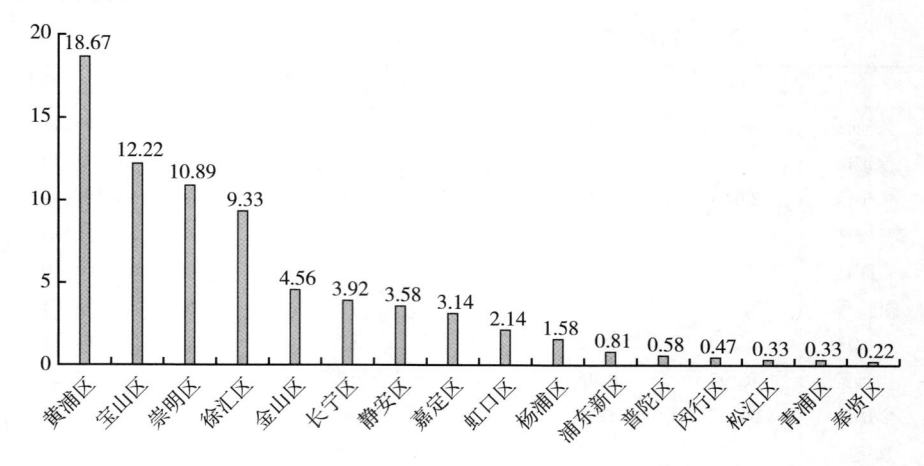

图1 2014~2019年上海市各区体育产业发展指数排序方差

黄浦区 18.67、宝山区 12.22、崇明区 10.89、徐汇区 9.33、金山区 4.56、长宁区 3.92、静安区 3.58、嘉定区 3.14、虹口区 2.14、杨浦区 1.58、浦东新区 0.81、普陀区 0.58、闵行区 0.47、松江区 0.33、青浦区 0.33、奉贤区 0.22

资料来源：作者计算整理得出。

表4 2014~2019年上海市16个区体育产业发展水平类型

分类	区
跳跃发展型	黄浦区、宝山区、崇明区、徐汇区
波动发展型	金山区、长宁区、静安区、嘉定区
平稳发展型	虹口区、杨浦区、浦东新区、普陀区、闵行区、松江区、青浦区、奉贤区

资料来源：作者整理得出。

（一）上海市体育产业发展指数呈相对稳定的持续性提升态势

指数平均值从2014年的74.62提高至2019年的86.28（见表3），说明上海市体育产业发展水平整体变动趋势相对良好，其体育产业发展水平得到稳步提升。上海市体育产业发展成效与体育产业政策的顶层设计密切相关。2014年国务院颁布了《关于加快发展体育产业促进体育消费的若干意见》（国发〔2014〕46号），上海市抓住这一重要机遇，陆续出台了《上海市人民政府关于加快发展体育产业促进体育消费的实施意见》《上海市体育产业发展实施方案（2016—2020年）》《关于加快本市体育产业创新发展的若干意见》《建设国际体育赛事之都三年行动计划》《上海全球著名体育城市建设纲要》等系列文件，这些导向政策在深化体育"放管服"改革、优化产业环境、增加产业要素供给等方面发挥了重要作用，是推动上海市体育产业发展指数提升的关键点。

（二）上海市区域体育产业发展指数呈现"梯度"发展特征

利用"厚今薄古"思想，对2014~2019年上海市各区体育产业发展指数进行时间加权，计算6年综合指数（见图2）。综合指数代表了上海市16个区6年内体育产业发展的综合水平，综合指数越高，体育产业发展水平越高，反之则越低。

根据图2可知，徐汇区、虹口区、浦东新区体育产业发展水平在上海市内处于领先位置，领先梯度优势较大；黄浦区、静安区、青浦区、奉贤区、

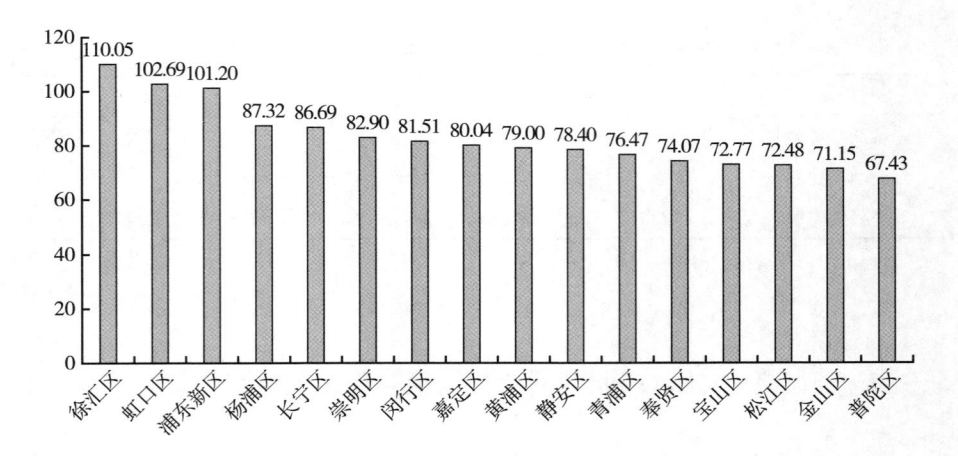

图2 2014~2019年上海市16个区体育产业发展综合指数

资料来源：作者计算整理得出。

徐汇区110.05、虹口区102.69、浦东新区101.20、杨浦区87.32、长宁区86.69、崇明区82.90、闵行区81.51、嘉定区80.04、黄浦区79.00、静安区78.40、青浦区76.47、奉贤区74.07、宝山区72.77、松江区72.48、金山区71.15、普陀区67.43。

宝山区、松江区、金山区、普陀区体育产业发展综合指数处于相对落后的位置，指数值均低于80，且排名波动差别较大。以排名最后的普陀区为例来看，主要是由于各项体育产业发展指标均不理想。其他地区指数值在80~90以内，从数值来看，其相互间并未出现极端化的体育产业发展水平差异现象。据此，可初步将上海市区域内体育产业发展综合指数划分为三个梯度，其中第一梯度由徐汇区、虹口区、浦东新区构成，第二梯度由杨浦区、长宁区、崇明区、闵行区、嘉定区构成，其他区域为第三梯度。由此可见，上海市16个区体育产业发展水平从徐汇区至普陀区呈"阶梯状"分布。

徐汇区、虹口区、浦东新区作为第一梯度地区理应在提高上海市体育产业发展指数上起到良好的带动作用，发挥区域"增长极"的扩散效应、支配效应。徐汇区体育产业发展跳跃程度较大，排序方差为9.33，说明徐汇区体育产业发展不稳定。徐汇的体育产业发展指数从2015年的76.97上升到2016年的122.73，跃居16个区体育产业发展指数排名的第1位，波动较大，经分析主要原因是徐汇区2016年的体育产业规模指标（体育产业总规模、体育产业增加值、体育企业收入、体育企业利润）、产业结构指标（体育产业增加值占GDP比重）和产业效益指标（体育产业对就业的贡献）

较2015年有较大幅度的提升。以体育产业总规模为例，2015年徐汇区体育产业总规模是43.27亿元，到2016年便达到142.39亿元，增长率高达229.07%，此后的2017年、2018年也保持高速增长。徐汇区体育产业发展具有以下优势。一是从数据来看，体育产业已经成为徐汇区经济的重要增长点。徐汇区体育产业增加值占GDP比重从2014年的2.04%上升到2019年的4.54%（见图3）。2020年8月，徐汇区入选国家体育消费试点城市（直辖市以区级人民政府为主体申报）。二是徐汇区体育产业市场主体活跃，且总部效应明显。徐汇区2019年体育企业数量达794家，营收1000万元以上体育企业数量达50家，占徐汇区体育企业数量的6.30%，500强体育企业数量达26家，体育企业收入达285.22亿元，体育企业利润达59.69亿元，徐汇区体育产业利润总额列各区之首，总部效应较其他区更加明显。三是徐汇区紧跟国家政策，不断加大体育产业政策扶持力度。徐汇区在2015年成为国家体育产业联系点后，成功创建徐家汇国家体育产业示范基地。2020年1月，徐汇区出台《关于推动徐汇区体育产业高质量发展的实施意见》，2020年8月，徐汇区发布全新的《徐汇体育产业政策》《徐家汇体育产业地图》，并成立徐汇区体育产业联盟，提出了到2022年，全区体育产业总规模占全市总规模的10%以上的发展目标。

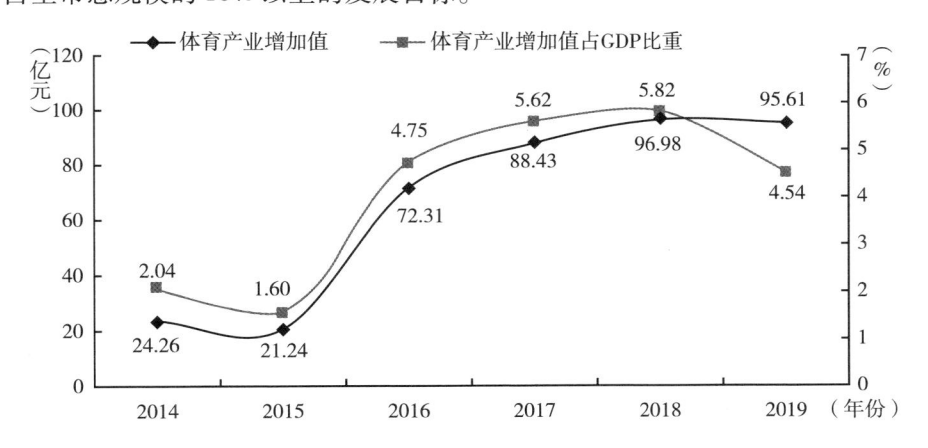

图3 2014～2019年徐汇区体育产业增加值及增加值占GDP比重变化趋势

资料来源：2014～2019年度《上海市体育产业统计公告》。

从数据来看，虹口区与徐汇区发展情况相似。虹口区体育产业发展有以下三大亮点。一是从数据来看，虹口区与徐汇区发展情况相似，2014~2019年虹口区体育产业增加值占GDP比重分别为2.53%、3.68%、4.62%、6.12%、8.84%、7.89%，体育产业对地区经济贡献水平在16个区中位列第一，成为虹口区经济和社会发展的重要"助推器"。此外，500强体育企业营收占比6年内一直保持在98%，体育服务业发达，2019年体育企业收入达389.20亿元，在16个区中位列第一。二是在产业布局方面，虹口区积极引导集聚发展。近年来，虹口区打造以虹口足球场为中心的市级体育产业集聚区，建设以"体育+消费"为特色的购物新地标，同时打造北外滩水岸运动休闲带和叠加体育要素的特色体育产业园区，成功建设国内第一个国际体育产业园——德必运动LOFT，加速体育产业集聚。三是虹口区还在挖掘体育消费潜力、拓展体育消费新空间、商旅文体融合等方面积极下功夫，这些因素共同推动了虹口区体育产业的快速进步。

浦东新区的体育产业发展起点较高，2014~2019年体育产业发展指数分别为87.35、90.65、100.63、98.13、107.16、104.37，数值整体上呈上升发展趋势。浦东新区较高的体育产业发展水平离不开其快速发展的经济，2019年上海浦东新区GDP就达到了12734亿元，增长7%；研发经费支出占GDP的比重约达4.15%；第三产业占GDP的比重从1978年的18%提高到2019年的70%左右①。体育产业作为浦东新区经济体系的重要组成部分，得益于良好的外部产业发展环境，体育产业总规模、体育产业增加值、体育企业数量、体育产业从业人员数量、500强体育企业数量等多个指标在6年间一直在16个区中居第1位。以体育企业数量为例，6年间浦东新区体育企业数量占上海市体育企业数量的平均比重为16.22%，浦东新区体育企业数量增长迅速，2019年更是达到3604家，远超第2名奉贤区1202家的水平，体育产业市场主体发展活跃，这也促使浦东新区500强体育企业数量、

---

① 2019~2020年《上海市国民经济和社会发展统计公报》，上海市统计局网站，http://tjj.sh.gov.cn/tjgb/20200329/05f0f4abb2d448a69e4517f6a6448819.html，http://tjj.sh.gov.cn/tjgb/20210317/234a1637a3974c3db0cc47a37a3c324f.html。

体育类专利申请量等指标位列第一，并远超第 2 名。从浦东新区体育产业发展措施来看，"十三五"以来，浦东新区对照加快建成体育强区的目标，体育产业蓬勃发展。一是浦东新区积极举办大型国际品牌赛事，构建与浦东新区国际地位相适应的赛事体系，推广"小镇办大赛"模式，培育出一批体育特色项目。二是 2016~2017 年，浦东新区加强体育产业统计调查，积极完善体育产业信息，这为体育产业政策的制定奠定了基础。三是积极探索构建以体育产业集聚区为核心的体育产业空间体系，加快聚集体育资源和完善城市配套功能。

（三）上海市区域体育产业发展指数"中流驱动"差异较大

杨浦区、长宁区、崇明区、闵行区、嘉定区体育产业发展水平在 16 个区中居中，指数值为 80~90，但在发展优势和发展方向上差异较大。

（1）杨浦区体育产业发展较好，2014~2019 年体育产业发展指数分别为 76.70、79.46、86.08、82.54、89.01、94.11，综合指数排名第四。杨浦区作为上海市传统的体育大区，体育产业发展较好。杨浦区拥有五角场国家体育产业示范基地等一批国家级、市级体育产业基地，体育产业发展基础良好。2019 年，杨浦区体育企业数量达 1396 家，较 2018 年增长 251 家，增长率达 21.92%。2019 年杨浦区体育企业收入为 224.87 亿元，区域内集聚了上海市 500 强体育企业 20 余家，在全市均处于前列。2020 年 8 月，杨浦区入选国家体育消费试点城市。同时，杨浦区拥有得天独厚的高校资源，不仅拥有 13 所高校，还有"国家大学科技园"，这是中国体育领域唯一的国家级大学科技园，也是国家体育总局命名的首个"体育科技示范园"。杨浦区也汇集了耐克、阿里体育、完美世界、尚体健康等总部型企业和机构，这为杨浦区产学研联盟创建打下了基础，也为杨浦区体育产业创新发展搭建了平台。

（2）长宁区体育产业波动的原因是该区 2017 年体育产业总规模、体育产业增加值等的下降导致体育产业增加值占 GDP 比重、体育产业增加值、体育产业对经济的贡献率、体育产业对经济的拉动率等指标下降，从而使得长宁区 2017 年体育产业发展指数整体上呈下降趋势。但 2019 年多项指标回升，使得指数上升为 92.49，综合指数在 16 个区中排名第五。总的来说，长宁区体育产业发展较好，2019 年长宁区体育产业总规模达 113.97 亿元，占上海市体育产业总规模的 6.40%，较 2014 年增加 135.71%。此外，体育企业数量、体育企业收入、体育企业利润、500 强体育企业营收占比指标表现突出，2019 年分别达 697 家、149.30 亿元、22.28 亿元、80.89%，较 2018 年分别增长 22.28%、64.84%、187.48%、17.57 个百分点。

（3）崇明区体育产业发展跳跃程度较大，排序方差为 10.89，说明崇明区体育产业发展不稳定，主要原因是 2018 年崇明区体育产业发展指数大幅提升，从 2014 年的 70.22 上升到 2017 年的 93.48 和 2018 年的 91.66。也就是说，崇明区体育产业发展潜力巨大。崇明区体育产业发展有以下三大亮点。一是体育产业增加值占 GDP 比重较高。2014~2019 年分别为 1.38%、1.94%、2.74%、7.09%、8.18%、5.78%，体育产业正成为推动崇明区经济社会发展的重要力量。二是人均体育场地面积在 16 个区中最大，2018 年更是达到 6.16 平方米。三是相关指标增速非常快。统计数据显示，崇明区 2019 年体育企业数量达 1442 家，较 2014 年增幅达 374.34%，增速全市第一；崇明区 2019 年体育产业总规模较 2014 年增幅达 481.91%，增速全市第一。2015 年，上海市政府印发《崇明世界级生态岛发展"十三五"规划》，体育产业作为世界级生态岛建设的重要战略新兴产业，品牌赛事活动持续开展，推动崇明区户外休闲运动广泛开展，有序带动场馆运营服务业、健身休闲业等业态兴起，崇明区体育服务业总规模占体育产业总规模比重从 2014 年的 53.01% 提升到 2019 年的 94.20%。总的来说，崇明区体育服务业正呈现全方位、专业化、高水平发展趋势。

（4）闵行区 2014~2019 年体育产业发展指数分别为 76.97、78.45、78.16、80.89、81.66、85.25，综合指数排名第七。在 16 个区中，闵行区的体育产业总规模较大，2019 年达 183.83 亿元，全市排名第三。需要说明的是，闵行区体育产业以制造业为主，体育服务业占比较低，2019 年体育服务业占比仅为 10.85%，这使得体育产业增加值率较低，2019 年闵行区体育产业增加值率为23.97%，低于全区平均水平30.89%，这在一定程度上拉低了闵行区的体育产业发展指数。

（5）嘉定区体育产业在郊区中表现较为突出，2014～2019年体育产业发展指数分别为77.68、79.37、79.57、76.44、81.63、81.96。嘉定区体育产业发展主要得益于其竞赛表演业的良好发展，围绕"上海汽车城"建设，在上海国际赛车场开展的赛事逐年增多，地区赛事IP逐渐凸显。此外，体育类专利申请量名列前茅，2019年嘉定区500强体育企业数量仅次于浦东新区，列上海市第2名（见图4）。2020年，嘉定区翔立方体育服务综合体获评国家体育产业示范项目。

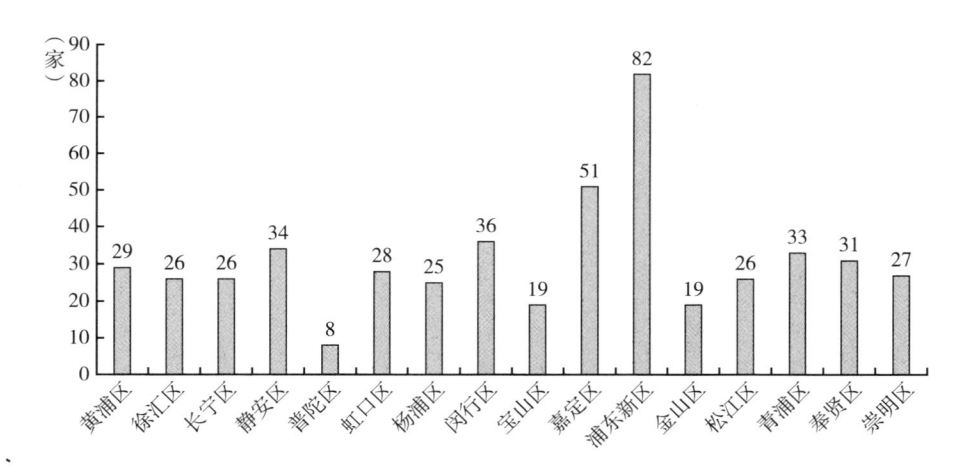

图4 2019年上海市16个区500强体育企业数量

资料来源：上海市体育局、上海运动与健康产业协同创新中心：《2019年度上海市500强体育企业概况》。

（四）上海市其他区域体育产业发展指数波动原因及亮点分析

除以上区域外，其他区域体育产业发展也有其自身特色，下面将以发展指数排序方差排名为序对上海其他区域体育产业发展指数波动原因及亮点进行分析。

（1）黄浦区体育产业发展跳跃程度最大，排序方差为18.67，说明黄浦区体育产业发展极不稳定，波动较大。波动大的主要原因是2014~2017年黄浦区体育产业发展指数整体上呈下降趋势，到2017年达到最低点，相应的排名也随之下降，而后2019年指数又快速上升，排名也随之上升。具体来说，与2014年相比，黄浦区2017年各项指标，如体育产业总规模、体育产业增加值、体育企业利润、500强体育企业数量、500强体育企业营收占比等指标呈现不同程度的下降，但到2019年，这些指标大幅提升，体育产业发展水平得到了提升。总的来说，2019年黄浦区体育产业发展取得了较好成绩，体育产业总规模、体育产业增加值、体育企业数量、体育企业收入、体育企业利润、体育产业增加值占GDP比重等指标较2018年大幅提升，分别增长89.25%、50.85%、21.58%、104.34%、387.50%、32.85个百分点。

（2）宝山区体育产业发展跳跃程度较大，排序方差为12.22，说明宝山区体育产业发展不稳定，主要原因是宝山区体育产业发展指数在2018年有较大的变动，得到大幅提升，但又在2019年快速下降。具体来说，2017~2018年，宝山区体育产业总规模、体育产业增加值、体育企业收入、体育企业利润等指标大幅度上升，增长率分别为379.76%、350.93%、226.30%、644.44%，这也直接导致体育产业增加值占GDP比重、体育产业增加值年增长率、体育产业对经济的贡献率、体育产业对经济的拉动率等指标非常规上升。2018~2019年，各指标回归正常，呈现出不同程度的下滑趋势，宝山区体育产业发展指数回归到正常水平。宝山区体育产业发展较为突出的指标是体育企业数量，2019年为1545家，较2018年增长40.97%。

（3）金山区体育产业呈现波动发展趋势的原因是2017年金山区体育产业总规模、体育产业增加值的上升引发多项指标的提高，使得金山区2017年体育产业发展指数整体呈上升趋势，排名得到了较大的提升。金山区体育产业发展较为突出的指标是体育产业总规模、体育企业数量、体育企业利润，2019年这3个指标分别为31.47亿元、1372家、2.17亿元，与2018年相比分别增长8.97%、42.62%、11.28%。

（4）静安区体育产业发展波动原因与长宁区类似。据统计，2019年静安区体育产业实现总规模约72.26亿元，其中体育服务业总规模达到70.65亿元，占体育产业总规模的97.77%。体育企业数量达871家，较2018年增长27.53%。体育企业收入、体育企业利润在2019年分别达76.96亿元、10.47亿元，较2018年分别增长42.15%、79.28%。

（5）据统计，2019年普陀区体育产业实现总规模约11.89亿元，较2018年增长29.24%，其中体育服务业总规模达到11.39亿元，占体育产业总规模的95.79%。体育企业数量达802家，较2018年增长24.73%。此外，普陀区体育企业收入、体育企业利润、500强体育企业数量等指标表现也较为突出，2019年分别为8.32亿元、0.51亿元、8家，较2018年分别增长21.11%、292.31%、33.33%。

（6）松江区体育产业总体平稳发展。2019年体育产业总规模为32.01亿元，较2018年增长24.17%。体育企业数量增长迅速，2019年达1476家，较2018年增长39.11%，其中26家进入上海500强体育企业。

（7）青浦区近年来体育产业规模得到了快速扩大。截至2019年底，青浦区体育产业总规模为75.24亿元，较2018年增长10.21%。体育企业数量增长迅速，2019年达1139家，较2018年增长53.09%，其中33家进入上海500强体育企业。体育企业收入、体育企业利润2019年分别为62.60亿元、10.41亿元，较2018年分别增长36.18%、58.69%。

（8）截至2019年底，奉贤区体育产业总规模为37.27亿元，增加值为9.54亿元。体育企业数量增长迅速，2019年达2404家，较2018年增长72.08%，其中31家进入上海500强体育企业，其体育企业收入、体育企业利润2019年分别达29.49亿元、2.87亿元，较2018年分别增长10.45%、21.61%。

五　结论及建议

通过以上分析，可以得出，上海市16个区体育产业发展具有明显的空间差异性，且各具发展优势，因此上海市要因地制宜探索差异化、特色化的发展路径，促成各地区分工合作，实现资源互补与功能融合。即根据地域发展现状以及基础背景的不同，制定不同的体育产业发展政策，优化空间格局。具体来说，针对浦东新区、虹口区、徐汇区等体育产业发展较好的区域，要继续发挥政府政策支持的优势，着力提升产业发展的效率和效益，增强其对后发区域的带动提升能力，尤其是发挥其对周边地区的扩散效应和支配效应。这些地区是上海市经济发展的高地，对于体育产业发展，具有经济、人才、区位等先发优势。针对体育产业发展中等区域，要找到体育产业发展突破口，创造良好的外部环境和政策条件，对内加强顶层设计，加大资金、人才、科技投入力度，对外积极开展区域合作，优势互补，实现体育产业数量、效率、动力和效益的多重进步。针对体育产业发展一般的区域，要充分利用其自身在经济、人才、区位等方面的优势，加大政府政策扶持力度，实施相应的激励政策，着力扩大体育产业发展规模、提升体育产业发展速度，以实现规模效应为优先。

参考文献

王薇：《中国经济增长数量、质量和效益的耦合研究》，中国社会科学出版社，2018。
郭亚军：《综合评价理论、方法及拓展》，科学出版社，2012。
张发明：《综合评价基础方法及应用》，科学出版社，2018。
黄海燕主编《体育蓝皮书：上海体育产业发展报告（2017~2018）》，社会科学文献出版社，2019。
贾春光、程钧谟、谭晓宇：《山东省区域科技创新能力动态评价及空间差异分析》，《科技管理研究》2020年第2期。

B.10
上海市体育产业发展影响因素研究

徐开娟　陈雯雯*

摘　要： 本报告基于波特"钻石模型"理论选取12项上海市体育产业发展影响因素指标，并采用灰色关联分析法对各影响因素指标2014~2019年的数据和同期上海市体育产业增加值进行分析。结果显示，各影响因素指标与体育产业增加值的灰色关联度由高到低依次为文化产业增加值、体育产业从业人员数、城镇常住居民人均可支配收入、人均GDP、旅游产业增加值、住宿餐饮业增加值、人均体育场地面积、批发和零售业增加值、主营体育企业营业收入、经常参加体育锻炼的人数比例、市本级体育彩票公益金实际使用金额、人均体育消费额。随后，本报告对各项指标与体育产业增加值的关联性强弱及其具体关联路径进行分析，并据此提出上海市体育产业发展的对策及建议。

关键词： 体育产业发展　灰色关联分析法　上海市

上海市体育产业发展态势良好，2019年实现增加值558.96亿元，占同期全市GDP的1.5%[1]，已成为上海经济的重要增长点。对产业在一定经济

---

* 徐开娟，体育管理博士，上海体育学院上海运动与健康产业协同创新中心副教授，主要研究方向为体育赛事、体育产业管理；陈雯雯，上海体育学院经济管理学院博士研究生，主要研究方向为体育产业管理。

[1] 《2019年度上海市体育产业统计公告》，上海市体育局网站，2020年12月11日，http://tyj.sh.gov.cn/ggtz2/20201211/0ccc7a75a7e747fbb19848aca326120b.html。

社会背景下发展的动力及阻碍因素进行分析,是掌握产业发展特征、化解产业发展矛盾、推进产业高质量发展的重要着力点。本报告将理论分析与实证分析相结合,探索影响上海市体育产业发展的重要因素及其影响路径,为厘清体育产业发展动力及阻碍、推进体育产业高速发展提供理论参考。

一 上海市体育产业发展影响因素指标体系的构建

国内学者构建产业发展影响因素指标体系的路径大致分为三种:一是依据波特"钻石模型"理论,从生产要素、需求条件等多个维度构建产业发展影响因素指标体系;二是从产业发展的内、外部两个维度分析产业发展影响因素,选取相关指标;三是依据产业特性及已有研究成果,自行归纳总结产业发展的影响因素指标。本报告采取第一种路径,以波特"钻石模型"理论为依据,分析影响上海市体育产业发展的因素,并构建相关指标体系。

波特"钻石模型"理论是迈克尔·波特(Michael E. Porter)创建的竞争力分析范式,包含了六个方面的要素:生产要素;需求条件;相关和支持性产业表现;公司战略结构及同行业竞争;机遇;政府。结合体育产业特征,本报告从生产要素、需求条件、相关和支持性产业表现、本体因素、政府支持五个层面来分析影响上海市体育产业发展的因素,并选取相应指标。

生产要素包括人、财、物等,本报告选取体育产业从业人员数来反映上海市体育产业的人力资源状况,选取人均体育场地面积来反映上海市体育基础设施供给水平。需求条件指影响市场对产品需求的因素。影响市场对体育产品需求的因素包括消费者经济状况和消费者规模。在消费者经济状况方面,本报告选取上海市人均GDP和城镇常住居民人均可支配收入指标来表征;在消费者规模方面,选取经常参加体育锻炼的人数比例指标来表征。相关和支持性产业表现指与体育产业存在密切关联或支撑情况的产业的发展状况。依据已有研究,本报告选取旅游、文化、住宿餐饮与批发和零售四个业态的增加值来表征支持体育产业发展的相关产业表现。本体因素指与体育产业自身相关的因素,如企业表现、市场消费状况。基于这两个方面,本报告分别选取上海市主营体育企业营业收入和人均体育消费额两项指标。政府支持对体育产业的发展具有一定的作用，市本级体育彩票公益金实际使用金额能较好地反映政府对体育产业的支持情况。综上，本报告从5个层面构建了上海市体育产业发展影响因素指标体系，该体系共包含12项二级指标（见表1）。

表1 上海市体育产业发展影响因素指标体系

一级指标	二级指标/单位
生产要素	体育产业从业人员数/人
	人均体育场地面积/平方米
需求条件	人均GDP/元
	城镇常住居民人均可支配收入/元
	经常参加体育锻炼的人数比例/%
相关和支持性产业表现	旅游产业增加值/亿元
	文化产业增加值/亿元
	住宿餐饮业增加值/亿元
	批发和零售业增加值/亿元
本体因素	主营体育企业营业收入/亿元
	人均体育消费额/元
政府支持	市本级体育彩票公益金实际使用金额/亿元

资料来源：作者整理得出。

二 上海市体育产业发展影响因素的灰色关联分析

灰色关联分析法适用于在不完全信息系统中分析变量间的关联度，本报告构建的体育产业发展影响因素指标体系符合该信息系统特征，因此本报告采用灰色关联分析法进行数理分析，探索各影响因素指标与体育产业增加值的关联度。灰色关联分析法可分为5个计算步骤：确定数据序列；原始数据无量纲化处理；测算比较数列和参考数列的绝对差值；计算灰色关联系数；计算灰色关联度。

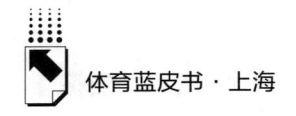

（一）数据来源

本报告通过上海市统计局、上海市体育局等部门发布的《上海市统计年鉴》《上海市国民经济和社会发展统计公报》等相关数据公告，整理了12项二级指标及上海市体育产业增加值2014～2019年6年间的具体数据（见表2）。

表2 2014～2019年上海市体育产业增加值及产业发展影响因素二级指标原始数据

	2014年	2015年	2016年	2017年	2018年	2019年	数据来源
体育产业增加值（亿元）	308.22	351.22	421.27	470.26	556.90	558.96	上海市体育局、上海市统计局发布的《上海市体育产业规模及增加值数据的公告》
体育产业从业人员数（人）	197426	216704	250412	283554	333375	357919	2014～2017年数据来自《体育蓝皮书：上海体育产业发展报告（2017～2018）》；2018年数据来自上海运动与健康产业协同创新中心；2019年数据通过线性拟合预算得出
人均体育场地面积（平方米）	1.74	1.76	1.83	1.96	2.23	2.38	2014～2019年《上海市全民健身发展报告》
人均GDP（元）	99483	106009	116582	126634	134982	157300	2014～2018年数据来自《上海统计年鉴》；2019年数据来自上海市统计局发布的《2019年上海市国民经济和社会发展统计公报》
城镇常住居民人均可支配收入（元）	47710	52962	57692	62596	68034	73615	
经常参加体育锻炼的人数比例（%）	0.404	0.408	0.422	0.427	0.428	0.437	2014～2019年《上海市全民健身发展报告》
旅游产业增加值（亿元）	1449.33	1535.64	1689.70	1888.24	2078.64	2309.43	上海市统计局发布的2014～2019年《上海市国民经济和社会发展统计公报》

续表

	2014 年	2015 年	2016 年	2017 年	2018 年	2019 年	数据来源
文化产业增加值(亿元)	1397.47	1666.93	1861.67	2081.42	2193.08	2482.42	2014~2018年数据来自《2019年上海文化产业发展报告》;2019年数据来自线性拟合预算
住宿餐饮业增加值(亿元)	1203.76	1237.13	1370.97	1445.37	1487.61	1573.67	《上海统计年鉴》;2019年数据来自线性拟合预算
批发和零售业增加值(亿元)	3809.31	3826.42	4032.43	4393.36	4581.49	5023.23	上海市统计局发布的2014~2019年《上海市国民经济和社会发展统计公报》
主营体育企业营业收入(亿元)	617.39	741.49	953.71	1290.74	1557.01	1762.63	2014~2017年数据来自《体育蓝皮书:上海体育产业发展报告(2017~2018)》;2018年数据来自上海运动与健康产业协同创新中心;主营体育企业营业收入2019年数据来自线性拟合预算;人均体育消费额2019年数据来自《2019年上海市全民健身发展报告》
人均体育消费额(元)	896	1934	2094	2460	2580	2849	
市本级体育彩票公益金实际使用金额(亿元)	3.80	4.60	2.90	3.25	2.86	3.25	上海市财政局发布的2014~2019年度《上海市彩票公益金筹集、分配及使用情况公告》

（二）数据测算

本报告以上海市体育产业增加值为参考序列，以体育产业从业人员数、人均体育场地面积等12项指标为比较序列，数据的无量纲化处理采用初值法，灰色分辨系数取0.5，测算出各影响因素与体育产业增加值的具体关联度。结果显示，与上海市体育产业增加值关联度最高的指标是文化产业增加值，灰色关联度为0.9258，排第2名的是体育产业从业人员数，灰色关联度为0.9254，与上海市体育产业增加值关联度最低的两项指标分别是市本级体育彩票公益金实际使用金额和人均体育消费额，关联度分别为0.6251和0.4826（见表3）。

表3　上海市体育产业发展影响因素灰色关联度排名

排名	指标名称	灰色关联度
1	文化产业增加值	0.9258
2	体育产业从业人员数	0.9254
3	城镇常住居民人均可支配收入	0.8152
4	人均GDP	0.8084
5	旅游产业增加值	0.8042
6	住宿餐饮业增加值	0.7343
7	人均体育场地面积	0.7214
8	批发和零售业增加值	0.7136
9	主营体育企业营业收入	0.6905
10	经常参加体育锻炼的人数比例	0.6789
11	市本级体育彩票公益金实际使用金额	0.6251
12	人均体育消费额	0.4826

资料来源：作者计算整理得出。

（三）结果分析

下面结合上海市体育产业发展现状对上述灰色关联度结果进行分析，探析不同影响因素指标与上海市体育产业增加值关联性强弱的成因。

1. 生产要素

体育产业从业人员数及人均体育场地面积与上海市体育产业增加值的灰色关联度排名分别为第2名和第7名。体育产业发展与从业人员数量关联度较高，一是因为体育产业本质上属于劳动密集型产业，受从业人员数量影响较大；二是因为体育产业属于现代服务业，对人力资源依赖性较强。人均体育场地面积与体育产业增加值的关联度相对较低，反映出上海市人均体育场地面积不足，未能有效支撑体育产业的发展。2019年，上海市人均体育场地面积为2.38平方米①，较往年有所增加，但相较于欧美一些国家，人均

---

① 《2019年上海市全民健身发展报告》，上海市体育局网站，2020年10月9日，http://tyj.sh.gov.cn/qmjs1/20201009/2cdf36bab4c048e989c7baa00256fd2b.html。

体育场地面积仍然不足，难以有效支撑体育产业的发展。

2. 需求条件

反映区域居民生活水平和经济发展水平的城镇常住居民人均可支配收入和人均 GDP 指标与产业增加值的灰色关联度较高，分别排第 3 名和第 4 名。居民收入水平直接影响体育消费水平。数据显示，2014~2018 年上海市人均体育消费额年均涨幅与同期人均可支配收入年均涨幅较为一致，前者为 7.47%，后者为 9.28%。体育产业的发展离不开区域经济社会发展的支撑。体育产业链条较长，涉及的生产环节及领域众多，不仅对区域内的体育场地设施、交通、住宿等硬件设施具有一定的要求，还对区域内的科技、文化、社会治理等软件具有较大的需求。一般情况下，区域经济发展水平越高，区域内的科技、文化等相关领域发展越为成熟，社会基础服务越为完善，越能为体育产业发展营造良好的环境。上海经济社会发展水平较高，为体育产业的发展提供了良好的土壤。经常参加体育锻炼的人数比例指标与体育产业增加值的关联度为 0.6789，排第 10 名。从产业角度看，体育参与人数对于体育产业发展的作用需要经过"参与者—爱好者—消费者"的转化过程，该项指标与体育产业增加值的关联度较低反映出体育产业发展应当注重促进体育参与者向消费者转化。

3. 相关和支持性产业表现

相关和支持性产业表现的 4 项二级指标中，文化产业增加值与体育产业增加值的关联度在所有指标中排第 1 名，旅游产业增加值排第 5 名，住宿餐饮业增加值排第 6 名，批发和零售业增加值排第 8 名。

2018 年上海市文化产业增加值为 2193.08 亿元，占全市 GDP 的 6.09%[①]，是上海市经济的重要支柱性产业。文化产业与体育产业的互相融合与促进是必然的，二者都是满足人民美好生活需要的"幸福产业"，具有相似的属性及特质。首先，文化产业与体育产业的价值取向相似，都是丰富

---

① 中共上海市委宣传部文化改革发展办公室、上海市文化事业管理处、上海交通大学人文艺术研究院：《2019 年上海文化产业发展报告》，"中国经济网"百家号，2020 年 4 月 23 日，https://baijiahao.baidu.com/s?id=1664732651472807359&wfr=spider&for=pc。

人民群众的精神文化生活的重要组成部分。其次，文化产业与体育产业都对区域经济、政治、社会及教育具有重要影响力，有助于区域的全面发展。文化产业为体育产业的发展注入了强劲的活力。一是互联网媒体加速了体育信息的传播。如各类门户网站对体育赛事及信息进行转播和宣传，扩大了信息传播范围，加快了传播速度，并在一定程度上加强了体育文化的培育。二是现代信息传媒技术的不断革新与成熟，催生了新的体育业态。如直播技术的不断完善使电子竞技业日益繁荣。据相关统计数据，2018年中国游戏直播创造了131.9亿元的规模，游戏直播平台的用户高达2.6亿人[1]，且这两项指标均呈现出强劲的上升趋势。三是文化市场较为活跃，文创产品的设计、生产与营销环节较为成熟，为体育文化产品的开发与营销提供了重要借鉴。文化产业拓宽了体育产业的边界，是体育产业发展的重要活力源泉。

2019年上海市旅游产业创造了2309.43亿元增加值，比2018年增长了11.1%[2]，同样是上海的支柱性产业之一。体育产业与旅游产业的互动是多层次的。一是旅游产业发展带来的餐饮、酒店、交通等硬件设施的完善为城市举办大型体育活动提供了基础保障；二是城市旅游产业发达而吸引的大量海内外游客成为体育赛事活动开展的重要客源；三是体育与旅游的不断融合，推动了健身休闲业等融合业态的发展。体育产业为旅游产业创造了新的着力点，旅游产业为体育产业的创新和增值开辟了重要路径[3]，二者相互促进，互利共赢。

相较于文化产业和旅游产业，住宿餐饮业、批发和零售业与体育产业增加值的关联度稍低，分别为0.7343和0.7136。文化产业和旅游产业与体育产业具有天然的耦合性，其融合发展程度较高并易于催生出新的业态，如体育文化、体育旅游等，成为体育产业发展的新亮点。住宿餐饮业、批发和零

---

[1] 艾瑞咨询：《2019年中国游戏直播行业研究报告》，艾瑞网，2019年7月15日，http://report.iresearch.cn/report/201907/3414.shtml。

[2] 《2019年上海市国民经济和社会发展统计公报》，上海市统计局网站，2020年3月9日，http://tjj.sh.gov.cn/tjgb/20200329/05f0f4abb2d448a69e4517f6a6448819.html。

[3] 田启：《体育产业与旅游产业耦合发展研究》，博士学位论文，上海体育学院，2017，第126页。

售业能够为体育产业提供必要的支撑,但未形成深度融合发展机制。住宿餐饮业对体育产业的支撑主要体现在为竞赛表演、健身休闲及体育旅游等体育活动提供住宿及餐饮等基础性服务供给;体育产业对住宿餐饮业的反馈则主要体现在大型体育赛事等体育活动将吸引大量消费者前往,扩大区域相关消费需求①。批发和零售业与体育产业的互动主要体现在体育制造业领域。电子商务已成为体育产品销售的重要渠道,据阿里平台统计,2018年"双十一"当天淘宝、天猫两大电商平台的体育消费总额突破60亿元,成交人数达2000万人②。但随着上海市体育产业结构的不断优化,体育制造业规模所占比重持续缩小,相较于其他相关产业,其与体育产业增加值的关联度稍低。

4. 本体因素

本体因素与体育产业增加值的关联度较低,主营体育企业营业收入指标的关联度排第9名,人均体育消费额指标的关联度排第12名,灰色关联度分别为0.6905和0.4826。将两项指标的关联度结果相比较来看,上海市主营体育企业营业收入与体育产业增加值的关联性稍强,体现出上海市体育产业市场主体具有一定的竞争力。上海为体育市场主体的培育创造了良好的环境,首先,上海市经济发展水平较高,资金相对充足,有利于满足体育企业的投融资需求。其次,上海市政府通过颁发各类体育产业政策文件,营造了良好的体育市场环境,并通过财政、税收等政策措施为体育市场注入了强大活力。最后,上海位于长三角经济圈,专业型人才、高新技术资源等较为丰富,形成了良好的企业发展区位优势。

人均体育消费额与体育产业增加值的灰色关联度最低,原因在于:上海人均体育消费额以上海地区居民为统计对象,不包含全国其他区域,但上海体育产业的辐射范围远远超出上海。在体育用品消费方面,上海市凭借丰富

---

① 陈雯雯:《基于灰色关联分析的上海市体育产业发展影响因素研究》,硕士学位论文,上海体育学院,2020,第30~32页。
② 艾媒大健康产业研究中心:《2019全球及中国体育消费产业现状及发展趋势分析报告》,艾媒网,2019年4月25日,https://www.iimedia.cn/c400/64188.html。

的体育资源及完善的营商环境，吸引了众多国际体育用品巨头的落户，这些企业的消费范围辐射全国，为上海市体育产业增加值的增长做出了重要贡献。在体育赛事消费方面，上海拥有众多国际顶级赛事，如F1中国大奖赛上海站、上海浪琴环球马术冠军赛、ATP 1000上海大师赛、上海国际马拉松赛等，吸引了大量国内外人士前来观赛（参赛），创造了巨大的经济效益。随着上海市全球著名体育城市建设的推进，上海市体育产业能级不断提升，体育产业辐射范围持续扩张，对本区域消费的依赖度将不断降低。

5. 政府支持

市本级体育彩票公益金实际使用金额与体育产业增加值的灰色关联度为0.6251，排第11名。从指标内涵来看，体育彩票公益金不仅用于支持体育产业活动的开展，还用于推进全民健身建设、强化青少年后备力量培养、保障退役运动员就业等，支持体育产业发展仅是体育彩票公益金使用内容的一部分。从上海体育产业发展模式来看，相较于其他城市，上海市政府对体育产业的推动更多的是"间接性"推动，而非直接将资本等资源注入市场，这在一定程度上降低了体育产业发展与政府扶持在数理层面的关联度。

三 对上海市体育产业发展的启示

（一）深化产业融合，积极培育新业态

整体来看，上海市体育产业与相关和支持性产业关联度最高。推进体育产业与相关产业融合发展，有助于整合价值链、开发新业务、培育新模式、形成新业态，为体育产业发展注入强劲活力。上海市体育旅游产业日益成熟。自2014年开始评定星级体育旅游休闲基地以来，上海已评选了上海东方体育中心等4家五星级体育旅游休闲基地、长兴岛郊野公园等18家四星级体育旅游休闲基地及8家三星级体育旅游休闲基地（截至2020年8月）。丰富多样的体育旅游休闲设施为体育旅游的消费与发展提供了重要支撑。上海市体育文化产业发展态势良好。"上海文化"是上海市

"四大品牌"的重要组成部分,而体育文化是上海文化的重要符号和印记。2019年,立足于体育产业发展的"体荟魔都"文化品牌对外发布,力图成为上海体育文化培育与交流的阵地。同年,上海举办了体育文化节,通过"体育+历史""体育+科技""体育+音乐"等多种形式传递了体育文化的内涵,进一步培育了独特的上海体育文化。作为体育产业与相关产业融合发展的业态,体育旅游与体育文化均具有旺盛的生命力和感染力,对于延长体育产业价值链、增强体育产业发展活力具有重要意义。进一步深化体育产业融合,一是要探索制度层面的协同,促进相关部门规制融合,搭建统一监管机构及机制,从顶层引导产业融合,拓展产业融合发展的深度与广度。二是要瞄准文化创意、教育培训、互联网信息技术等业态,着力推进体育旅游、体育传媒、体育会展等融合业态的发展。三是要探索建立区域体育协同发展机制,促进资源置换和优势互补,提升区域间的体育协同发展水平。

(二)注重人才培养,加强人才支撑

充足的人才供给是产业发展的有效支撑和基础保障。一方面,拓宽人才培育渠道,丰富体育人才供给。"全球著名体育城市""全球电竞之都"等目标的提出,加速了上海市体育产业的发展,使体育人才缺口不断扩大。应当鼓励体育组织、企业等社会力量积极开展各类职业教育及培训活动,扩大人才培养规模。另一方面,要加大高质量复合型体育产业人才供给力度。体育产业的经营包含了体育、商业贸易、管理等多个层面,因此要求从业者具有综合性的从业素质。应当鼓励校企合作,强化复合型人才培养,并充分发挥五角场体育产学研集聚区在人才培养中的优势。此外,上海市体育产业人才结构还有待完善。一是运动项目人才结构不合理。一些小众运动项目,如棒球、橄榄球、击剑等越来越受到消费者的青睐,相应专业的体育服务者却供不应求。二是细分体育产业业态的人才结构不合理。竞赛表演业是体育产业的核心业态,部分专业性极强的生产环节人才供给却极其缺乏,如赛事转播、信号制作等。针对此情况,一方面要加强国际交流,积极引进高端体育

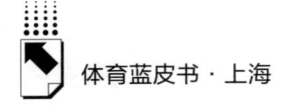

人才；另一方面要充分激发从业人员的积极性与创造性，健全体育人才激励及保障机制，推进企事业单位人员的双向流动，进一步完善体育产业人才结构，强化人才支撑。

（三）活跃体育消费，强化消费引领

体育消费是体育产业提质增效、深化体育改革、激发居民消费需求的重要动力。上述研究结果显示，上海市体育消费与体育产业的关联度较低，对体育产业的推动作用尚不明显。要强化体育消费对体育产业的引领作用，一是深化体育文化培育。浓厚的体育文化能够推动培育良好的体育习惯，扩大体育参与，刺激体育消费。应当充分利用新媒体优势，积极传播体育文化，鼓励居民的体育参与，培养体育运动习惯。二是丰富体育产品供给。体育消费需求日新月异且多元化、个性化趋势明显，应当加大体育健身休闲、旅游、赛事等多元体育服务供给力度，满足多样化消费需求。三是利用大数据等信息技术，把握个性化体育消费需求，进一步拓展体育消费空间。四是进一步优化体育消费环境。根据体育产品特征，完善体育产品安全标准，促进体育用品市场的规范化，并鼓励开发运动保险等金融产品，保障消费权益，激发消费热情。

（四）加强市场培育，提高市场竞争力

体育市场有效供给不足，一方面，体育企业创新创造能力不强，产品同质化严重；另一方面，体育消费需求有待进一步挖掘，体育市场营销需要进一步精细化。激发体育市场活力，提升市场主体竞争力，一是鼓励有实力的企业通过兼并、上市、重组等手段，强化体育资源集聚，打造一批国际知名、国内顶尖的体育领军企业。二是针对中小微体育企业，给予财政补贴、税收减免等优惠政策，培育一批极具特色的民营企业。三是不断优化营商环境，鼓励多元主体通过产业孵化器、众创空间等载体进行创业孵化与培育，增强体育市场活力。

（五）丰富设施供给，提升利用效率

上海市体育基础设施网络有待进一步完善。首先，体育基础设施覆盖不

足。不论是上海城区,还是偏远郊区,均需要构建便利的体育基础设施网络。其次,体育设施服务模式不够多元。应当根据实际需求,合理运用直接面向群众、提供给俱乐部会员、通过政府购买免费或低价租借给体育俱乐部或其他体育主体使用等设施服务模式。再次,学校等企事业单位的体育基础设施利用效率不高,需要进一步盘活。最后,对青少年、老年人、残疾人等群体的体育需求关注不够,缺乏相应的体育设施设计及布局。针对以上问题,一是充分将健身步道、器材等体育元素融入公园、广场等,丰富体育基础设施供给。二是因地制宜地利用江河湖海等自然资源,打造各具特色的健身休闲区,促进体育设施多样化供给。三是盘活体育设施存量,如提高高校、中小学等教育系统基础设施利用效率,实现公共设施利用效率最大化。四是优化体育场馆管理体制机制,提升运营管理水平。

(六)优化政府服务,提高服务水平

据上述分析结果,政府支持对体育产业发展的推进作用十分有限,进一步优化政府体育服务职能,提高服务水平,刻不容缓。首先,要搭建政府主导、多部门协同、社会广泛参与的多层次体育服务体系。根据国际经验,社会组织在体育服务体系中扮演着重要角色,是落实体育政策、监管市场行为、反映市场需求的关键部门。如何划分社会组织权责、壮大社会组织力量、发挥社会组织提供公共服务的职能,是上海搭建公共服务体系、全面提升体育服务水平的重要课题。其次,要提升政府体育服务的现代化水平,需要政府把握互联网等先进信息技术,搭建多层次、立体式的网络监管、服务及资源交易平台,减少信息流通壁垒,提高体育服务效率,扮演好服务角色,提升政务服务水平。最后,加强体育产业统计,建立体育产业大数据资源库,为体育产业决策提供数据支撑[1],强化体育产业发展动能。

---

[1] 黄海燕等:《我国体育产业发展的成就、走向与举措》,《上海体育学院学报》2018年第5期。

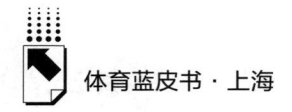

参考文献

黄海燕等:《"十三五"我国体育产业战略目标与实施路径》,《上海体育学院学报》2016年第2期。

B.11
上海市体育产业发展效率评价研究

胡佳澍*

摘　要： 要素投入和效率提升是产业发展的动力源泉，吸聚优质要素、提升产业效率是实现体育产业高质量发展的必然要求。本报告基于2014~2019年上海市16个辖区体育产业相关统计数据，分别测算各区体育产业增长的要素投入贡献率和技术效率。同时，为了探究产业发展效率的影响因素，选择相关指标进行回归分析，得出以下结论：资本是驱动上海市体育产业持续发展的最关键要素，加大要素投入对产业发展的作用已较为有限；上海市体育产业发展纯技术效率较高，规模效率中等，各辖区产业发展效率具有异质性；产业结构、经济发展对纯技术效率具有显著的正向影响，产业集聚、消费需求对规模效率具有显著的正向影响。最后，根据研究结果提出提升体育产业发展效率的建议。

关键词： 体育产业　要素投入贡献率　产业发展效率　上海市

2019年9月，国务院办公厅发布《关于促进全民健身和体育消费推动体育产业高质量发展的意见》（国办发〔2019〕43号），致力于推动体育产业成为国民经济支柱性产业，对体育产业发展提出了新目标与新要求。学术界普遍认为，体育产业高质量发展是实现体育产业结构高级化、效率最佳化

---

* 胡佳澍，体育人文社会学博士，上海体育学院讲师，主要研究方向为体育产业经济与管理。

和价值最大化的有机统一。要素投入和效率提升是产业发展的动力源泉，在要素既定条件下，提高体育产业发展效率成为新时代经济高质量发展的必然要求，对于推动经济结构调整、发展方式转变、经济强国建设和体育强国建设具有重要意义。

体育产业是满足人民美好生活需要的重要产业，是建设"健康上海"的重要组成部分，是打响上海"四大品牌"、提升城市软实力和吸引力的重要载体。近年来，上海市体育产业发展取得瞩目成就，拥有坚实的体育消费基础、完善的赛事体系、庞大的场馆硬件支撑体系和强大的体育市场主体，其体育资源配置能力也更受瞩目。在此背景下，提升产业发展效率不仅是体育产业高质量发展的必然要求，也是提升上海市体育资源配置能力、打造全球著名体育城市的题中之义。基于此，本报告以上海市体育产业发展效率为研究对象，以生产要素为视角，通过经济学方法客观评价上海市及其16个辖区体育产业的要素投入贡献率和产业发展效率，并探究影响产业发展效率的主要因素，为提升区域体育产业发展效率、促进体育产业高质量发展提供借鉴。

一　上海市体育产业发展的要素投入贡献率评价

要素投入是产业发展的基础。上海是体育产业起步早、发展快的城市之一和我国经济对外开放的前沿阵地，汇集了众多核心赛事资源、跨国体育用品品牌、体育中介机构和服务企业、数据、技术以及体育产业人才等一系列核心要素，不同的要素在体育产业生产中起到不同的作用。2014~2019年，全市体育企业数量由7938家增至22385家，体育企业营业总收入由617.39亿元增至1952.72亿元，体育产业从业人员由197426人增至333375人[①]。随着要素投入的增加，上海体育产业近年来总体保持良好发展势头，2014~

---

① 上海市体育局、上海运动与健康产业协同创新中心：2014~2019年度《上海市体育产业统计报告》。

2019年，体育产业总规模年均增长率为18.35%，远高于本市GDP增长速度（见表1）。从总规模看，浦东新区、徐汇区、闵行区、虹口区等区体育产业规模较大，在全市范围内占据重要地位；从增长速度看，徐汇区、虹口区、杨浦区、崇明区等区年均增长率均超过30%，增长速度快，发展潜力巨大。

表1 2014~2019年上海市各辖区体育产业总规模及其年均增长率

单位：亿元，%

	2014年	2015年	2016年	2017年	2018年	2019年	年均增长率
黄浦区	83.73	99.38	57.81	32.72	45.31	85.75	0.48
徐汇区	45.73	43.27	142.39	191.23	227.00	280.70	43.75
长宁区	48.35	72.22	75.86	73.00	80.34	113.97	18.71
静安区	30.55	34.80	32.99	29.63	46.64	72.26	18.79
普陀区	5.63	6.11	3.55	4.87	9.20	11.89	16.13
虹口区	32.46	53.03	68.68	103.18	173.81	237.83	48.93
杨浦区	36.77	59.38	79.56	93.38	110.77	147.98	32.11
闵行区	129.33	158.42	170.65	207.47	177.56	183.83	7.29
宝山区	7.71	8.09	5.62	7.52	36.08	23.73	25.21
嘉定区	99.32	104.62	104.57	109.66	121.78	130.02	5.53
浦东新区	131.53	141.77	171.27	221.82	241.01	248.32	13.55
金山区	13.20	12.93	12.98	30.16	28.88	31.47	18.98
松江区	25.14	25.47	19.12	22.46	25.78	32.01	4.95
青浦区	45.98	52.63	54.05	60.93	68.27	75.24	10.35
奉贤区	22.42	24.70	28.17	25.98	35.07	37.27	10.70
崇明区	9.19	13.29	18.60	52.92	68.62	68.60	49.49
总　计	767.04	910.11	1045.87	1266.93	1496.12	1780.87	18.35

资料来源：上海市体育局、上海运动与健康产业协同创新中心，2014~2019年度《上海市体育产业统计报告》。

著名经济学家索洛（Robert Merton Solow）将经济增长表示为资本、劳动力和技术进步的函数 $Y = A \times f(K, L) = A \times K^{\alpha} \times L^{\beta}$，其中 Y 为生产产出，K 和 L 分别为资本投入量和劳动力投入量，α 和 β 分别为资本和劳动力的产出弹性，A 为技术进步水平。从上述函数可以发现，索洛认为经济增长存在两种途径，第一种途径为投入要素的增长，第二种途径是除了投入要素增长以外的部分，即不能用投入要素增长解释的部分，代表广义上的技术进步。由于受到资源稀缺的限制，要素增长是有限的、非持续的。在已知 Y、K、L 的情况下，通过最小二乘法估算出 α 和 β 的值。参照已有研究的计算方法①，要素投入贡献率 =（要素投入增长率×要素产出弹性）/产出增长率×100%。扣除劳动力、资本贡献外的其他剩余因素贡献为技术进步贡献。参照索洛经济增长函数，设 $Y = A \times K^{\alpha} \times L^{\beta}$，等式两边取自然对数得 $\ln Y = \ln A + \alpha \ln K + \beta \ln L$，其中 Y 为各辖区当年体育产业总规模，K 为各辖区当年主营体育产业单位资金投入总额，L 为各辖区当年体育产业从业人员数，可得到回归方程：$\ln Y = 0.802 \ln K + 0.233 \ln L - 1.263$（$R^2 = 0.946$，$P = 0$）。即资本产出弹性 α 为 0.802，劳动力产出弹性 β 为 0.233，代入要素投入贡献率计算公式后得表 2 数据。

表 2 2014~2019 年上海市体育产业要素投入贡献率及除要素投入外因素贡献率

单位：%

	资本增长率	资本贡献率	劳动力增长率	劳动力贡献率	除要素投入外因素贡献率
2014~2015 年	16.02	68.88	9.77	12.20	18.92
2015~2016 年	14.96	80.45	15.55	24.29	-4.74
2016~2017 年	20.60	78.16	13.23	14.58	7.25
2017~2018 年	15.96	70.76	17.57	22.63	6.61
2018~2019 年	16.20	68.30	17.57	21.52	10.18

资料来源：作者计算整理得出。

从表 2 可以看出，样本期内上海市体育产业增长的资本贡献率为 68.30%~80.45%，劳动力贡献率为 12.20%~24.29%，说明近年来，资本是体育产业增长的主要驱动要素；除要素投入外因素（包括技术进步、技术效率提升等）贡献率为 -4.74%~18.92%，变动趋势不明显；资本与

---

① 王鹏：《基于综合水平、要素贡献及效率评价的甘肃省开发区发展特征研究》，博士学位论文，兰州大学，2018，第 36~57 页；罗浩、颜钰荛、杨旸：《中国各省的旅游增长方式"因地制宜"吗？——中国省际旅游增长要素贡献与旅游资源比较优势研究》，《旅游学刊》2016 年第 3 期。

劳动力要素的产出弹性相加为 1.035（$\alpha+\beta$），大于但接近于 1，说明上海市体育产业具有规模经济性，但规模经济水平已经不高。因此，加大要素投入对产业发展的效果已较为有限，需要通过提升产业发展效率来实现体育产业的持续稳定增长。

资本投入对产业经济增长的影响举足轻重，但著名的"资本积累黄金律"表明，投资并不是越多越好，平衡产出、提高资本利用效率以实现经济增长的动态最优才是经济发展的永恒主题。我国各行业不断上升的投资率是否合理以及投资是否过度是近年来被高度关注和引起广泛争议的话题，背后折射出对经济增长模式的隐忧思考。资本回报率或利润率是衡量资本使用效率的常用指标之一，从 2019 年上海市各辖区体育企业营业收入及营业利润可以看出，利润率均值为 11.24%，其中徐汇区体育企业的利润率最高，达 20.93%，黄浦区、长宁区、静安区、青浦区等区的体育企业利润率也相对较高（见表 3）。

表 3　2019 年上海市各辖区体育企业数、营业收入、营业利润及利润率

	企业数（家）	营业收入（亿元）	营业利润（亿元）	利润率（%）
黄浦区	693	123.28	17.55	14.24
徐汇区	794	285.22	59.69	20.93
长宁区	697	149.30	22.28	14.92
静安区	871	76.96	10.47	13.60
普陀区	802	8.32	0.51	6.13
虹口区	693	389.20	30.15	7.75
杨浦区	1396	224.87	24.05	10.70
闵行区	1872	139.86	4.89	3.50
宝山区	1545	17.56	0.55	3.13
嘉定区	1585	110.65	4.94	4.46
浦东新区	3604	241.52	25.34	10.49
金山区	1372	24.43	2.17	8.88
松江区	1476	22.32	1.98	8.87
青浦区	1139	62.60	10.41	16.63
奉贤区	2404	29.49	2.87	9.73
崇明区	1442	47.14	1.64	3.48
总计	22385	1952.72	219.49	11.24

资料来源：上海市体育局、上海运动与健康产业协同创新中心，2014~2019 年度《上海市体育产业统计报告》。

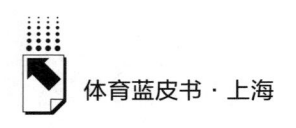

二 上海市体育产业发展效率评价

(一) 评价方法

效率评价通常可分为参数和非参数两种分析方法,其中数据包络分析(Data Envelopment Analysis)是非参数规划方法效率评价的常见技术之一,研究对象为具有多个输入和输出的决策单元(Decision Making Unit),采用线性规划技术找出所有观测点中的相对有效点,构造生产前沿面来对同类型单位进行相对有效性评价。其中Tone建立了一种非径向、非角度DEA模型——SBM(Slack-based Measure)模型[①],将松弛变量加入目标函数中,综合了投入与产出两种导向的效率评价机制,能够同时考虑投入与不同类型产出的改进空间,更加符合要素之间投入和产出根据种类不同可以反向增长的假设。超效率SBM模型结合了SBM模型和超效率DEA模型的各自优点,能更客观地反映有效决策单元的技术效率。技术效率可以分解为纯技术效率×规模效率。纯技术效率是受企业管理和技术等因素影响的生产效率,反映生产的技术水平;规模效率则是受企业规模因素影响的生产效率,反映现有规模和最优规模之间的差异。测算过程由MaxDEA Ultra 8.0软件实现。

(二) 指标选取

DEA分析以决策单元的投入—产出数据为衡量效率的要素,因而投入—产出指标的选择对于测量结果的准确性极为重要。鉴于体育产业的生产特性,以及指标选择的科学性、代表性、可获取性等原则,建立投入—产出模型如下。投入指标包括体育产业从业人员数、主营体育产业单位资金投入、主营体育产业单位数、体育场地面积4个,体育产业从业人员数反映体

---

① Tone, Kaoru, "A Slacks-based Measure of Efficiency in Data Envelopment Analysis," *European Journal of Operational Research* 5 (2001).

育产业的劳动力投入规模，主营体育产业单位资金投入反映体育产业的财力投入规模，主营体育产业单位是体育产业发展的载体，在一定程度上反映体育产业的物力投入规模，体育场地面积则是众多体育活动开展的场所，虽不能完全反映土地要素投入但也有一定代表性。产出指标包括主营体育产业单位营业收入和体育产业增加值，其中主营体育产业单位营业收入直接反映体育产业的经济效益，体育产业增加值则反映体育产业的新增价值和发展速度。我们选取16个辖区2014~2019年6年中的投入、产出数据，共计96组，进行计算。

（三）上海市及其各辖区体育产业发展效率分析

使用MaxDEA Ultra 8.0软件对上海市及其各辖区投入—产出指标进行SBM超效率测算，结果如下：从全市范围看，样本期内上海市体育产业技术效率为0.568~0.712，其中纯技术效率为0.961~1.037，规模效率为0.628~0.775（见表4）。样本期内，纯技术效率值代表的体育企业的管理与技术水平普遍较高，规模效率代表的与理想存在一定差距，总体效率值中等。

表4 2014~2019年上海市体育产业发展效率

	纯技术效率	规模效率	技术效率
2014年	1.037	0.628	0.602
2015年	0.961	0.678	0.568
2016年	0.988	0.775	0.712
2017年	0.991	0.712	0.644
2018年	0.976	0.758	0.696
2019年	0.981	0.721	0.707

注：全市数值为各辖区平均值，各辖区数值为时段平均值，未修正乘积误差，余同。
资料来源：作者计算整理得出。

各辖区效率差异较大，其中黄浦区、长宁区为有效决策单元；普陀区、黄浦区、静安区等区的纯技术效率较高，松江区、青浦区、奉贤区等区略低；规模效率均小于1，杨浦区、长宁区、虹口区等区较高，普陀区、浦东新区较低；黄浦区、静安区、普陀区等10区处于规模报酬递增阶段，可进一步增加要素投入，扩大体育产业规模，浦东新区处于规模报酬递减阶段，应适当控制规模，其余辖区有增有减（见表5）。

表5 2014~2019年上海市各辖区体育产业发展效率

辖区	纯技术效率	规模效率		效率
黄浦区	1.530	0.711	irs	1.098
徐汇区	1.079	0.850	—	0.845
长宁区	1.148	0.945	—	1.087
静安区	1.450	0.623	irs	0.892
普陀区	2.020	0.209	irs	0.424
虹口区	1.065	0.922	irs	0.985
杨浦区	0.606	0.956	—	0.579
闵行区	0.701	0.848	—	0.568
宝山区	0.796	0.506	irs	0.381
嘉定区	0.633	0.822	—	0.475
浦东新区	1.223	0.469	drs	0.559
金山区	0.869	0.616	irs	0.534
松江区	0.571	0.742	irs	0.423
青浦区	0.555	0.802	irs	0.439
奉贤区	0.509	0.759	irs	0.386
崇明区	1.095	0.586	irs	0.632

资料来源：作者计算整理得出。

（四）各辖区体育产业发展效率的特征差异

各辖区体育产业发展效率具有差异性，如长宁区、徐汇区属于"高技术大规模型"，普陀区、黄浦区、静安区等属于"高技术小规模型"，闵行区、嘉定区、青浦区等属于"低技术大规模型"。纯技术效率较高的辖区普遍具有良好的经济基础，更易于吸引优质要素，特别是工资水平较高更易集聚高水平劳动力，从而提升体育企业技术能力和管理水平。规模效率较高的辖区，土地价格相对较低，利于企业扩张和产业集聚，形成规模优势。

各辖区体育产业重点领域、发展布局、重点企业等方面的不同特征是形成产业发展效率异质性的主要原因。如长宁区2019年拥有体育产业单位697家，其中上海市500强体育企业26家[①]，包括新百伦、亚瑟士等国际知名体育用品销售代理商，尽管体育产业总规模不大但体育企业具有较强的竞争力和盈利能力，纯技术效率和规模效率都较高；浦东新区2019年拥有体育产业单位3604家，约占全市总数的16%，产业规模较大，其中上海市500强体育企业82家[①]，包括迪卡侬、卡帕等外资体育企业，产值高、纯技术效率高，但规模效率较低，已进入规模报酬递减阶段，可能出现了集聚所产生的拥挤效应；杨浦区凭借日益优化的营商环境，吸引了耐克大众化总部、阿里体育、完美世界等行业巨头的落户，并集聚了各类体育产业核心资源，规模效率较高；崇明区充分利用生态优势和区位优势，把体育产业作为世界级生态岛建设重要战略性新兴产业予以重点扶持发展，精心打造自行车、铁人三项等品牌赛事，体育产业规模持续扩大，呈爆发性增长态势，全要素生产率增长较快。结合回归模型与各辖区发展实践可知，产业集聚程度适中、产业结构以服务业为主的辖区，产业效率较高。

三 上海市体育产业发展效率影响因素

（一）指标选取

只有对影响区域体育产业发展效率的因素进行识别与分析，才能深入探究效率变化的原因，从而为体育产业高质量发展提出对策与建议。借鉴文化产业、休闲产业等领域相关研究，学者们普遍认为经济发展、市场需求、科技创新、产业政策、人力资本、企业规模、产业集聚等是影响产业发展效率的重要因素。

[①] 上海市体育局、上海运动与健康产业协同创新中心：《2019年度上海市500强体育企业概况》。

结合数据可获取性，本报告假设以下7个指标是影响体育产业发展效率的重要因素——500强体育企业营收占比、体育服务业总产值占体育产业总产值比重、营业收入1000万元及以上主营体育产业单位数量、体育企业研发机构专利授权数、人均GDP、人均可支配收入、人均外贸进出口额，分别代表产业集聚、产业结构、企业规模、创新能力、经济发展、消费需求、对外开放。选择16个辖区2014~2019年6年中的投入、产出数据，共计96组，进行计算。

产业集聚反映生产活动的集中程度，同一地区内集聚的优势企业越多，企业间的需求联系与成本联系越密切，集聚经济效应越明显，有利于降低生产成本；产业结构反映产业技术经济关联的客观比例关系，体育服务业具有消耗低、附加值高等特征，推进体育服务业发展是实现体育产业高质量发展的必然途径；企业规模代表主营体育产业单位的发展壮大程度，大型体育企业具有成本分摊的规模经济效应，并具有对优秀人才较强的吸引力，这会增强其应对体育消费不确定性与商业风险的能力进而提高管理效率；创新能力反映体育企业将新技术应用于生产的能力，是增强产业竞争力、提高资源配置能力的关键因素；经济发展是体育产业发展的先决条件，当人均GDP达到5000美元，居民收入和闲暇时间显著增加，消费结构会相应地升级调整，从而使得体育休闲成为一种常态化的生活方式①；消费需求体现当地居民对体育产业的消费能力，当可支配收入增加时，居民的价值观念、消费取向等发生了改变，用于购买体育产品和服务的金额也相应增加；对外开放对产业发展效率的促进作用源于开放部门与国内部门的产业关联效应和出口部门的学习效应，以及进口贸易所引致的技术溢出效应，这些效应使得国内企业可以更有效地配置资源，并加快国外技术的扩散和传递。基于此，提出以上因素对体育产业发展效率具有正向影响的理论假设。

（二）影响因素的回归结果分析

使用Stata 14.0软件，分别以纯技术效率、规模效率为应变量，影响因

---

① 艾媒大健康产业研究中心：《2019全球及中国体育消费产业现状及发展趋势分析报告》，艾媒网，2019年4月25日，https://www.iimedia.cn/c400/64188.html。

素为自变量，对各辖区 2014～2019 年面板数据进行回归。通过回归结果（见表 6）发现，产业集聚、产业结构、经济发展和消费需求 4 个因素对区域体育产业发展效率具有显著影响，企业规模、创新能力和对外开放 3 个因素未通过显著性检验。

表6　2014～2019 年上海市各辖区体育产业发展效率影响因素的回归分析

变量	纯技术效率		规模效率	
	回归系数	P	回归系数	P
产业集聚	-0.265	0.306	0.373 ***	0.002
产业结构	0.368 **	0.014	-0.284 *	0.090
企业规模	0.036	0.905	-0.003	0.992
创新能力	-0.160	0.336	0.203	0.277
经济发展	0.328 **	0.025	-0.057	0.723
消费需求	-0.066	0.682	0.484 **	0.011
对外开放	0.047	0.835	-0.261	0.306

注：*、**和***分别表示10%、5%和1%的显著性水平。
资料来源：作者计算整理得出。

1. 产业集聚对规模效率具有显著的正向影响

研究表明，产业集聚能够通过规模经济效应、专业化分工效应、创新效应、拥挤效应等引发各种外溢效应，是生产率提升的重要动因。产业集聚初期，集聚规模的扩展将有利于地区劳动生产率的提升。体育企业在地理空间上的集聚能减少固定资产投资，实现资源共享，降低生产成本，从而提升规模效率。但当集聚规模达到临界点后，过度集聚所产生的拥挤效应以及其对于环境、资源的不利影响可能会对产业发展效率产生负向影响。2017 年，上海市体育局、发改委、规土局、旅游局联合印发了《上海市体育产业集聚区布局规划（2017—2020 年）》，规划了 22 个市级体育产业集聚区，旨在通过探索构建体育产业空间体系，加快聚集体育资源和城市配套功能，引领上海体育产业集群化、高端化、融合化、特色化和品质化发展。自规划颁布以来，上海市体育产业集聚区建设稳步推进，成效显著。一是科学规划体育产业空间布局。依据各区体育产业资源要素和优势项目，上海按照"一核两带多点"的体育产业网络化空间体系,选取了包括浦东前滩、徐家汇体育公园、闵行旗忠等在内的22个体育产业集聚区,以优化体育产业网络空间布局为手段,加速推进重点体育产业项目的功能集聚和能级提升。二是各区加快集聚区建设项目落地。2018年9月发布的《上海市体育产业集聚区建设与管理办法（试行）》明确了集聚区建设的原则和任务,规定了集聚区管理、申报、认定和考核相关办法,以此作为布局规划的配套措施,为上海市体育产业集聚区建设提供政策引导和工作指南。各区在实践中,也在上述文件的指导下,加快项目推进,并取得了一定成就。浦东新区的国际旅游度假区体育产业集聚区,充分利用区内迪士尼乐园的区位优势,相继布局X—Games（世界极限运动会）、"申迪·城市赛艇中心"、棒迪体育等国际国内知名体育项目,加速推进该区域内休闲体育板块的延伸,促进区域运动休闲产业集聚壮大。

2. 产业结构对纯技术效率具有显著的正向影响,但对规模效率具有显著的负向影响

体育服务业具有人力资本多、附加值高、产业链长等特征,有利于要素从低效率部门流向高效率部门,提升资源利用效率和增加要素边际产出,从而提升技术效率;对规模效率的负向影响,可能是因为,一些辖区尽管已经实现了以体育服务业为主的产业结构,但达到或接近经济规模的体育服务类企业较少,经济规模性不强。2019年,上海市500强体育企业中,体育服务业企业数量达到402家,营业收入和利润总额分别为1485.81亿元和127.87亿元,占上海市500强体育企业营业收入和利润总额的比重分别为84.6%和92.1%①,上海市形成了以竞赛表演和健身休闲等体育服务业为主导的现代产业体系。

3. 经济发展对纯技术效率具有显著的正向影响

体育产业的发展离不开强大经济实力的支持,宏观经济发展水平可以反映经济增长带动体育消费的实际效应。经济相对发达的辖区,一方面在体育产业基础设施和服务方面存在较大的优势,在一定程度上减少了体育企业发

---

① 上海市体育局、上海运动与健康产业协同创新中心:《2019年度上海市500强体育企业概况》。

展所需的物质投入；另一方面体育产业从业人员报酬较高，具有吸引高端人才优势，数据化、技术化水平也较高，有助于生产技术创新和扩散，为体育产业发展效率提高提供强有力的支持。

4. 消费需求对规模效率具有显著的正向影响

体育产业具有较强的收入弹性，居民可支配收入越高，购买力越大，对体育产品和服务的需求就越多，用于体育的消费支出也就越多，且更加呈现消费多元化、多层次特征。合理的体育消费需求一方面能促进形成更加合理的产品结构，另一方面能扩大生产规模，因而对体育产业发展效率的提高具有显著驱动作用。2015～2019年上海市人均体育消费额年均增长率为10.2%，呈现出良好的上升趋势。2019年上海市人均体育消费额占当年人均可支配收入的4.1%，占当年人均消费支出的6.2%，达到2849元，较2018年上涨了10.4%。2020年，杨浦区、徐汇区成为首批国家体育消费试点城市（直辖市以区级人民政府为主体申报），为推动体育消费机制创新、政策创新、模式创新、产品创新等方面探索出更多经验、做出更大贡献。

5. 企业规模、创新能力和对外开放对体育产业发展效率不具有显著影响

其原因可能是体育企业平均规模较小，无法发挥规模经济所引发的效率改进作用；科技创新成果投入生产应用是一个长期的过程，存在延时滞后，对当期生产效率的改善不明显；体育企业在国际贸易中参与度不高，对外开放带来的外溢效应暂未发挥作用。

区域产业发展效率研究是一个复杂的系统性问题，实际影响因素众多，影响程度和作用机制也各不相同。由于数据的有限性和模型的局限性，我们未能考察人力资本、产业政策等因素对产业发展效率的影响，科技创新等因素的显著性也未能在短面板中体现，但这并不代表这些因素是不重要的。

四 结论与建议

（一）结论

基于2014～2019年体育产业相关数据，利用索洛增长函数和SBM模型

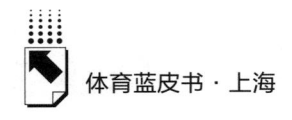

测算了体育产业增长的要素投入贡献率和技术效率，并运用回归模型探寻了相关因素对产业发展效率的影响，得出如下结论。

首先，资本是驱动上海市体育产业持续增长的最关键要素，资本和劳动力的产出弹性系数表明加大要素投入对产业增长的效果已较为有限。

其次，上海市体育产业纯技术效率较高，规模效率中等。各辖区体育产业发展效率具有异质性，城区纯技术效率明显高于郊区且具有显著差异，规模效率差距不大。

最后，产业结构、经济发展对体育产业发展的纯技术效率具有显著的正向影响，产业集聚、消费需求对体育产业发展的规模效率具有显著的正向影响。

（二）建议

自2014年国务院46号文件《关于加快发展体育产业促进体育消费的若干意见》发布以来，资本、人才、数据、技术等要素加速涌入体育产业，整个市场不断扩大，市场竞争也更加激烈，加速了上海体育产业市场的重构。其中资本对上海体育产业增长的贡献占据主导地位，但是随着资本边际报酬递减，产业增长步伐开始放缓，个别辖区出现负增长现象。这说明，随着经济进入新常态，依靠扩大投资拉动产业增长的空间明显收窄，以传统要素投入为驱动的产业增长动力机制已不再适应新时代背景下体育产业高质量发展要求。因此，必须强化核心要素驱动，通过新动能的培育来扭转要素边际报酬递减趋势，着力提高体育产业发展要素投入贡献率和技术水平。

1. 积极转变体育产业增长动能

转变以传统要素投入为驱动的产业增长动力机制，充分发挥技术、数据等核心要素的重要作用。注重体育产业技术创新能力的提升，通过知识创造助推实现产业发展效率的提高；强化产业政策支撑，优化体育产业创新环境，激发体育企业、高校与科研机构产学研积极性，打造充满活力的体育科创中心，促进科研成果的应用转化。

2. 全面提升体育产业要素质量

加速吸引和集聚国际国内核心赛事资源、跨国性体育品牌和服务企业、全球化体育产业人才等一系列核心要素，提升体育产业要素国际化水平；鼓励本土企业通过并购、投资等方式，嵌入全球体育资源要素配置网络，增强优质体育资源配置能力；加快本土体育人才培养，创新人才培养模式，加强社会体育人才基础保障，提升人力资本质量。

3. 努力提高产业集群发展水平

产业集群对产业发展效率作用较为明显，产业集聚过程还会伴随各生产要素的地区积累。各辖区应按照当地特色产业和发展优势，促进体育产业核心行业和关联行业在本区集聚，充分发挥集聚效应，提高规模经济水平。同时，要考虑到区域的资源和环境承受能力，尽可能避免集聚带来的拥挤效应。

4. 持续推动产业结构优化升级

深化产业结构调整对驱动产业经济增长、提升产业发展效率具有重要意义。当前上海市已经形成了以体育服务业为主的产业结构，应突出发展重点、优化产业结构，进一步完善以竞赛表演和健身休闲为引领的现代产业体系，深度开发人民群众从幼儿到老年各个阶段的生活性体育服务，加快发展体育中介咨询、体育产品研发设计等生产性体育服务业。不断提升体育产业发展能级，增强体育服务企业的国际竞争力和影响力。

5. 深挖体育消费潜力

充分发挥国家体育消费试点城市作用，大力发展节假日和夜间赛事经济、体育经济。持续提高广大群众运动技能水平，引导体育培训企业创新线上培训模式。创新体育消费支付产品，鼓励推行拓展全民健身公共积分通付性功能的"数字化营销货币"、运动银行等体育消费便利化工具，支持采取发放体育消费券、举办体育消费节等方式促进体育消费。

参考文献

任蓓：《全要素生产率视角下中外体育产业的动态实证分析——基于 DEA –

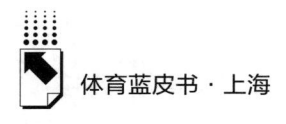

Malmquist 指数模型》,《江淮论坛》2016 年第 2 期。

孙哲等:《基于全要素生产率 Malmquist 指数法的 L 省体育产业发展现状研究》,《首都体育学院学报》2019 年第 6 期。

谭宏、曹国华、陆宇嘉:《我国体育产业上市公司经营效率评价——基于因子分析和数据包络分析模型》,《上海体育学院学报》2013 年第 5 期。

钟敬秋等:《中国体育产业投入－产出－效率空间分异及其耦合关系探究》,《沈阳体育学院学报》2018 年第 1 期。

朱建勇、战炤磊、薛雨平:《中国体育用品制造业全要素生产率变化及其影响因素研究》,《体育与科学》2014 年第 6 期。

Anderson,T. R., Hollingsworth, K., Inman, L., "The Fixed Weighting Nature of a Cross-Evaluation Model," *Journal of Productivity Analysis* 17, 3 (2002).

Farrell, M. J., "The Measurement of Productive Efficiency," *Journal of the Royal Statistical Society* 120 (1957).

B.12
上海市体育赛事影响力评估研究

夏铭娜*

摘　要： 体育赛事反映了一个城市的软实力和国际竞争力，是建成全球著名体育城市的重要指标，有利于塑造城市形象、提升城市品位、增强城市凝聚力、拉动城市经济。上海市体育赛事发展迅速，总体上呈现数量多、级别高、项目多样化的发展态势。评估2019年上海市举办的国际国内体育赛事的影响力，能够进一步了解上海市体育赛事的受关注程度、专业化水平、经济拉动作用和社会发展促进情况。本报告在此基础上提出加快赛事品牌差异化、加强资源整合、加快业态融合的建议，为上海市的体育赛事布局提供客观依据和举措参考，助力上海市早日实现建设世界一流的国际体育赛事之都和全球著名体育城市的目标。

关键词： 体育赛事　赛事组织　上海

　　体育赛事能够综合反映一个城市的软实力和国际竞争力，是建成全球著名体育城市的重要指标，有利于塑造城市形象、提升城市品位、增强城市凝聚力、拉动城市经济。2015年以来，上海市人民政府相继印发《关于加快发展体育产业促进体育消费的实施意见》《关于加快本市体育产业创新发展的若干意见》《上海市体育赛事管理办法》等政策法规，提出"建立完善的

---

* 夏铭娜，上海体育学院助理研究员，主要研究方向为体育管理。

体育赛事评估体系和科学决策机制，综合评估国际重大体育赛事的影响力和市场价值，从体育赛事的关注度、专业度和贡献度等开展评估，定期发布体育赛事评估报告"。为科学评估上海市2019年举办的重大体育赛事影响力，客观反映重大体育赛事对经济社会的拉动效应，上海市体育局联合上海体育学院，参考国际通行的体育赛事评估体系和评估方法，围绕上海建设世界一流的国际体育赛事之都的目标任务，从关注度、专业度和贡献度三个维度，构建体育赛事影响力评估框架体系，并运用该体系，对2019年上海市举办的163项国际国内体育赛事影响力进行全面系统评估，形成评估报告。

一 评估对象

本次评估对象为2019年上海市举办的163项国际国内体育赛事。按运动项目划分，共计包含50个项目，分别为田径（16项）、足球（16项）、汽车运动（14项）、帆船（8项）、高尔夫（7项）、篮球（6项）等（见表1）。

表1 评估赛事所属运动项目分类

单位：项，%

运动项目	赛事数量	数量占比	运动项目	赛事数量	数量占比
田径	16	9.82	足球	16	9.82
汽车运动	14	8.59	帆船	8	4.91
高尔夫	7	4.29	篮球	6	3.68
象棋	6	3.68	电竞	5	3.07
空手道	5	3.07	台球	5	3.07
保龄球	4	2.45	健美操	4	2.45
桥牌	4	2.45	体育舞蹈	4	2.45
网球	4	2.45	自行车	4	2.45
极限	3	1.84	排球	3	1.84
拳击	3	1.84	围棋	3	1.84
板球	2	1.23	壁球	2	1.23
钓鱼	2	1.23	滑冰	2	1.23

续表

运动项目	赛事数量	数量占比	运动项目	赛事数量	数量占比
击剑	2	1.23	龙舟	2	1.23
跆拳道	2	1.23	跳绳	2	1.23
武术	2	1.23	拔河	1	0.61
冰球	1	0.61	船艇运动	1	0.61
定向	1	0.61	飞镖	1	0.61
风筝	1	0.61	橄榄球	1	0.61
航海模型	1	0.61	垒球	1	0.61
轮滑	1	0.61	马球	1	0.61
马术	1	0.61	摩托运动	1	0.61
摩托艇	1	0.61	乒乓球	1	0.61
射箭	1	0.61	体操	1	0.61
铁人三项	1	0.61	野战运动	1	0.61
游泳	1	0.61	羽毛球	1	0.61

资料来源：作者整理得出。

按赛事所属区域划分，包括浦东新区（27项）、嘉定区（23项）、黄浦区（12项）、松江区（11项）、杨浦区（11项）、静安区（10项）、青浦区（10项）、闵行区（9项）、虹口区（9项）、崇明区（7项）、普陀区（7项）、徐汇区（6项）、宝山区（6项）、奉贤区（6项）、金山区（5项）、长宁区（4项）（见表2）。

表2 各区举办国际国内体育赛事的情况

单位：项，%

序号	行政区域	赛事数量	数量占比
1	浦东新区	27	16.56
2	嘉定区	23	14.11
3	黄浦区	12	7.36
4	松江区	11	6.75
5	杨浦区	11	6.75
6	静安区	10	6.13
7	青浦区	10	6.13
8	闵行区	9	5.52
9	虹口区	9	5.52
10	崇明区	7	4.29

续表

序号	行政区域	赛事数量	数量占比
11	普陀区	7	4.29
12	徐汇区	6	3.68
13	宝山区	6	3.68
14	奉贤区	6	3.68
15	金山区	5	3.07
16	长宁区	4	2.45

资料来源：作者整理得出。

二 评估体系

为充分了解上海市国际国内体育赛事的发展现状，本报告结合国际国内大型体育赛事通用的评估标准，运用理论研究与实证分析、抽象与具体分析、定性与定量分析、微观与宏观分析等方法进行框架设计，并以文献资料法、内容分析法、德尔菲法、专家访谈法、模糊综合评判法、数理统计法为具体研究手段，最终构建了上海市体育赛事影响力评估体系。

本评估体系包括关注度、专业度和贡献度三个维度。其中，关注度是指外界（媒体、受众）对赛事的关注程度、赛事引发的传播效应、赛事为"上海"创造的传播价值等，包括媒体报道、现场受众规模等指标；专业度是指上海市体育赛事在组织管理、运营服务等各方面展现的专业程度，包括赛事规格、竞赛组织、赛事运营、赞助营销、赛事保障等指标；贡献度是指体育赛事的举办对上海市经济增长与社会发展所产生的影响，包括经济效益、社会效益等指标（见表3）。

本报告依据关注度（350分）、专业度（350分）、贡献度（300分）三个维度的评分指标（总分1000分），对上海市163项体育赛事逐一评估、打分；采取"各区域所举办赛事关注度、专业度、贡献度的得分求和"和"各区域所有举办的赛事关注度、专业度、贡献度得分的平均值"两种方法分别评价了上海市各区域举办的体育赛事影响力。

表3 评估体系

一级指标	二级指标
关注度（350分）	媒体报道
	现场受众规模
专业度（350分）	赛事规格
	竞赛组织
	赛事运营
	赞助营销
	赛事保障
贡献度（300分）	经济效益
	社会效益

资料来源：作者整理得出。

三 评估结果

（一）赛事评估结果

通过从关注度、专业度、贡献度三个维度进行评估，对2019年上海市举办的影响力得分在650分以上的国际国内体育赛事进行具体分析（见表4）。总得分位列前3的赛事依次是上海ATP 1000大师赛（986分）、F1中国大奖赛（943分）、国际篮联篮球世界杯上海赛区（822分）。上海ATP 1000大师赛、F1中国大奖赛、国际篮联篮球世界杯上海赛区、上海国际马拉松赛、世界高尔夫锦标赛－汇丰冠军赛、国际滑联上海超级杯、上海环球马术冠军赛、国际田联钻石联赛、第十五届世界武术锦标赛、世界斯诺克大师赛上海站、世界摩托车越野锦标赛、环崇明岛国际自盟女子公路世界巡回赛、"永业杯"WDSF大奖赛总决赛暨第八届中国体育舞蹈精英赛位列前13，其中2项赛事的总得分超过900分，7项赛事的总得分超过700分。

表4　上海市影响力得分在650分以上的体育赛事总得分情况

单位：分

排名	赛事名称	关注度（350分）	专业度（350分）	贡献度（300分）	总计（1000分）
1	上海ATP 1000大师赛	341	345	300	986
2	F1中国大奖赛	350	345	248	943
3	国际篮联篮球世界杯上海赛区	339	310	173	822
4	上海国际马拉松赛	340	338	121	799
5	世界高尔夫锦标赛－汇丰冠军赛	327	325	99	751
6	国际滑联上海超级杯	318	321	65	704
7	上海环球马术冠军赛	296	332	73	701
8	国际田联钻石联赛	306	338	54	698
9	第十五届世界武术锦标赛	282	319	76	677
10	世界斯诺克大师赛上海站	302	315	53	670
11	世界摩托车越野锦标赛	290	313	66	670
12	环崇明岛国际自盟女子公路世界巡回赛	299	302	58	659
13	"永业杯"WDSF大奖赛总决赛暨第八届中国体育舞蹈精英赛	275	327	54	656

注：由于表中所有数值取整、小数点进位问题，指标得分总和计算结果有机械偏差。

资料来源：作者计算整理得出。

1. 关注度

2019年上海市举办的国际国内体育赛事关注度评估基础得分为350分，在评估体系中占35%，包括媒体报道、现场受众规模2个二级指标。二级指标下又设置多个三级指标，用以考察赛事传统媒体和社交媒体的报道篇次、赛事对"上海"城市的宣传推广作用以及赛事受众规模情况。

经评估，有8项赛事的关注度得分在300分及以上，其中F1中国大奖赛关注度得分位列第1，为350分，上海ATP 1000大师赛关注度得分位列第2，为341分。

在媒体报道方面，13项赛事共引发了20571篇次传统媒体报道、70388篇次社交媒体报道、90527篇次"上海"传播情况。11项赛事的传统媒体报道超过了1000篇次，其中F1中国大奖赛最多（2867篇次）、上海ATP

1000大师赛（2840篇次）和上海国际马拉松赛（2346篇次）次之，这3项赛事的传统媒体报道的贡献率均超过10%。10项赛事的社交媒体报道超过了1000篇次，其中上海国际马拉松赛最高（40893篇次）、国际篮联篮球世界杯上海赛区次之（8070篇次），这2项赛事的社交媒体报道的贡献率均超过10%，累计贡献率近70%。10项赛事的"上海"传播情况超过2000篇次，其中上海国际马拉松赛最多（43237篇次）、国际篮联篮球世界杯上海赛区次之（9867篇次）、上海ATP 1000大师赛位列第3（9109篇次），这3项赛事的"上海"传播情况贡献率均超过10%，累计贡献率近70%。

在现场受众规模方面，13项赛事的现场受众累计达642555人次。赛事现场观众累计达601941人次，有9项赛事现场观众人次过万，其中F1中国大奖赛现场观众达15万人次、上海ATP 1000大师赛现场观众达16万人次，这2项赛事的贡献率均超过20%；赛事参赛者累计达40614人次，其中上海国际马拉松赛参赛规模最为庞大，达38000人次，贡献率超过90%。

综上，13项赛事关注度表现突出，其中上海ATP 1000大师赛、上海国际马拉松赛、国际篮联篮球世界杯上海赛区、F1中国大奖赛、世界高尔夫锦标赛－汇丰冠军赛、国际滑联上海超级杯等国际大赛的集聚优势明显。未来应继续发挥国际大赛的影响力，并不断挖掘小众运动项目的受众市场，持续提升赛事的传播影响力。

2. 专业度

2019年上海市举办的国际国内体育赛事专业度评估基础得分为350分，在评估体系中占35%，包括赛事规格、竞赛组织、赛事运营、赞助营销和赛事保障5个二级指标，用以考察赛事在组织、运营等各方面的专业程度。

经评估，上海ATP 1000大师赛和F1中国大奖赛专业度最高，均获得345分；上海国际马拉松赛和国际田联钻石联赛次之，得分均为338分。

在赛事规格方面，上海ATP 1000大师赛、F1中国大奖赛、上海国际马拉松赛、国际田联钻石联赛、"永业杯"WDSF大奖赛总决赛暨第八届中国体育舞蹈精英赛、世界高尔夫锦标赛－汇丰冠军赛、世界斯诺克大师赛上海

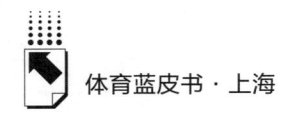

站和环崇明岛国际自盟女子公路世界巡回赛 8 项赛事均为国际性赛事且培育周期超过 7 年，具有较高的赛事规格。

在竞赛组织方面，国际田联钻石联赛和"永业杯"WDSF 大奖赛总决赛暨第八届中国体育舞蹈精英赛赛事阵容强大，均有国际单项体育组织官员出席开闭幕式，国际级裁判员执裁和世界排名前 50 的选手参赛，赛事成绩都打破了国际纪录且设置优厚的赛事奖金，竞赛组织优质高效。

在赛事运营方面，上海 ATP 1000 大师赛、F1 中国大奖赛和国际篮联篮球世界杯上海赛区等赛事在政府引导下，均由经验丰富的专业公司运营，进行了志愿者培训工作，开展了有效的宣传推广活动，赛事总收入较高，运营水平最为专业。

在赞助营销方面，上海 ATP 1000 大师赛、F1 中国大奖赛、上海国际马拉松赛、上海环球马术冠军赛、世界高尔夫锦标赛 - 汇丰冠军赛、第十五届世界武术锦标赛、世界摩托车越野锦标赛和国际篮联篮球世界杯上海赛区等 8 项赛事的运营公司积极开发了商业资源，赞助营销较为完善，赞助商数量均超过 10 个，且获得了世界 500 强和上市公司的支持。

在赛事保障方面，市政府协同体育、公安、市场监督、卫生健康、城管、外事等部门为 13 项赛事提供了相应配套服务，同时赛事承办方积极开展赛事保障工作，具备安全保障实施方案、医疗保障实施方案、卫生保障方案，有效为赛事的举办保驾护航。

3. 贡献度

2019 年上海市举办的国际国内体育赛事影响力贡献度评估基础得分为 300 分，在评估体系中占 30%，包括经济效益和社会效益 2 个二级指标。经济效益主要考察赛事为城市带来的经济效益，包括赛事带来的新资金、产出效应、税收效应、就业效应等。社会效益以赛事对运动项目影响的三级指标作为衡量标准，考察上海市各区域的体育赛事为运动项目推广所做出的贡献。

经评估，上海 ATP 1000 大师赛、F1 中国大奖赛、国际篮联篮球世界杯上海赛区、上海国际马拉松赛、世界高尔夫锦标赛 - 汇丰冠军赛等 5 项赛事带来的新资金均超过2亿元，其创造的经济效益显著，对经济增长的拉动效果明显；13项赛事全部进行项目推广，积极助力网球、汽车运动、田径、高尔夫、篮球项目高质量普及，进一步走进公众的生活。未来应以头部赛事为引领，营造良好的体育消费和社会文化环境，充分发挥集聚效应以带动其他赛事的发展。

（二）总结与启示

1. 赛事组织运营专业成熟，成为城市品质的重要内涵

上海市体育赛事的组织运营水平处于全国领先地位。一是赛事国际化水平不断提升，赛事规模和阵容显著扩大。自1996年上海国际马拉松赛举办以来，上海市持续扩充国际性赛事数量，2019年国际性赛事共有87项，占比高达55.41%，囊括了世界锦标赛、世界杯赛、奥运会资格赛、大师赛和系列赛等国际品牌赛事。赛事国际化程度不断提高，26.75%的赛事开闭幕式邀请了国际单项体育组织领导人出席，53.50%的赛事使用了国际知名裁判执裁，38.85%的赛事吸引了对应领域世界排名前50的选手参赛。二是赛事专业化水平显著提高，办赛科学性进一步深化。上海市体育赛事形成了政府引导、市场运作的模式，超过70%的赛事联合专业公司运营推广，超过20%的赛事的赞助商数量在10个以上，超过40%的赛事得到世界500强或上市公司的赞助，超过20%的赛事总收入在300万元以上，实现了从赛事运营、赛事保障到商业开发的全产业链市场化运作，赛事专业化运营和科学化管理模式被广泛使用，促进了赛事的健康发展。其中，上海ATP 1000大师赛、F1中国大奖赛和上海国际马拉松赛等重大体育赛事对标国际最高标准、最好水平，历经近20年的精心培育，赛事品质与服务水平逐步提升，在一定程度上反映了上海市国际大赛的举办已步入常态化，体现了上海的城市精神和文化品质。

2. 赛事传播效应显著扩大，成为展示城市形象的重要窗口

2019年上海市举办的国际国内体育赛事引发了国内媒体、受众的广泛关注，为上海市创造了显著的传播效益。163项赛事共产生约35万篇次的

媒体报道，其中传统媒体报道约8万篇次、社交媒体报道约27万篇次，对"上海"城市形象的媒体报道达33万篇次，为上海市创造了显著的传播价值。F1中国大奖赛和上海ATP 1000大师赛在国外主流社交媒体（Facebook、Twitter、YouTube、Instagram）的浏览量分别达到8700万次和5080万次。赛事的现场受众规模庞大，达209万人次，其中包括17万人次参赛，192万人次现场观赛。重大体育赛事已成为向世界推介上海的窗口和展示上海经济社会发展水平、城市精神与活力的重要平台。赛事体系中的国际大赛数量、赛事结构的层次性和多元性、区域定位的合理性都是决定赛事整体关注度的重要因素。

从赛事举办区域上看，区域的赛事体系布局会对区域关注度产生影响，如徐汇区参与评估的赛事仅有6项，但覆盖上海国际马拉松赛、世界斯诺克大师赛上海站和国际田联钻石联赛3项国际品牌赛事，国际大赛的落户为徐汇区聚集了关注；浦东新区参与评估的赛事共27项，赛事整体数量多、具有层次性和多样性，较为完善的赛事布局产生了良好的传播效果；而嘉定区关注度的稳步提升，在一定程度上得益于赛车类赛事的成功打造，合理的定位和赛事规划保证了其关注度的提升。

3. 赛事引领运动项目高质量发展，成为竞技体育发展的重要抓手

通过举办国际性、全国性和埠际多层次赛事，相关运动项目深入延伸到基层，包括青少年群体，大众参与运动项目的程度取得明显突破，有助于运动项目的普及和推广，进一步加速了运动项目的高质量发展。2019年上海市举办的国际国内体育赛事共覆盖了50项运动项目，其中田径（16项）、足球（16项）、汽车运动（14项）和网球（4项）等项目成为上海市的优势项目，众多小众项目得到了探索性开发，如滑冰、马术、射箭等出现在浦东新区的赛事结构中；风筝、垒球、野战运动在崇明区获得创新发展；摩托运动被奉贤区作为重点开拓的新项目。上海市体育赛事整体上呈现出运动项目多元化发展的趋势。

上海市体育赛事的举办让运动员有更多参与赛事的机会，特别是国际性高水平、高规格的奥运项目赛事，为运动员积累了丰富的实战经验。现

阶段，上海市国际性赛事占比高达55.41%，奥运项目赛事占比约为50%，有利于运动员积累大赛经验，提升竞技水平和国际知名度，从而加强奥运备战的质量和效益。如国际田联钻石联赛，中国选手在主场优势的助推下取得2金4银的佳绩，且有5位中国选手的成绩达到了奥运及格线。此外，部分赛事作为2020东京奥运会资格赛，比赛成绩直接影响各个国家队的奥运会参赛资格。这些赛事在上海的举办使中国选手拥有持外卡参赛的资格，为中国选手冲击东京奥运会参赛名额、获取积分提供了更多机会。第十五届世界武术锦标赛的成功举办，为武术成为青奥会正式比赛项目做出了巨大贡献。

4. 赛事推动体育产业链布局完善，成为经济增长的重要引擎

2019年上海市举办的国际国内体育赛事具有显著的经济效益，完善了产业链布局，成为拉动经济的重要引擎。从赛事主体上看，重大体育赛事拉动经济增长的效果显著。重大体育赛事经过长期的培育，拥有了较为广泛、忠实的受众，市场价值开发相对充分，赛事商业化不断推进，赛事的产业链更加完善，经济贡献度更高。从消费市场上看，赛事的集聚有效促进了"体育+旅游"的融合发展，观赛游、参赛游等各类体育旅游形式，为上海市体育和旅游产业发展带来新空间。

各区以体育赛事为媒介，打造体育产业集聚区。其中，浦东新区借助场馆优势，以体育赛事为手段，打造冰雪运动产业集聚区，构建特色体育产业生态圈；嘉定区借助上海国际赛车场的场地优势，进一步扩大F1中国大奖赛等赛车赛事的影响力，推动了嘉定体育休闲旅游基地建设；闵行区以上海ATP 1000大师赛为基础，打造集体育赛事、运动休闲、健身康养、旅游度假为一体的旗忠国际化体育休闲集聚区；奉贤区以世界摩托车越野锦标赛为契机，整合全区优势产业资源，加速打造"汽车未来空间"的步伐。

5. 赛事激发各区资源活力，成为区域发展的重要品牌

2019年上海市举办的国际国内体育赛事能够较好地围绕举办区资源条件形成自身特色，区域差异化发展特征更加鲜明，赛事对区域发展的拉动作用更加突出。众多赛事的落地能够与各区域自然资源、文化资源、体育资源

高度契合，在区域体育发展规划引导下，充分激发了资源活力。如徐汇区以建设全球著名体育城市核心区为目标，打造国际大赛集聚地；嘉定区以地理空间潜力、上海国际赛车场赛车产业基地引领汽车文化发展；虹口区充分挖掘足球传统项目、职业足球赛事文化；闵行区擦亮上海ATP 1000大师赛的金名片，发挥网球影响力；青浦区优化项目布局，将帆船等水上项目作为发展重点。区域资源赋予了赛事发展的基础条件，也成为赛事发展的原动力；赛事的优质发展又反哺区域建设，在深度融合中，成为各区域整体发展的重要抓手。以上海国际马拉松赛、上海ATP 1000大师赛、上海环球马术冠军赛、F1中国大奖赛为首的重大体育赛事常驻相关行政区域，对该区域发展的引导作用尤为明显，赛事突出的媒体曝光和广泛的受众关注，带动了所在区域的体育消费能力，联动区域产业发展，将持续拉动经济增长，为区域影响力的提升贡献力量。

四 工作建议

（一）完善赛事布局，构建多层次赛事体系

为保障赛事齐头并进、协同发展，上海市国际国内体育赛事仍需加强标准化建设，优化赛事空间布局。一是对发展较为成熟的赛事进行研究参考，对处于发展中和萌芽阶段的赛事进行深入挖掘，加速标准化建设，发现适合上海市国际国内体育赛事发展的"上海"模式。二是从区域着手进行整体空间规划，构建高水平、多层次和覆盖广的赛事体系。赛事影响力较强的区域继续发挥国际品牌赛事的引领作用，借助各区域赛事发展优势，扩大赛事辐射力；赛事影响力一般的区域积极培育品牌赛事，大力发展区域优势项目赛事，提升区域特色品牌赛事的影响力；赛事影响力有待提升的区域加强引进和培育具有受众基础和发展前景的体育赛事，提升区域赛事品质，同时争取国内外具有较大影响力的大赛在本区域举办，提升赛事能级。

（二）打响区域品牌，构建差异化发展格局

2019年上海市举办的国际国内体育赛事与区域发展规划衔接初见成效，赛事影响力进一步扩大，取得了良好的经济效益和社会效益。但同时存在区域赛事定位不清楚、同质化竞争和区域品牌赛事影响力发挥不足等问题。上海市各行政区域应在明确自身特色和发展规划的基础上，差别定位，打造本区域特色品牌赛事，最大化发挥区域特色品牌的赛事影响力。徐汇区进一步发挥国际大赛集聚区的优势，嘉定区突出特色汽摩赛事，虹口区致力于发展职业足球赛事，闵行区扩大武术和网球赛事影响力，静安区打造与区域品牌定位相一致的"剑""棋""道"特色赛事，松江区着重规划高尔夫等精品体育休闲赛事，黄浦区打造体育舞蹈、轮滑、保龄球等特色体育赛事品牌，崇明区继续开发垒球、风筝、野战运动等小众运动项目赛事的吸引力，青浦区继续巩固其以帆船、龙舟为主的水上项目优势。此外，各行政区域应拓展相同运动项目赛事的内涵，赋予赛事区域发展的文化特色，如将马拉松赛事与各区域景点、文化概念和纪念日等相结合，实现本区域马拉松项目多元化、娱乐化的办赛机制。

（三）加强资源整合，推进长三角协同发展

2019年上海市举办的国际国内体育赛事中不乏跨区域举办的赛事，在协作办赛的高效运作下，赛事效益能够得到更大程度的释放。赛事跨区域运作能发挥更广泛的传播效应，也能获得更高的经济和社会效益，联合办赛能充分挖掘赛事的巨大潜力。在未来发展中，应当优先从上海市乃至长三角地区的跨区域联合办赛入手，改良赛事组织运作机制，提升赛事的关注度，进一步释放赛事的溢出效应。一方面，鼓励上海市各区之间的联合办赛，尤其支持具有相似优势场地资源、相近区域定位、重复性赛事项目的区域协同合作，以国际大赛为引领，创新开展各区分站赛的群众性赛事；另一方面，充分发挥上海市体育赛事在长三角地区的引领作用和辐射作用，积极联动长三角城市群，实现省际、市际跨区

域办赛，培育长三角区域极具影响力的国内赛事，争取能够跨区域联合申办国际大型综合性赛事，促进长三角区域相关运动项目水平的提高，以区域文化推动体育发展，以体育促进区域文化融合，巩固长三角体育赛事一体化发展的根基。

（四）加快业态融合，释放新消费增长潜能

上海市各行政区域在未来的赛事发展中，一是要重点支持消费引领性强的项目，推动相关运动项目产业发展规划的细化落实，打造新的体育消费热点；二是借助重大体育赛事契机，持续引导业态融合发展，进一步发挥重大体育赛事作为体育消费龙头的带动作用，开发满足群众观赛需求的项目，并关注新媒体消费形式，引导竞赛观赏消费需求；三是积极实施"体育+"工程，推动体育与旅游、文化、娱乐等其他产业联动发展，拓展体育培训业、体育制造业、体育服务业等领域布局，引导业态深度融合互动，促进相关体育项目和上下游产业的发展，进一步扩大赛事效益。

（五）发挥标杆效应，打造高质量赛事产业

上海市体育赛事发展应以国际性大赛作为标杆赛事，对标一流运营推广水平，研习赛事优质经验。未来办赛应借鉴创新，加强赛事专业化水平，提升整体办赛品质。同时，应充分挖掘上海市国际性大赛的价值，利用国际性大赛的集聚性优势，营造良好的体育消费和社会文化环境；立足竞技体育与群众体育联动发展，以国际性大赛为引领积极培育同类运动项目的系列赛事，有效满足群众参与赛事的需求，将国际性大赛与全国性群众赛事整合营销，开展运动项目间的赛事品牌串联，扩大全国性群众赛事的影响力，提升群众参与赛事的积极性，提高各类运动项目的普及程度，促进全民健身发展。

参考文献

黄海燕：《上海建设国际体育赛事之都的思路和举措》，《体育科研》2021年第1期。

《上海市体育赛事管理办法》（沪府令30号），上海市人民政府网站，http：//www.shanghai.gov.cn/nw48847/20200826/0001-48847_64457.html。

B.13
新冠肺炎疫情对上海体育产业的影响及应对研究*

黄海燕 刘蔚宇**

摘　要： 新冠肺炎疫情对上海市体育产业产生了巨大影响，主要表现为以下几个方面。一是竞赛表演业受到冲击，大量原定于上海举办的赛事取消、延期或于异地举办。二是健身行业经营模式受到挑战，疫情放大了健身行业经营模式弊端，健身行业资金链面临断裂风险。三是其他细分业态发展受到较大影响，体育中介、体育培训、体育场馆服务等行业市场主体均面临较大经营压力。疫情发生后，上海体育产业各类相关主体采取多种措施积极应对疫情。基于此，本报告从构建更加完善的体育赛事体系、提升全球体育资源配置能力、推动体育消费创新升级、加强上海体育产业长期跟踪研究四方面为加快上海体育产业恢复与发展提出对策建议。

关键词： 新冠肺炎疫情　体育产业　体育消费　体育市场主体

2020年初暴发的新冠肺炎疫情对我国经济社会发展造成了深远影响，伴

---

* 本报告使用了清华大学开放中文词库和哈尔滨工业大学社会计算与信息检索研究中心研制的语言技术平台（LTP）的停用词表。
** 黄海燕，教授，博士生导师，上海体育学院体育科学研究院副院长、上海运动与健康产业协同创新中心副主任，主要研究方向为体育产业、体育赛事、体育旅游等；刘蔚宇，上海体育学院硕士研究生，主要研究方向为体育产业。

随疫情的全球蔓延,世界经济出现衰退,对全球产业链和供应链造成了一定破坏。作为现代服务业的重要组成部分,体育产业对上海城市社会经济发展具有重要作用。2019年上海市体育产业总产出达1780.88亿元,增加值达558.96亿元,占当年全市GDP的比重达到了1.5%。[1] 系统分析新冠肺炎疫情给上海体育产业各细分业态带来的危机,复盘上海体育产业应对疫情的主要举措,结合疫情影响下上海体育产业的发展趋势,提出常态化疫情防控背景下加快上海体育产业恢复和发展的对策建议,不仅对上海体育产业发展具有重要意义,对全国其他城市体育产业的恢复和发展也具有一定的参考价值。

一 疫情给上海体育产业带来的危机概述

2019年上海市体育服务业总产出和增加值占上海市体育产业总产出和增加值的比重分别为79.4%和86.9%[2],远高于全国平均水平,而在上海市500强体育企业中,体育服务业企业数量达到402家,营业收入和利润总额占上海市500强体育企业营业收入和利润总额的比重分别为86.8%和91.1%[3],因此疫情给以体育服务业为主的上海体育产业带来的危机体现得更加明显。受新冠肺炎疫情影响,大多数体育经营活动于2020年1月停摆,以上海市体育场所复工指引、校外培训复工指引、体育赛事举办指引等相关文件的发布时间为参考,上海市健身休闲业、体育培训业、竞赛表演业绝大部分市场主体的停摆时间分别超过54天、116天和160天。[4] 北京道口金科

---

[1]《2019年度上海市体育产业统计公告》,上海市体育局网站,2020年12月11日,http://tyj.sh.gov.cn/ggtz2/20201211/0ccc7a75a7e747fbb19848aca326120b.html。
[2]《2019年度上海市体育产业统计公告》,上海市体育局网站,2020年12月11日,http://tyj.sh.gov.cn/ggtz2/20201211/0ccc7a75a7e747fbb19848aca326120b.html。
[3] 上海市体育局、上海运动与健康产业协同创新中心:《2019年度上海市500强体育企业概况》。
[4] 2020年1月23日,国家体育总局开始发布取消举办体育赛事的通知;3月17日,上海市体育局印发《新型冠状病毒肺炎疫情期间本市体育场所复工工作指引(第二版)》;5月16日,上海市教委发布公告明确自5月18日起逐步恢复线下培训服务;7月1日,上海市体育局印发《本市常态化疫情防控期间体育赛事举办指引的通知》,以此为参考计算市场主体停摆时间。

科技有限公司2020年2~4月基于全国数百万中小微企业的经营数据测算显示，南京、杭州、北京、深圳、上海、成都等大型城市的文化、体育和娱乐业经营情况与2019年同期存在较大差距（见图1）。

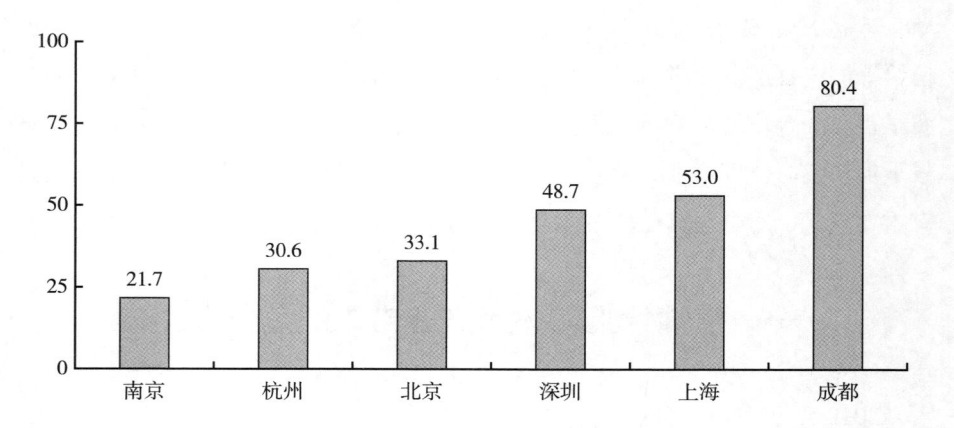

图1 六城市文化、体育和娱乐业复苏指数对比

南京 21.7；杭州 30.6；北京 33.1；深圳 48.7；上海 53.0；成都 80.4

注：文化、体育和娱乐业复苏指数是由清华大学金融科技研究院根据各地区、各产业的相关企业经营类数据，构建的"道口中小微经济恢复指数"。
资料来源：清华大学金融科技研究院《疫情下的中小微经济恢复状况——基于百万量级中小微企业经营数据的分析》，2020年4月13日，http://thuifr.pbcsf.tsinghua.edu.cn/1134.html。

（一）竞赛表演业遭受冲击

新冠肺炎疫情导致大量原定于上海举办的赛事取消、延期或于异地举办。在国际性商业赛事方面，对上海市体育局相关部门调研发现，大部分国际性商业赛事均未能在2020年如期举办，包括F1中国大奖赛、上海环球马术冠军赛、上海ATP 1000大师赛等具有较高关注度的商业性赛事。以2019年F1中国大奖赛为例，赛事带来的直接经济效益超过9.2亿元，间接经济效益超过30.1亿元[①]，赛事无法如期举办给体育产业及相关产业带来不小

---

① 《一图读懂〈2019年上海市体育赛事影响力评估报告〉》，上海市体育局网站，2020年6月1日，http://tyj.sh.gov.cn/zcjd1/20200602/5d10782af63c40d09e4e4dbeca0e0565.html。

的损失。由于奥运会、欧洲杯等具有重大影响力的体育赛事延期举办，原有的国际体育赛事秩序被打乱，各项重大赛事的举办时间间隔缩短，甚至举办时间重合，这给未来赛事筹备、商务开发等一系列工作带来一定困难。而且疫情防控进入常态化阶段后，大部分体育赛事通过限制观众人数、空场比赛等方式降低办赛风险，体育赛事的商业价值有所降低。在群众性体育赛事方面，上海市市民运动会中部分赛事延期举办，举办群众性体育赛事的办赛主体大多为中小型企业，赛事举办时间的延后使其面临较大的资金负担和运营压力。

（二）健身行业经营模式受到挑战

新冠肺炎疫情使更多消费者的健身行为从健身房转移到家庭，线下服务受到较大影响。上海市消费者权益保护委员会统计数据显示，2020年第一季度，预付卡销售相关投诉占所有投诉案件的2.4%，列第三位[①]，2020年5月，健身服务投诉列当月所有服务类投诉第三位[②]。健身行业具有前期投资较高的重资产属性，且每月需负担人力、店铺运营等各类成本，在现有运营模式下，健身房需依赖消费者购买课程、预付卡等方式维持资金链的稳定。新冠肺炎疫情放大了现有经营模式下健身房的弊端，进而造成了投诉数量的显著上升。可以预测，新冠肺炎疫情将加快健身行业的经营模式转型进程。

（三）其他细分业态发展受到较大影响

受竞赛表演、健身休闲等龙头业态的影响，体育产业链中的其他细分业态也将面临危机。对体育中介行业来说，体育中介市场主体是连接办赛主体与赞助商和其他相关市场主体的枢纽，体育赛事的取消或延期将导致与赛事相关的赞助合同和商务开发合同的变更，体育中介机构面临的法律纠纷数量

---

① 《2020年一季度投诉处理情况通报》，上海市消费者权益保护委员会网站，2020年4月9日，http：//www.315.sh.cn/html/tspl/2020/05/21/d57a9761-5860-42b1-a53e-a6a3af4ac083.shtml。

② 《2020年5月消费投诉情况分析》，上海市消费者权益保护委员会网站，2020年6月2日，http：//www.315.sh.cn/html/tspl/2020/06/03/9d7b09b0-414e-4032-a461-323f5ebb19f2.shtml。

可能在短时间内大量增加。以东京奥运会为例，其已获得62家本土赞助商超过31亿美元的赞助费用①，不同赞助商的合约截止时间不同，赛事的延期将导致赞助合作时间的调整，与赞助相关的各项条款需重新敲定。上海每年举办大量体育赛事，海量赛事赞助合同和商务开发合同的变更可能给上海市体育中介市场主体的经营带来一定压力。对体育培训业来说，其具有与健身行业类似的预付式消费模式，在新冠肺炎疫情的影响下，消费者与市场主体的纠纷也将大幅增加，新浪旗下消费者服务平台黑猫投诉数据显示：2020年教育培训类有效投诉不断上涨，从1月的2058起增加至3月的4963起，其中包含大量体育培训类企业无法正常开业、退费退款难度大的问题。② 对体育场馆服务行业来说，上海市体育局2020年3月12日数据显示，全市登记在册的2792家体育场所单位中，有1090家单位已提交复工备案，其中588家已复工开放，整体复工趋势向好。③ 但受制于体育培训业等其他业态复苏缓慢，部分体育场馆客流量较低④，据澎湃新闻报道，部分游泳场馆客流下降人数达七成⑤，场馆收入与运营支出的不平衡将使其在一段时间内面临较大的经营负担。

二 上海体育产业应对疫情的主要举措

（一）做好应对疫情的顶层设计工作

应对新冠肺炎疫情的顶层设计是体育部门制定针对性政策、减少疫情对

---

① Tokyo 2020 Organising Committee, "OCOG and Other Entities Budget", 26 Jun. 2019, https://tokyo2020.org/en/organising-committee/budgets/.
② 《3月数据说丨金融支付类投诉爆发》，黑猫投诉，2020年4月14日，https://tousu.sina.com.cn/articles/view/646/.
③ 海沙尔：《上海588家体育场所已开放，篮球场每片半场3人以下使用》，上观新闻，2020年3月12日，https://www.shobserver.com/news/detail?id=223452。
④ 孙科等：《危机与应对：新型冠状病毒肺炎疫情下的中国体育叙事》，《上海体育学院学报》2020年第5期。
⑤ 《复工中的上海游泳场所：客流量跌七成，期待中小学开学》，澎湃新闻，2020年5月11日，https://www.thepaper.cn/newsDetail_forward_7346860。

各类体育市场主体影响的主要依据。疫情发生以来，上海市政府各部门迅速响应，从2月开始出台多项政策文件支持包括体育市场主体在内的各类企业抗击疫情。对与体育产业相关的四项政策文件［《关于应对疫情影响进一步加强企业服务促进中小企业平稳健康发展的若干措施》《关于加强法律服务保障支持企业平稳健康发展的实施意见》《上海市促进在线新经济发展行动方案（2020—2022年）》《关于提振消费信心强力释放消费需求的若干措施》］进行文本分析并绘制词云，可发现宏观政策与体育产业比较匹配（见图2）。例如，当前体育产业市场主体仍以中小企业为主，上海市政府相关政策对中小企业抗击疫情高度重视，为体育产业中的中小企业提供服务与救助，有助于维持其原有的社会资本存量，助推体育产业在疫情结束后迅速恢复。又如，疫情导致大量体育赛事活动延期或取消举办，也导致大量健身场所无法正常开放，其中将涉及大量的法律纠纷与问题，上海市政府相关政策

图2 上海市政府各部门出台的与体育产业相关的政策文件词云分析

资料来源：根据上海市经济和信息化委员会、上海市司法局、上海市人民政府官方网站信息公开栏目中相关政策文件整理所得，2020年3月12日，http://sheitc.sh.gov.cn/zxqy/20200312/0020-685221.html；2020年2月10日，http://sfj.sh.gov.cn/zwdt_tzgg/20200210/ab1de1bdb0a541c19b00f0129314557c.html；2020年4月8日，https://www.shanghai.gov.cn/nw48503/20200825/0001-48503_64687.html；2020年4月20日，https://www.shanghai.gov.cn/nw49056/20200929/0001-49056_65085.html。

注重为市场主体提供法律服务，将有效降低体育产业市场主体的经营成本，帮助更多体育产业市场主体渡过难关。2020年11月，上海市人民政府办公厅印发《上海全球著名体育城市建设纲要》（沪府办发〔2020〕12号），提出"一城一都四中心"建设全球著名体育城市的支撑体系，为疫情影响下的上海体育产业长期发展指明方向。①

（二）充分发挥政策工具的引导作用

在顶层设计的引领下，上海市体育局迅速做出响应，一方面，将"助力企业抗疫情稳发展"相关内容写入《2020年上海市体育产业工作要点》；另一方面，出台多项针对性政策文件帮助体育产业市场主体复工复产、共渡难关。疫情发生后，北京、上海、江苏、广东等地的体育部门在制定针对性政策方面均响应比较迅速（见表1）。不同地区体育产业的发展现状具有一定的差异性，其政策制定的特征、重点也有所不同，本报告使用基于TextRank算法②的关键词抽取方法分别提取北京、上海、江苏、广东四地2020年2月至4月出台的相关政策文件中的30个关键词，计算关键词共现次数等相关参数，以进一步探究上海市体育部门在制定政策文件抗击疫情工作中所呈现的特征。通过四地政策文件共现次数最多的关键词对比也可发现，在疫情初期，上海和广东两地更注重企业服务、北京更加注重健身场所的开放与疫情防控、江苏更加注重恢复体育赛事的举办（见表2）。在政策文件的实际落实过程中，也体现出上海市体育部门为体育市场主体提供服务共同抗击疫情的思路。例如，在疫情发生后，中国银行上海市分行迅速做出反应，在2019年《关于支持上海市体育产业发展战略合作协议》的基础

---

① 《沪上专家解读〈上海全球著名体育城市建设纲要〉》，东方网，2020年11月6日，https://n.eastday.com/pnews/1604615468024554。

② 在文本分析中，基于TF-IDF算法、基于TextRank算法和词频统计等方法均能实现关键词提取，通过将人工提取部分文本的关键词与使用三种关键词提取方法提取的关键词进行对比，发现基于TextRank算法的关键词抽取准确率最高（TextRank方法准确率为80%，TF-IDF方法准确率为70%，词频统计方法准确率为60%），说明其更适合政策文件的关键词提取工作，因此选用此方法提取北京、上海、江苏、广东四地政策文件中的关键词。

上，结合上海市疫情防控形势及产业发展现状，在3月初推出了"中银健体贷"产品，为体育制造、体育贸易和体育服务领域的中小企业提供专属信贷服务。①

表1 北京、上海、江苏、广东体育部门相关政策文件制定发布情况

地区	政策文件最早发布时间	政策文件发布数量
北京	2020年2月7日	6
上海	2020年2月21日	2
江苏	2020年2月17日	3
广东	2020年3月5日	2

资料来源：根据北京市体育局、上海市体育局、江苏省体育局、广东省体育局官方网站信息公开栏目中相关政策文件整理所得，2020年4月29日，http://tyj.beijing.gov.cn/bjsports/zfxxgk_/tzgg40/index.html，http://tyj.sh.gov.cn/xxgk/，http://jsstyj.jiangsu.gov.cn/col/col79477/index.html，http://tyj.gd.gov.cn/tyxw_tzgg/index.html#atab1。

表2 北京、上海、江苏、广东抗击疫情政策文件中共现次数最多的关键词

地区	共现次数最多的十组关键词
北京	体育—健身；健身—场所；疫情—防控；健身—防控；健身—开放；体育—场所；体育—防控；场所—开放；措施—防控；体育—开放
上海	体育—企业；企业—服务；体育—服务；体育—疫情；企业—疫情；企业—发展；体育—发展；企业—鼓励；本市—体育；体育—复工
江苏	体育赛事—活动；疫情—防控；体育—企业；体育—消费；疫情—工作；活动—组织；防控—工作；活动—单位；体育—疫情；活动—疫情
广东	疫情—防控；鼓励—企业；企业—减免；消费—鼓励；防控—工作；疫情—企业；广东—旅游；疫情—支持；活动—疫情；疫情—加大

资料来源：根据北京市体育局、上海市体育局、江苏省体育局、广东省体育局官方网站信息公开栏目中相关政策文件整理所得，2020年4月29日，http://tyj.beijing.gov.cn/bjsports/zfxxgk_/tzgg40/index.html，http://tyj.sh.gov.cn/xxgk/，http://jsstyj.jiangsu.gov.cn/col/col79477/index.html，http://tyj.gd.gov.cn/tyxw_tzgg/index.html#atab1。

---

① 秦东颖：《贷款额度从200万升至300万，这家体育企业如何一周解决了现金流困难？》，上观新闻，2020年3月27日，https://www.shobserver.com/news/detail?id=229801。

以时间为线索对上海市针对性政策文件进行分析可发现，其政策文件逐渐聚焦、细化。疫情发生后，上海市体育局出台了《关于全力支持本市体育企业抗疫情稳发展的通知》、《关于印发〈新型冠状病毒肺炎疫情期间本市体育场所复工工作指引〉的通知》（沪体规〔2020〕38号）、《本市常态化疫情防控期间体育赛事举办指引》、《常态化疫情防控期间体育赛事举办指引（第二版）》等多项政策文件。以体育赛事相关政策文件为例，上海市体育局于2020年7月发布《本市常态化疫情防控期间体育赛事举办指引》，通过建立风险评估机制、落实一赛一策要求、加强防疫培训等途径推动竞赛表演业的快速恢复。① 2020年9月发布的《常态化疫情防控期间体育赛事举办指引（第二版）》针对安全协议或健康承诺书的签订、赛事信息报送、赛事防疫应急预案、熔断机制建立等方面进行了补充，针对体育赛事复工复产的指引逐渐明确。英雄联盟2020年度全球总决赛于2020年10月如期举办，成为2020年少数如期举办的国际性体育赛事；上海马拉松获得市体育、卫生、疾控部门的多方支持，于2020年11月顺利举办，规模达到9000人，并受到世界田联邀请，向全球分享赛事防疫工作经验②，体现出上海市相关针对性政策文件对赛事举办提供的强大支撑。

（三）加强对体育市场重点问题的监管

健康公平的体育市场环境是体育产业发展的重要基础，各项体育服务的暂停为加强重点问题监管，界定政府、市场、社会之间关系，保障体育市场主体和体育消费者的合法权益提供了机会。2019年以来，上海市体育部门重点提升了健身休闲业和竞赛表演业两大重点领域的市场监管水平，为2020年上海体育产业抗击疫情提供了有力保障。在健身休闲业方面，2019

---

① 《上海市体育局关于印发本市常态化疫情防控期间体育赛事举办指引的通知》，上海市体育局网站，2020年7月1日，http：//tyj.sh.gov.cn/glywxx/20200716/5a77a90c855a4e4da263a91af03a4c3a.html。

② 姚勤毅：《上马向全球分享优秀防疫经验，这一刻它不仅是上海的名片，也是中国的名片》，上观新闻，2020年12月17日，https：//www.jfdaily.com/staticsg/res/html/web/newsDetail.html?id=323023。

年6月,上海市体育局以《上海市单用途预付消费卡管理规定》和《上海市单用途预付消费卡管理实施办法》为基本依据,制定了《上海市体育健身行业单用途预付消费卡存量预收资金余额管理实施办法》(沪体规文〔2019〕3号),明确了风险防范措施、存管资金管理、同业企业互保合同签订等多方面问题的具体要求,力求通过市区两级体育部门、文化综合执法机构、市健身健美协会等主体的协同,解决健身行业中引发消费者纠纷的主要问题。2020年11月,上海市体育局、上海市场监督管理局、上海市消费者权益保护委员会、上海市健身健美协会共同制定了《上海市体育健身行业会员服务合同示范文本(征求意见稿)》,并于2021年1月正式推广使用,为提升健身行业服务规范性提供了保障。① 在竞赛表演业方面,上海市于2020年2月发布《上海市体育赛事管理办法》(沪府令30号),通过细化主办方、承办方、协办方的责任,对赛事名称、赛事基本信息报送等问题进行规范,为加强事中事后监管提供基础的同时,提出通过建立综合服务机制、落实体育场馆安保等级评价制度等方式,进一步强化政府服务与市场监管的联系,有助于保障体育赛事的规范举办,也能够为办赛主体提供更具专业性和针对性的服务措施。2020年6月,上海市体育赛事信息公示与查询功能于"一网通办"平台上线,将体育赛事"放管服"改革进一步落到实处,对促进体育赛事复苏具有积极意义。②

(四)各类体育市场主体积极开展自救

一方面,市场主体顺应消费需求拓展服务类型,注重消费的线上线下融合与数字化转型。在健身行业,各大健身机构于疫情发生后迅速响应,通过开发线上直播课程的方式维护客户关系稳定(见表3)。在体育培训业,有

---

① 《上海市体育局、上海市场监督管理局、上海市消费者权益保护委员会、上海市健身健美协会关于〈上海市体育健身行业会员服务合同示范文本(征求意见稿)〉公开征求意见的公告》,上海市体育局网站,2020年11月5日,http://tyj.sh.gov.cn/ggtz2/20201105/f96560d9b4d84e3ab67120f999981409.html。

② 龚洁芸:《上海体育企业如何享受政府"一站式"服务?专家来指导!》,上观新闻,2020年9月25日,https://www.shobserver.com/news/detail?id=293814。

企业打造精品化线上课程，设置线下课程兑换线上课程机制，维持企业良性运转，例如YBDL依托自建线上课程平台，将原有篮球培训课程与体适能训练深度融合，通过中外教练配合直播，实时指导学员训练过程，为学员提供高品质线上体育培训服务。在竞赛表演业，部分办赛主体通过探索比赛规则与形式的创新，力图增加体育赛事供给。例如，久事体育推出"2020一球致胜网球大奖赛——上海劳力士大师赛系列赛"，为网球业余爱好者提供512个参赛签位，赛事全程严格遵守《常态化疫情防控期间体育赛事举办指引》，不仅为之后在疫情常态化防控的情况下举行更大规模的体育赛事进行了探索，也为上海自主品牌赛事的打造做出了贡献。[①] 也有部分办赛主体推动赛事与科技的融合，通过人工智能等技术为线上赛事赋能。例如，上海市第三届市民运动会采用线上与线下赛事结合的方式举办，突破了传统线下比赛的时间、地域限制，线上运动会开创性地应用人工智能新技术，通过系统程序对运动视频进行云打分，形成了视频上传、线上打卡、隔空对弈的参赛新形式，大大提升了赛事活动的参与感、互动感和科技感，为办赛主体举办线上赛事提供了更多可能。在场馆服务业，上海久事国际体育中心开启智慧场地运营服务，安装无人值守系统，提升场地运营效率，为消费者带来更多便利。

表3　健身行业市场主体线上课程启动时间

市场主体名称	线上课程启动时间
威尔士	2020年1月29日
超级猩猩	2020年1月31日
乐刻运动	2020年2月1日
一兆韦德	2020年2月1日

资料来源：根据威尔士、超级猩猩、乐刻运动、一兆韦德官方网站相关课程信息整理所得，2020年2月5日，https：//www.willsfitness.net/index，https：//www.supermonkey.com.cn/#onlineBook，http：//www.1012china.com/web/index.html，https：//h5.leoao.com/mStation/。

[①] 蒲垚磊、张东润：《业余高手赢取百万奖金，上海网球大师赛打造"一球致胜"赛事》，澎湃新闻，2020年9月30日，https：//www.thepaper.cn/newsDetail_ forward_ 9415324。

另一方面，具有体育产品与服务展示功能的平台快速涌现。促进体育消费的恢复是缓解体育市场主体经营压力、加快体育产业恢复的核心路径，依托体育部门、媒体等不同类型主体的公信力，借助新媒体技术为市场主体搭建展示平台，将有效提升体育产品与服务的传播效率，增加消费者对其的信任程度，并最终转化为体育消费。在体育部门方面，2020年5月，"上海体育"抖音官方账号发布了吴敏霞、王励勤、徐莉佳等运动员的短视频和直播内容，其粉丝数和点赞数快速增长（见图3），可见其具有较强的公信力和传播力。在媒体方面，专业类体育报纸《东方体育日报》在淘宝、抖音等平台开通直播，在直播带货活动中对体育用品及周边产品、体育场馆服务、体育培训服务等多类产品与服务进行推荐，取得了良好的关注度（见表4）。专业体育媒体五星体育也推出了"五星会客厅"淘宝直播间，不仅推出了运动营养等适用于健身爱好者的产品，也根据其频道受众对美妆、首饰、食品等多类产品进行了推荐，直播观看人数达到6.2万人，平均收看时长达23分钟，全网互动累计触达粉丝量560万人，带货转化率高达83%。①

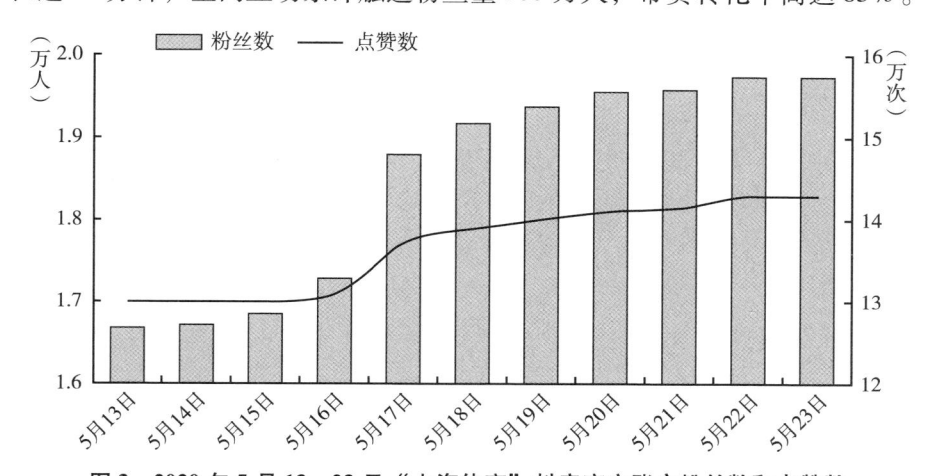

图3 2020年5月13～23日"上海体育"抖音官方账户粉丝数和点赞数

资料来源：飞瓜数据（抖音版），2020年5月23日，https://dy.feigua.cn/。

---

① 《传统体育媒体进军直播带货，上海申花球迷成消费主力》，澎湃新闻，2020年5月20日，https://www.thepaper.cn/newsDetail_forward_7474132。

2020年11月举办的第三届中国国际进口博览会首次设置体育专区,为国内企业与国际知名体育品牌合作搭建合作平台,促进上海乃至中国体育产业成长。①

表4 《东方体育日报》新媒体平台直播情况

直播时间	参与产品和服务	直播详情
4月28日	体育用品	首次直播,吸引近万名观众
5月2日	体育场馆服务	尝试一直播、抖音双平台直播,累积观看人数近万人
6月7日	体育用品及周边产品	获得上海绿地申花俱乐部官方合作支持,直播不到一小时观看人次破万
6月7日	体育培训服务	12家青少年体育培训机构参与,天猫618风格运动榜第一名

资料来源:根据东方体育日报官方网站"体育生活"栏目中的相关报道整理所得,2020年6月7日,http://www.osportsmedia.com/sportsLife。

三 疫情影响下上海体育产业的发展趋势

(一)健身健康得到更多居民重视

由百度指数提供的"资讯指数"可在一定程度上反映不同地区居民在同一时期对某一事件的关注程度。本报告以"体育"和"健身"为关键词,分别检索2019年2月3日至5月11日和2020年1月23日至4月29日②北

---

① 缪璐:《进博观察:进博会"温暖"体育产业"寒冬"》,中国新闻网,2020年11月10日,http://www.chinanews.com/ty/2020/11-10/9334922.shtml。
② 2020年1月23日,武汉市发布《市新型冠状病毒感染的肺炎疫情防控指挥部通告(第1号)》。2020年4月29日,中共中央政治局常务委员会会议上,习近平总书记指出"全国疫情防控阻击战取得重大战略成果"。因此,本报告截取2020年1月23日至4月29日百度指数相关数据进行分析。由于疫情发生时正值春节假期,考虑到春节期间的消费者行为与平日具有较大差异,因此在进行2019年和2020年比较时,选择与2020年农历保持一致的时间段(农历十二月十八及其之后的97天)进行比较,以提升数据准确性。

京、上海、杭州、成都、深圳、南京六大城市关键词"资讯指数"的平均值（见图4），可以看到，上海和北京居民对体育和健身的关注度比其他城市更高，且在2020年新冠肺炎疫情发生后出现了较大幅度的上涨。除此之外，2020年1月23日至4月29日关键词"健身器材"在上海地区的"资讯指数"平均值达到187，为六大城市中最高，相较于2019年2月3日至5月11日的"资讯指数"平均值，涨幅达到619.23%。美团研究院问卷调查数据显示，有回补性消费计划的消费者占比为8.7%，首选健康服务消费的消费者占比为20.7%，位列旅游、教育等行业之前，而健康服务消费中，有21.4%的消费者将增加游泳、健身等课程的购买。① 总体来看，消费信心的恢复比较缓慢，但已有不少消费者具有增加体育消费的意愿。由上海市委、市政府推出的"五五购物节"活动启动后4分钟内支付额破亿元，约18小时后支付额破百亿元②，可见上海市居民的消费仍有一定的挖掘空间。

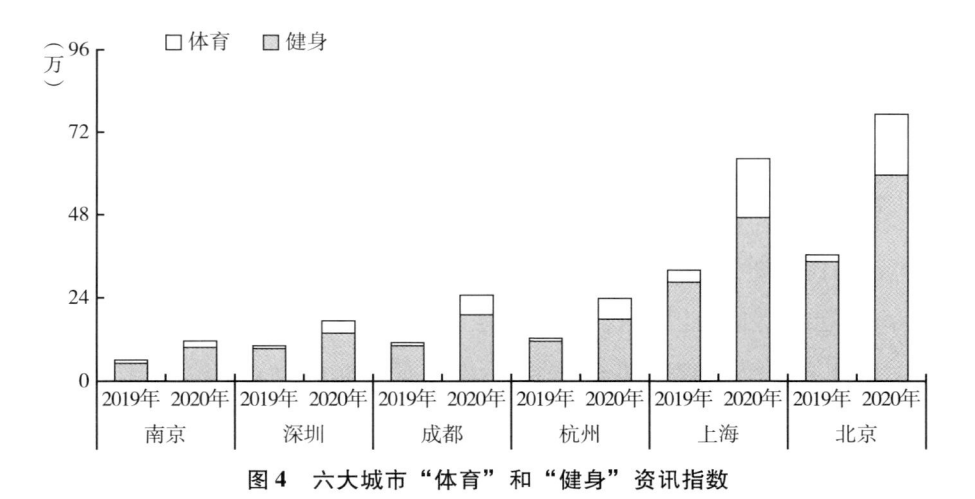

图4 六大城市"体育"和"健身"资讯指数

资料来源：百度指数，2020年4月30日，https://index.baidu.com/v2/index.html#/。

---

① 《疫情后我国服务消费的发展趋势及促进消费回补的政策建议——基于3101份调查问卷的数据分析》，搜狐网，2020年3月18日，https://www.sohu.com/a/383962195_99907693。
② 毕磊：《线上线下新经济融合发展，"五五购物节"打造提振消费新范本》，人民网，2020年5月8日，http://finance.people.com.cn/n1/2020/0508/c1004-31701657.html。

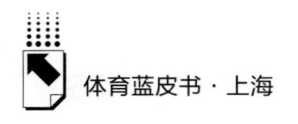

（二）体育赛事具有较大发展空间

一方面，当前我国及上海的疫情防控成果为体育赛事发展奠定了良好基础。对上海市体育局调研发现，中国的抗疫成果已经得到了各大国际体育组织的广泛信任，已有多个国际体育组织对于未来在中国办赛具有较强的意向。上海市除在大型商业性赛事中具有丰富经验外，也举办过世博会、进博会等大型国际性活动，公安、交通、卫生、体育、文化旅游等各部门的协同工作机制在全国处于领先地位。在全球新冠肺炎疫情具有高度不确定性的背景下，预计将有更多国际体育组织与上海展开沟通，推动更多国际级顶尖赛事落户。

另一方面，从新兴运动项目角度来看，电子竞技赛事迎来了发展新空间。据艾瑞咨询统计，2019年中国电竞总体市场规模达到1175.3亿元，较2018年增幅达到25.0%，且首次突破1000亿元大关，用户总规模达到4.7亿人，较2018年增长8.0%。[1] 英雄联盟赛事官方数据显示，相较于2019年，2020年LPL春季赛首周单日最高同时观看人数（PCU）和日均观赛总时长涨幅均超过70%，第二周日均独立观众数同比增长超过30%，春季赛总决赛单日独立观众数同比增长超过40%[2]，其中部分于线上举办的LPL春季赛将位于上海的远程制作中心作为总控台。在英雄联盟2020年度全球总决赛举办期间，上海也在电竞文化与城市精神双向赋能等方面进行积极探索，首次以城市为单位举办主题活动，以上实践为上海电竞赛事运营、电竞项目文化发展积累了更多经验。2018年11月，上海在全国率先推出电竞运动员注册制；2019年7月，上海市电竞运动员注册管理平台正式启动，85名选手成为上海首批电竞注册运动员；2020年又有两个热门项目被纳入电竞运动员注册项目中。可以看到，上海电子竞技运动的规范性和专业性已经

---

[1] 艾瑞咨询：《2020年中国电竞行业研究报告》，艾瑞网，2020年5月1日，https://www.iresearch.com.cn/Detail/report?id=3573&isfree=0。

[2] 《2020 LPL春季总决赛单日独立观众数同比增40%，夏季赛有望重回线下》，界面新闻，2020年5月11日，https://www.jiemian.com/article/4362099.html。

走在全国前列,且在疫情发生后累积了更多竞争优势,将为上海打造"全球电竞之都"注入更多力量。

(三)体育产业城市治理的作用凸显

体育产业,尤其是竞赛表演业对城市治理具有独特作用,体育赛事举办通常涉及多部门协同,全国有大量城市以举办马拉松等大型体育赛事为契机,形成了体育与公安、卫生健康、交通等部门的协同联动机制,极大地提升了城市治理水平。[1] 以武汉市为例,军运会举办前,武汉市从城市环境、公安消防联动、水域管理等多方面为城市治理提出了更高标准,同时密集出台涉及赛事安全保障、传染病防控、交通保障等多方面的应急处置预案,并进行多次演练活动,对武汉市打赢疫情防控保卫战起到了积极作用。[2] 经过大量不同级别、不同运动项目赛事的运作,上海市已经积累了比较丰富的多部门协同经验。以当前工作机制为基础,结合"互联网+政务"工作的深入推进,将工作机制与信息流转路径充分整合,形成更加科学高效的部门协同机制并进一步实践于体育赛事管理服务中,将为上海建设卓越的全球城市提供更有力的支撑。

(四)体育消费需求结构将产生较大变化

上海市体育消费调查结果显示,仅10.1%的居民有意进行补偿性体育消费,增加消费频率,15.2%的居民选择与之前保持一致,近75%的居民表示会减少体育消费或没有消费计划。[3] 可以看到疫情对上海市居民体育消费意愿造成了较大影响,体育消费需求也发生了较大变动。据健身房管理品牌Mindbody统计,2020年4月有高达85%的消费者选择每周使用在线直播的方式参与课程,并有43%的消费者希望继续保持居家健身的习惯,并在

---

[1] 黄海燕:《大型国际体育赛事申办决策的社会影响评价》,《上海体育学院学报》2014年第4期。
[2] 黄海燕、刘蔚宇:《新型冠状病毒肺炎疫情对体育赛事发展的影响研究》,《体育学研究》2020年第2期。
[3] 2019年上海市体育消费调查数据。

家中添置直播设备。① 上海市体育市场主体已积极与体育消费需求结构变化进行匹配，体育传媒与信息服务业（含电商平台）等新兴行业的企业抓住机遇，经营业绩有了新突破。识装、腾竞体育、沛亿健身咨询、哔哩哔哩等17家快速上榜2019年度上海市500强体育企业榜单的公司营业收入达到26.01亿元，呈现出强劲的发展态势②，为抓住消费需求结构变化的机遇，获得更大的生存和盈利空间，从总体上推动体育产业的优化升级奠定了良好基础。例如，针对线上健身课程需求的增加，市场主体可在开发专业性线上课程的同时，优化线下服务体验，进而形成线上进行日常化健身训练，线下采取预约的方式开设精品化、高端化课程，线上线下融合的经营模式。又如，针对智能可穿戴设备需求的增加，可在产品研发中加大投入，通过提升产品的科技含量和技术含量，增加消费者的参与感和体验感。

四 加快上海体育产业恢复和发展的对策建议

（一）构建更加完善的体育赛事体系

作为体育产业的龙头，竞赛表演业的复苏将对体育产业其他细分业态的恢复，乃至上海建设世界一流的国际体育赛事之都具有重要意义。上海体育赛事在品牌建设、集群发展、职业赛事影响力、赛事经济等方面取得了较大发展，但仍存在赛事供给不够丰富、空间布局有待进一步优化、举办时间仍需进一步统筹等问题。③ 第一，建议举办更具影响力、更高品质的国际顶级赛事。在高水平办好现有国际顶级赛事的基础上，强化赛事影响力综合评估的作用，持续引进符合上海城市特点、具有良好社会基础和市民观赛

---

① Lauren McAlister, "Here's How COVID-19 Has Changed Fitness", 9 Jun. 2020, https://www.mindbodyonline.com/business/education/blog/heres-how-covid-19-has-changed-fitness.
② 上海市体育局、上海运动与健康产业协同创新中心：《2019年度上海市500强体育企业概况》。
③ 李釜、李刚、黄海燕：《全球体育城市视域下上海体育赛事体系构建战略》，《上海体育学院学报》2020年第3期。

需求的国际重大赛事。进一步挖掘顶级赛事的平台价值，发挥其对餐饮、住宿、旅游、文创等周边产业以及职业体育、群众赛事等其他领域的拉动作用。第二，建议打造天天有比赛、人人可参赛的群众体育赛事。充分利用市民运动会、城市业余联赛等平台，培育发展更多群众性体育赛事。未来大众对户外运动的需求可能迎来爆发式增长，可考虑大众的消费需求变化，规划培育如户外运动、登山、垂钓、赛马等新兴运动项目赛事。第三，建议发展竞技水平高、市场活力强的职业体育赛事。应壮大职业体育俱乐部和职业联盟，完善俱乐部管理制度，加强长三角区域俱乐部联动。也可通过加大政府资助力度、创新财政补助等方式，推动市场化程度高、基础条件好的运动项目成立职业俱乐部，打造具有上海特色的职业体育精品。

（二）提升全球体育资源配置能力

促进体育场馆、体育机构、体育会展等各类资源的汇聚流通，可有效加强体育产业各细分业态间的联系，为体育产业的全面复苏提供支持。一是建议增强体育要素市场供给。在体育场馆方面，应加强重大体育场馆设施布局建设，加快公共体育场馆所有权和经营权分离改革，增强体育场馆的文化属性。在社会组织方面，全国疫情防控经验表明，政府部门行政力量与社会力量的共同参与是提升社会治理效率、降低社会治理成本的科学路径。[①] 梳理单项体育协会的职能，充分发挥其连接政府部门与市场主体的独特作用，对加速体育产业的恢复具有关键作用。二是建议做大做强体育资源交易平台。一方面应支持上海联合产权交易所体育资源交易平台建设，广泛吸纳具备交易条件和具有市场价值的体育资源权益，活跃交易流转和衍生品创新。另一方面应将体育系统内的无形资产纳入公共资源交易平台进行公开规范交易。三是持续推进长三角地区体育一体化。加快落实《长三角地区体育一体化高质量发展的若干意见》（沪体办〔2020〕159号），探索区域体育一体化

---

① 魏江：《后疫情时期的社会治理多元主体协同体系建设》，《科学学研究》2020年第3期。

发展路径，通过赛事联办、产业协同、资源共享、平台共建等方式形成一批具有示范作用的高水平合作成果。

（三）推动体育消费创新升级

消费是上海体育产业恢复的重要支撑，从以下三方面引领体育消费前沿热点、推动体育消费创新升级，可有效帮助各类市场主体，尤其是中小微体育企业摆脱经营困境，并为加快建设国际知名的体育消费中心做出贡献。首先，推动消费选择个性化、品质化。结合当前体育消费发展趋势，推动冰雪、马术、帆船、电竞等具有消费引领特征的体育项目产业化发展，拓展体育消费新空间。加速体育用品高端细分品牌发展，为市民提供更多品质化、专业化、个性化的体育产品。其次，推动消费场景融合化、智慧化。通过完善设施配套、新增体验功能、嵌入文旅科技元素等方式，加快推动消费场景创新升级。优化体育赛事、体育服务综合体的产品供给，打造集文化宣传、旅游推广、纪念产品发布、观赛服务、住宿餐饮、运动社交、主题活动等于一体的复合型消费场景。最后，营造更加良好的消费环境。结合"上海体育"、《东方体育日报》等新媒体宣传平台线上直播的经验，丰富新媒体平台的应用方式，与VR、AR等技术进一步融合，形成常态化线上媒体平台互动机制，为更多办赛主体提供媒体推介服务。强化体育消费市场综合监管，营造规范有序的市场环境。

（四）加强上海体育产业跟踪研究

新冠肺炎疫情将对上海乃至全球体育产业产生系统性、长期性影响，对体育产业发展的关键指标进行跟踪研究，对精准制定产业发展政策、规划体育产业发展路径具有较强的指导性意义。以上海市当前体育消费统计、体育产业统计及其他工作机制为基础[1]，应通过如下路径加强上海体育产业长期

---

[1] 黄海燕、朱启莹：《中国体育消费发展：现状特征与未来展望》，《体育科学》2019年第10期。

跟踪研究。第一，做好基础性体育产业统计和体育消费统计工作，加强统计数据与往年数据的比较研究，深入分析数据变化的原因，为相关决策奠定基础。第二，与专业第三方评估机构协同，在2019年体育赛事影响力评估的基础上，深入进行赛事影响力评估研究。围绕关注度、专业度和贡献度，对举办的各类国际性、全国性赛事及其他赛事进行全面评估，分析疫情发生后参赛者、观众、赞助商等多类主体的行为变化，为上海市未来引进与城市发展目标相符的赛事提供决策依据。第三，以落实《上海市体育健身行业单用途预付消费卡存量预收资金余额管理实施办法》为契机，逐步构建反映各业态市场主体总体经营情况的大数据平台，利用大数据分析全面性、实时性特征，及时发现不同细分业态的经营风险，及时发出预警并制定针对性策略，为各类体育市场主体的平稳运营提供保障。

参考文献

李颖川主编《体育蓝皮书：中国体育产业发展报告（2019）》，社会科学文献出版社，2020。

案例篇
Cases

B.14 体育搭台 消费唱戏
——以上海市杨浦区创建国家体育消费试点城市为例

上海市杨浦区体育局课题组

摘　要： 上海市杨浦区体育产业发展基础扎实，体育产业整体规模全市领先，拥有国家体育产业示范基地、江湾体育场、上海体育学院等各类体育产业核心资源。杨浦区从创建国家体育消费试点城市的任务出发，综合考虑本区体育产业发展基础和现有优势，采取一系列发展举措，激发居民体育消费意愿，提升居民体育消费水平。

关键词： 体育消费　杨浦区　体育消费试点城市

近年来，上海市杨浦区深入学习贯彻习近平总书记关于体育工作的重要论述精神，大力推进"体育强国"建设。全区在全力推进"健康杨浦"建设战略的同时,积极探索市民体育消费发展的多元路径。2020 年 8 月,杨浦区成功入选国家体育消费试点城市。

一 杨浦区体育产业发展概况

(一)地区概况

杨浦区地处上海市东北部,作为面积最大、人口最多的中心城区,独具"三个百年"(百年工业、百年大学、百年市政)的历史文化底蕴,坐拥"游泳之乡"、"田径之乡"和"足球之乡"的称号。"十三五"时期,杨浦区体育产业发展以建设体育强区为目标,立足"三区一基地"建设,全面落实全民健身国家战略,深入推进体教融合、体医结合、体绿结合、体旅结合等,不断提高全民健身公共服务水平。目前,杨浦区拥有五角场国家级体育产业基地,以及尚体乐活空间、跃动跳绳两个国家级体育产业示范项目,引进和培育了耐克大中华地区总部、阿里体育等龙头企业,并与上海体育学院等单位联合创建了杨浦区体育产学研联盟。区内多家企业位列上海体育企业前 500 强,其中耐克大中华地区总部排名第 2。

(二)产业基础

杨浦区体育产业发展基础坚实。2018 年杨浦区体育产业总规模达167.92 亿元,2014~2018 年平均增长率达 33.77%。2018 年杨浦区体育产业增加值达 73.82 亿元,占全区 GDP 比重达 3.99%,人均体育消费支出达 2726 元,全区体育产业增加值占 GDP 比重和人均体育消费支出均高于全国和上海市平均水平。杨浦区体育产业发展结构良好,2018 年体育服务业占比约为 99.8%,体育消费增长潜力巨大。

(三)消费环境

杨浦区连续多年成功举办"杨超杯"足球赛、"白洋淀杯"青少年足球国际邀请赛、新江湾城国际半程马拉松赛、澳式橄榄球职业联盟常规积分赛（上海站）、跳绳世界杯、空手道奥运积分赛等品牌赛事活动，不仅提升了杨浦区的影响力，促进了赛事产业的繁荣发展，更为市民体育消费创造了良好的氛围。2020年初新冠肺炎疫情暴发后，杨浦区围绕帮扶体育企业有序复工复产、提振体育消费需求、助力企业拓展市场，推出了线上赛事补贴和场馆补贴、"区长带货"促销跃动跳绳等时尚运动产品的活动，引导市民利用政府消费补贴从而促进体育用品特别是智能健康和体育科技产品的消费。"社区健康师"新型社会服务项目在提高市民生活品质和健康水平的同时，进一步激活了市民的体育健康消费需求。

（四）基础制度

2016年，上海市体育局牵头成立"市、区两级体育产业统计和居民体育消费调查工作小组"，杨浦区是成员单位之一。依托工作机制，杨浦区建立了常态化的本区体育及相关产业统计和居民体育消费调查制度，并形成相关消费数据和工作报告。2019年消费调查结果显示，2018年度杨浦区人均体育消费2726元，高于全市人均2580元，在上海市16区中排名第5。体育消费统计调查工作，不仅帮助杨浦区体育行政部门有效掌握了本区居民体育消费总量、结构和消费习惯等具体情况，更为其科学制定体育产业相关政策、引导体育市场协调发展等提供了重要参考依据。

二 杨浦区体育消费目标

杨浦区以建设体育强区为目标，从建设"三区一基地"的工作任务出发，以体育消费拉动产业发展，提升体育产业对地区经济发展的贡献率，推动体育产业成长为战略性支柱产业。为建设国家体育消费试点城市，杨浦区提出长期发展目标：到2020年，体育产业总体发展水平处于上海各区中上游；到2025年，跻身全市体育产业发展前列；到2035年，达到与全球著名体育城市相适应的体育产业发展水平。杨浦区未来三年的短期发展目标见表1。

表1　杨浦区国家体育消费试点城市年度发展目标

年度	目标
2020	实施体育消费强基工程,夯实试点建设基础,培育传递杨浦区体育消费城市的认知体验。以国际、国内品牌体育赛事推动场馆设施加快建设,鼓励市场主体投资各类体育综合体;加强体育消费试点城市宣传和建设工作,出台鼓励发展户外休闲运动、线上运动健身以及刺激数字体育消费的政策措施。体育产业总规模超过150亿元
2021	实施体育消费提升工程,持续扩大试点领域范围,巩固提升杨浦区体育消费城市的国内知名度和美誉度;进一步扩大重大赛事的集聚效应、引爆效应、溢出效应和乘数效应,带动体育产业全面提能升级;新增培育2个以上上海市级体育产业示范项目,体育产业总规模超过180亿元
2022	实施体育消费创新工程,打造城市试点工作样板,显著增强杨浦区体育消费城市的标识度;全面实现体育消费试点工作目标,形成促进体育消费的可复制、可推广的"杨浦经验",构建市场主体活跃、产品业态丰富、服务体系健全、市场环境一流的体育消费创新发展格局;新增培育1个以上国家级、2个以上上海市级体育产业示范项目,人均体育消费突破3500元,体育产业总规模超过200亿元

三　杨浦区促进体育消费的举措

（一）创新完善体育消费政策优惠

杨浦区人民政府结合自身资源条件、发展优势、市场需求，制定了《上海市杨浦区创建国家体育消费试点城市方案》《关于加快体育产业创新发展的实施意见》，形成多层次、特色化和差异化的促进体育消费政策体系。推进已出台政策的落实，鼓励政府购买、税费补贴、积分奖励、消费券发放等方式引导和促进体育消费，将体育消费券发放、健身预付卡管理等纳入工作计划，引导体育企业推行个人体育消费激励举措。

（二）持续优化体育消费市场环境

完善体育市场主体和从业人员信用记录，加强体育组织、体育企业及从业人员的诚信体系建设，进一步健全体育消费信用体系和体育市场监管方式，建立健全信用分类监管制度、消费诚信红黑名单发布机制及信用信息修复制度，形成包括事前告知承诺、事中评估分类、事后联动奖惩的全过程信用管理模式。继续推进体育赛事审批制度改革，落实体育市场"放管服"措施。完善体育赛事管理办法，精简体育企业经营许可事项，依法优化审批服务方式，优化高危险性体育项目管理机制，加强和规范事中事后监管。

（三）不断优化业态布局

1. 大力发展体育竞赛表演业

系统规划体育赛事布局，积极构建具有杨浦特色的体育赛事体系。推动实施品牌赛事培育工程，在场馆利用、宣传推广、资金补贴等方面对符合条件的体育赛事给予相应支持。提升新江湾城国际半程马拉松、上海国际少年足球邀请赛等办赛品质，积极引进极限运动、跳绳等国际顶级赛事。

2. 做大做强体育健身休闲业

实施全民健身场地设施全覆盖计划，打造杨浦区"15分钟体育生活圈"。充分挖掘五角场、五环体育大厦等公共空间和区域各类文体场馆设施，规划建设健身步道、自行车道、游泳馆等健身设施，将专业体育设施融入杨浦滨江、黄兴公园、共青森林公园等。加快建设国家级和市级体育产业基地，培育一批以健身休闲服务为核心的体育产业示范基地、单位和项目，积极打造黄兴公园等一批富有特色的体育旅游休闲基地。

3. 积极发展体育场馆服务业

推进杨浦青少年体育综合馆等重大体育设施建设，加快白洋淀足球场智能改造工作，探索体育场馆市场化运营新模式，鼓励大型体育场馆开展多元化经营服务，打造一批有特色、有内容的体育服务综合体。提升体育场馆智慧化水平，利用人工智能、大数据、云计算等现代科学技术加快提升体育场馆的运营和管理水平。积极引入社会力量投资和经营体育场馆，在投资核准、融资服务、财税政策、土地使用、公益开放等方面给予政策支持和资金扶持。

4. 鼓励发展商贸服务产业

以五角场区域商务商业核心区为依托，打造区域性实体化体育商业商贸中心，不断优化商贸环境，吸引外省市和国际投资，并鼓励体育消费领域旗舰型企业入驻。利用耐克大中华地区总部等企业自身所具有的数字平台优势，深入挖掘体育大数据的应用价值，推动大数据在产品研发、制造环节的应用，支持服务业利用大数据开展品牌塑造、精准营销和定制服务活动等，全面提升体育产业服务的变现能力。

5. 加快发展电子竞技产业

结合上海体育学院电竞学科优势资源，培育和集聚一批电竞专业人才和团体。试行电竞运动员注册制，规范管理电竞运动员，提高电竞运动员职业化水平。大力推动电竞内容制作、电竞赛事运营、电竞直播转播、电竞品牌营销、电竞艺人经纪、电竞场馆运营等全产业链发展。深化与完美世界、小沃科技等知名电竞企业的合作，打造具有国际影响力的电竞中心。支持企业搭建大型、先进、国际性的网游发行平台，支持企业举办顶级电竞赛事，支持企业通过打造电竞IP创造更多的社会价值和商业价值。以互联宝地、渔人码头及滨江历史建筑等为重点载体，加快专业电竞场馆和特色体验馆建设。

6. 积极培育智能制造产业

引导具有自主知识产权的品牌加大科技研发投入力度，鼓励弈客围棋、跃动跳绳等新兴企业进行智能产品研发，推进智能制造、增材制造、人工智能、机器人等先进技术成果转化。鼓励新型体育企业开发可穿戴式运动设备、虚拟现实运动装备，鼓励企业拓展定制业务。

7. 鼓励融合产业发展

鼓励体育与健康、文化、旅游、互联网、金融、教育等相关产业融合。对于拓宽业务至体育领域的优秀文创企业，给予与文创产业相同的扶持补贴。充分挖掘"环体院"健康体育产业圈功能，依托伤骨科医院、海军军医大学、长海医院等机构的重点学科、实验室及平台，推动体、医融合。普及"社区健康师"服务项目，推动运动健康管理、运动处方、中医

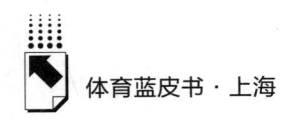

药医疗保健服务、体检、咨询等健康产业，加快建设杨浦区医疗健康服务体系。

（四）全面培育市场主体

鼓励拥有自主品牌、创新能力和竞争实力的体育龙头企业做大做强，进一步提升国际竞争力和影响力。重点支持中小微体育企业发展，打造体育"小巨人"企业，重点推进"社区健康师"新型社会服务项目。为投身体育产业创业的大学生、退役运动员及符合条件的事业单位专业技术人员提供政策支持。大力推进体育社团、体育民办非企业单位等体育社会组织的发展，支持各级体育行业协会实体化运营。充分发挥行业协会的协调和服务功能，积极引导产业布局、促进体育消费。进一步健全政府向体育社会组织购买公共服务机制，鼓励各类体育社会组织承接公共体育服务，打造更多满足多元体育消费需求的特色产品。

（五）优化消费环境

推动建设国家体育消费示范城市，开展各类群众性体育活动，丰富节假日体育赛事供给，挖掘群众体育消费需求。支持企业为消费者提供精准服务和定制服务，灵活运用网络平台、移动终端、社交媒体与顾客互动，建立即时、高效的消费需求反馈机制，做精做深体验消费。加强跨区域合作，以长三角一体化战略的深入实施为契机，加强同周边城市的交流协作，共同开发打造体育品牌赛事活动和全民健身活动，开展协同联动的体育消费促销活动和体育产品营销活动，进一步提升杨浦区体育消费市场的区域辐射力和扩大体育消费人群规模。

B.15
稳抓机遇，融合创新，推动镇域体育产业高质量发展

——以马桥镇国家体育产业示范基地为例

上海市闵行区体育局课题组

摘　要： 马桥镇体育设施完善、赛事资源丰富、体育氛围浓厚，先后获得了"国家体育产业示范基地"、"上海市群众体育先进单位"和"上海市体育产业示范基地"等荣誉称号。马桥镇通过整合产业链、配置体育资源、促进体育消费等举措将全镇打造成上海体育赛事经济的主题实践区，未来，马桥镇将发力人工智能体育产业，通过"外引内培"的办法，加快集聚全球人工智能及智慧体育人才、技术和产品，打造运动、生态、文化、宜居型的绿色活力新镇。

关键词： 马桥镇　国家体育产业示范基地　高质量发展

马桥镇位于上海市闵行区西南腹地，黄浦江上游北岸，上海莘庄工业区和闵行经济技术开发区之间。镇域总面积49.5平方公里，全镇常住人口11.3万人。区域经济实力较强，全镇的产业结构合理，其中第三产业比重较高，达53.8%，为全镇发展体育产业提供了坚实的产业基础。马桥镇在"十三五"期间积极发展体育产业，延伸体育赛事产业链条，将全镇打造成上海体育赛事经济的主题实践区，建设成运动、生态、文化、宜居型的绿色活力新镇。

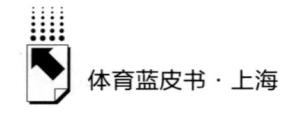

一　基本情况

（一）场地设施

马桥镇现有健身点96个、健身器材1002件、农村家园20个、健身步道6条、健身绿道7条、体育场1个、公共运动场2个，以及最新建成的多功能景城健身中心、10253平方米的景城游泳馆以及一期已经开放的综合球类运动场，总场地面积为116.6万平方米，人均场地面积为8.57平方米。此外，旗忠网球中心、旗忠花园高尔夫俱乐部等国际一流的高端体育健身场所也位于马桥镇，为当地居民参与体育活动提供了丰富的基础设施。

（二）品牌赛事

马桥镇每年举办ATP 1000上海劳力士网球大师赛、女子高尔夫职业巡回赛别克锦标赛及上海马桥国际半程马拉松赛等品牌赛事，并于2020年起将连续举办三届"马桥杯"中国围棋新人王赛。其中，上海劳力士大师赛每年10月于旗忠网球中心举办，是全球9站ATP 1000分站赛之一，也是唯一在北美和欧洲之外举办的该级别赛事。女子高尔夫职业巡回赛别克锦标赛在上海旗忠花园高尔夫俱乐部举行，是全球最顶级的女子职业高尔夫赛事之一，每年观赛人数达1.8万人。此外，为彰显城市活力、强健人民体魄、促进社会和谐，马桥镇于2017年1月1日起每年元旦举办上海马桥国际半程马拉松赛。

二　相关举措

（一）整合体育产业链，提高经济效益

1. 以品牌赛事带动体育产业快速发展

马桥镇以举办重大品牌赛事为契机，积极引进器材供应商、体育俱乐

部、体育经纪公司、广告服务商、演出公司,以及与体育赛事的策划、组织、实施等配套的服务企业,逐渐形成一条以体育赛事为特色的产业链条。体育公司的集聚不仅保障了赛事的顺利进行,而且带来了广泛的集聚效应,并催生了显著的经济效益。

2. "体育+"模式催生产业联动发展

马桥镇依托重大品牌赛事,积极推动体育与文化、旅游、传媒、会展、康养等各业态深度融合,实现体育产业的多元化发展。在"体育+旅游"领域,马桥镇以上海劳力士大师赛为契机,结合上海旅游节、购物节等节事活动,打造体育旅游新产品,发挥赛事辐射效应,带动酒店、餐饮、商贸共同发展;在"体育+康体"领域,马桥镇积极吸引健康咨询、健身服务、健身器材等企业入驻,加快康体业、信息业向体育业的渗透;在"体育+场馆"领域,全镇不断优化体育场馆设施经营管理,推进竞技场馆的开发开放,加快体育场馆的综合利用。2019年9月,久事体育集团正式成为旗忠网球中心运营管理方,并成立上海久事体育产业发展(集团)有限公司旗忠网球分公司,全面负责旗忠网球中心的运营管理,正式开启了旗忠网球中心运营新模式。

3. 体育产业推动区域集聚发展

马桥镇充分发挥体育赛事的乘数效益,全方位优化投资环境,成功吸引了一大批开发商、酒店、商场、国际学校等企业入驻,带动了服饰鞋帽、运动器材等体育用品、体育相关专业设施设备的研发、制造和销售,推动了镇体育商贸行业的发展。

(二)配置体育资源,助力社会发展

1. 赛事模式的推广复制

通过十年间举办上海网球大师赛,马桥镇摸索总结出一套组织举办国际大赛的工作模式,提供了可学习、可借鉴、可复制的成功经验,也推动了我国网球赛事的蓬勃开展。上海已连续7年举办马桥网球公开赛,该比赛作为上海网球大师赛的衍生赛事,已经成为上海市民运动会的重要组成部分。

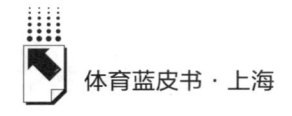

2. 特色学校的发掘培育

马桥镇充分发挥区域独特的资源优势,鼓励镇属学校大力开展网球教育教学。网球特色已成为马桥镇学区化办学重点项目,在全镇所有中小幼学校普及推广。除了网球项目,马桥镇还积极鼓励中小学校开展象棋项目的教学活动。马桥实验小学以中国象棋为办学特色,聘请专业象棋老师,将中国象棋带入课堂。自2013年起,马桥实验小学每学年都以"马小豆杯"冠名承办闵行区教育系统中小学中国象棋比赛,也多次承办"马桥实小杯"上海市少年儿童象棋锦标赛。学校还在区体育局、教育局和马桥镇人民政府支持下承办了闵行区中国象棋"马桥公开赛"。

3. 场馆的社会化运营

大型体育场馆的主要运营目的多是承办大型体育赛事,而当重大赛事结束后,场馆通常面临经营管理上的难题,多数场馆出现闲置浪费或挪作他用的现象。久事赛事入驻旗忠网球中心后,将其丰富的办赛经验、体育资源引入马桥镇,通过举办各种类型的体育赛事,整合多方资源,大大增加了旗忠网球中心的产能产出,让旗忠网球中心实现了以体育服务业为主体的体育场馆多元发展。此外,景城健身中心、景城游泳馆等体育场馆也进行相关探索,通过引入社会化运营团队参与场馆管理,实现体育场馆运营由政府完全投入向社会化、市场化运作转变。在这种模式下,场馆的经营管理问题被抛向市场,由社会化的运营团队进行管理和优化,不仅减少了政府原有的运营成本,也提高了场馆运营效率。

(三)培育体育市场,挖掘消费潜力

按照推进供给侧结构性改革的宏观思路,马桥镇打好衔接配套的"组合拳",以品牌引领、优势资源集聚、消费市场培育为思路,做大做强体育产业。

1. 多渠道宣传,扩大品牌影响力

在充分发挥广播、电视、报刊、网络等多媒体渠道的作用下,马桥镇展开了全方位、立体式的宣传推介工作,放大重点体育赛事的品牌效应,拉近

体育运动与市民的距离，提高市民对马桥特色运动项目的关注度，以吸引更多市民参与体育健身活动，扩大体育消费主体的范围。

2. 开展全民健身，挖掘消费潜力

目前，马桥镇每年举办的群众性体育项目超过45项，参与人数累计每年超过15700人，经常参加体育锻炼的人数比例超过45%。太极拳、门球、足球、飞镖、中国象棋、趣味农耕赛等群众性体育项目受到广大居民的欢迎。其中，特色群体运动是马桥镇的培育重点。气功、太极拳、木兰拳等运动不仅具有健体、健心、健美、健脑等多重功效，还蕴含着深厚的中华传统文化。马桥镇通过邀请专业教练，对广大群众开展培训，并组织交流展示活动，既提高了运动技艺，又深化了群众对传统文化的理解，激发了大众参加体育活动的积极性。

3. 全力提供支撑，助推持续发展

马桥镇不断加强体育设施及运动场地建设，严格落实学校体育设施向社会免费开放政策。目前，马桥强恕学校、马桥实验小学、马桥文来外国语学校已实现向社会群众免费开放。同时全镇每年组织社会体育指导员业务培训，现有323名体育指导员，其中国家级指导员6名、一级指导员26名、二级指导员81名、三级指导员210名，较好地解决了群众性体育活动的示范引领、带教督导问题。镇属学校积极加快网球、象棋等特色体育项目教学建设，强化体育后备人才培养，既形成了学校发展特色，又提高了学生综合素养，是激活体育运动蓬勃开展的源头活水。

三 未来发展

（一）抢占前沿，全力发展人工智能体育产业

按照马桥镇整体发展规划，未来全镇将建设上海人工智能创新实践区，与周边地区形成错位发展、协同创新、优势互补的发展新格局。未来，在"人工智能"建设的宝贵契机下，马桥镇将进一步放大"人工智能+"的溢

出效应，不断深化人工智能对体育产业的融合渗透，全力发展基于人工智能技术的"运动赛事、智能场馆、健康管理、数据服务"产业。马桥镇将通过"外引内培"的办法，优先引进基于大数据、云计算的体育产业相关人工智能高科技企业，重点培育信息化体育竞技装备、智能化体育培训设备、网络化虚拟现实场馆产业，加快集聚全球人工智能及智慧体育领域的最新科技、最新品牌、最新产品。小镇计划建设一条智能半马赛道，作为未来上海马桥国际半程马拉松赛的赛道。智能赛道可以随时监测运动员的比赛状态，收集赛程数据并通过大数据分析将数据反馈于运动员，有助于运动员赛后进行针对性训练。

（二）夯实底部，大力强化体育设施建设

在上海马桥大居建设的契机下，马桥镇将重点关注市民对公共体育设施的需求，强统筹、破瓶颈、补短板，通过新建、改建、扩建等多种方式，提升体育设施建设的功能性、均衡化、普惠度。一是加快推进马桥景城社区文化活动中心、景城游泳馆、景城运动中心等重点项目建设。二是结合人工智能建设，新建健身设施，完成马桥体育公园建设。三是坚持"边建设、边管理、边完善"的宗旨，注重从建章立制入手，管好用好已有体育设施与场地，切实提高公共体育服务资源的利用效率。

B.16 小绳子里跳出大产业

——以上海跃动跳绳为例

上海跃动文化传播有限公司课题组

摘 要: 跃动跳绳通过"跳绳+演出""跳绳+培训""跳绳+赛事""跳绳+制造""跳绳+场馆"等形式,广泛传播跳绳运动,弘扬跳绳文化。在跃动跳绳的改良和传播下,花样跳绳运动于2016年登上里约奥运会的国际舞台。跃动跳绳通过一根跳绳,不断创新群众体育参与形式,促进国际体育文化交流,振兴民族体育产业。在未来,跃动跳绳将继续围绕跳绳运动做文章,在全球范围内宣扬跳绳运动,复兴民族体育,服务健康中国建设。

关键词: 花样跳绳 民族体育 "体育+"

跃动跳绳通过十余年潜心研究,将拥有2000多年历史积淀的民间传统跳绳游戏,改造成融竞技与表演于一体的现代花样跳绳运动。将一根承载着中国体育人梦想的小小绳子,跳进奥运会,跳向国际舞台。

一 项目概况

2003年跃动跳绳核心创始团队在上海体育学院开始研发花样跳绳运动,并于2009年3月,在上海体育国家大学科技园注册成立上海跃动文化传播

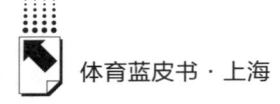

有限公司（以下简称"跃动跳绳"）。此后，跃动跳绳先后登上2010年上海世博会、2011年吉尼斯世界纪录挑战赛、2012年国家奥运金牌运动员澳门联欢会、2014年南京青奥会、2016年里约奥运会等国际舞台；跳绳培训活动遍及全国20多个省市，培训学员10万人以上；自主研发的专利器材销往全国乃至世界各地，将小小的跳绳运动带入大众视野，带向国际舞台。

二 发展历程

目前，跃动跳绳旗下运营"跳绳+演出""跳绳+培训""跳绳+赛事""跳绳+制造""跳绳+场馆"五大业务板块，并不断通过互联网技术等新兴手段，创新运营模式、提升运营效率、扩大影响范围，逐步形成中国跳绳运动第一品牌。

（一）开拓市场阶段

跳绳培训与跳绳演出是跃动跳绳早期发展的两大核心业务，在跳绳运动市场发展初期发挥了激发群众兴趣、扩大人群基础的作用。跃动跳绳充分利用花样跳绳运动的观赏性特性，积极开拓跳绳运动演出市场。近几年，跃动跳绳积极参加各种类型的演出活动，让大众重新认识跳绳运动，在普及跳绳文化的同时，培育了跳绳运动市场。2015～2017年，跃动跳绳累计参加演出活动424场，带来直接经济价值300余万元。

同时，跃动跳绳加快跳绳运动在校园内的普及。团队先后开展"跃动跳绳点亮多彩校园"活动，将跳绳运动首先带入上海校园；在全国20余个省市的550余所学校进行花样跳绳教学推广，受众学生超过50万人，不仅扩大了跳绳运动群体，而且培育了跳绳消费市场，为后续多元化的经营发展奠定了基础。

（二）夯实基础阶段

随着跳绳运动的逐渐普及，跃动跳绳进一步将业务拓展至跳绳相关运动装备生产销售领域。跃动跳绳共拥有5家工厂，生产六大品类57种跳绳产品,以及46种延伸类跳绳产品,年销售量近50万根,年销售额上千万元,产品远销美国、日本、韩国、法国、新加坡等十余个国家和地区。跃动跳绳将品质与技术创新视为公司产品的立身之本,目前已拥有7项国家专利,并被国家体育总局体育科技示范园和上海市跳绳协会认定为监制产品,同时被全国跳绳推广中心认定为指定产品。

为了进一步满足青少年参与跳绳运动的需求,跃动跳绳开始打造线下实体场馆,运营以花样跳绳特色课程为主、热门运动课程为辅的青少年体育运动综合场馆。目前,跃动跳绳在上海共拥有3家实体场馆,并计划未来加速在全国范围内扩张。

(三)快速增长阶段

经过初期的市场培育,跳绳运动逐步打开市场,跃动跳绳在上海市跳绳协会的支持下,逐步构建起包括高水平赛事和普及型赛事在内的跳绳赛事体系。其中高水平赛事包括上海跳绳锦标赛、上海跳绳精英赛和上海国际交互绳大奖赛;普及型赛事包括上海城市跳绳业余联赛、绳王争霸赛和上海家庭亲子跳绳赛。2015~2017年六项赛事参赛人数达3711人,辐射近10万人。

这一时期,跃动跳绳也积极借助互联网手段,扩大跳绳运动的影响力。微信公众号、微博、视频网站等已成为宣传跳绳运动、跳绳赛事、跳绳演出等的重要途径。跃动跳绳各大社交媒体粉丝数量突破百万,越来越多的人开始认识跳绳、了解跳绳,并爱上跳绳。跃动跳绳还建立线上跳绳装备销售渠道,在天猫、淘宝、京东等网站均设有官方店铺,每年跳绳及周边产品的线上销售额达千万元。

三 社会效益

(一)创新群众体育活动形式

跳绳运动具有简单易学的特点,只需一根绳子就可以随时随地锻炼身

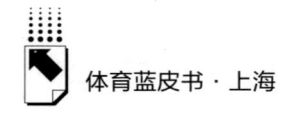

体，是人民群众可以广泛开展的体育运动。跃动跳绳在传统民间跳绳运动的基础上进行创新，赋予其艺术性、表演性，使跳绳这一古老的运动形式重新焕发生机。尤其在新冠肺炎疫情期间，跳绳作为可以居家开展的运动形式之一，受到广大居民热捧。

（二）促进国际间文化交流

跃动跳绳以一根绳子为纽带，通过参与竞赛、演出、培训、学术交流等多种形式，积极与世界各国的跳绳爱好者进行交流，并将跳绳这一运动带上奥运会的舞台，促进了国际、地区、民族间的文化交流。在跃动跳绳团队的努力下，花样跳绳不再是一项简单的运动项目，而是可以促进人们德智体美全面发展、继承和发扬民族传统体育文化的重要途径，在弘扬民族文化，培养民族意识、民族情怀和爱国情怀方面发挥了重要作用。

（三）振兴民族体育产业

跃动跳绳作为国内本土成长起来的体育品牌，经过多年深耕培育，已在全国乃至全世界跳绳行业中拥有一定影响力。目前跃动跳绳已成为全球唯一拥有自主产品、赛事IP、培训、演艺、场馆等全产业链生态的跳绳企业。跃动跳绳有信心也有实力向成为跳绳细分领域"独角兽"迈进，并引领中国跳绳产业进入百亿时代，为振兴民族体育产业做出贡献。

（四）践行社会公益事业

花样跳绳项目简单易学，具有较好的表演性和观赏性，适合在弱势群体中开展。因此，跃动跳绳积极参与公益事业，长期为弱势群体提供体育服务，包括参加上海市残疾人协会组织的公益性演出，深入上海市盲人学校、"阳光之家"（智障青少年服务机构）、民工子弟学校等单位，进行义务演出和教学。跃动跳绳团队实实在在地通过一根绳子传递了爱心和关怀，获得社会高度评价。

四 项目经验

（一）抓住市场蓝海机遇

体育产业进入门槛低，各个业态竞争激烈。花样跳绳虽然是一项民间传统体育运动，但市场化程度相对较低，市场竞争不如其他运动项目激烈。跃动跳绳瞄准这一蓝海市场，通过组织演出等方式宣传花样跳绳，展现花样跳绳的魅力，不断培育、扩大跳绳运动市场，并抓住全民健身的重大战略机遇，深耕跳绳细分市场，赢得巨大的发展空间。

（二）重视人才与创新

跃动跳绳十分重视人才培养和技术创新，团队成员80%以上来自上海体育学院，团队与上海体育学院合作，共同进行跳绳技术研发和创新，团队已完成国家体育总局科技成果转化课题，并申报成功7项跳绳专利，编著《花样跳绳》教材。此外，花样跳绳团队还与上海体育学院共同建立产学研合作关系，形成人才、技术、资源的共享互动。人才与技术为跃动跳绳的产品和服务提供了保障，是跃动跳绳能够实现不断创新的源泉和动力。

（三）塑造品牌影响力

跃动跳绳通过积极参加各类体育文化活动，逐步打造跳绳品牌。团队先后参加中央电视台《挑战不可能》《吉尼斯中国之夜》《欢乐中国行》《星光大道》《体育人间》等节目，以及凤凰卫视、北京卫视、湖南卫视、东方卫视等电视媒体活动100余场。《文汇报》《青年报》《中国体育报》等21家报纸媒体曾对跃动跳绳进行专题报道。通过多种渠道的宣传，跃动跳绳已然成为"中国跳绳第一天团"，形成了具有鲜明特色的跳绳运动品牌。

五 未来计划

(一) 跃动初心：一根绳子进奥运，复兴中华民族体育

花样跳绳从一项古老的民族运动，经过不断地现代化和艺术化改造，一步步登上世博会、G20 杭州峰会、央视春晚、南京青奥会、巴西里约奥运会的大舞台，向全世界人民展现花样跳绳的魅力。近十年，花样跳绳在全世界迅猛发展，并不断朝着国际化、时尚化的方向发展。跳绳作为一项民族民间传统体育项目，逐步受到美国、日本、澳大利亚、英国、德国等国家体育人群的青睐。而国际跳绳发展的共同目标正是将花样跳绳推向奥运会。2016年巴西里约奥运会上跃动跳绳的花样跳绳演出迈出了跳绳进奥运的第一步，未来，跃动跳绳将把握契机，向更多国家和地区推广花样跳绳运动。

(二) 跃动使命：一根绳子促健康，服务健康中国建设

跳绳运动具有强心、减肥、增高、健美、健脑等独特的健身功能，对于提升国民身体素质、提高体育运动参与率具有促进作用，在推动全民健身与全民健康深度融合方面具有独特价值。跃动跳绳将积极响应全民健身和健康中国战略的号召，创新打造"校区、社区、营区、园区、商区"五区联动模式，举办针对不同人群的跳绳主题活动，带动更多人参与跳绳运动，助力健康中国建设。

(三) 跃动梦想：一根绳子一个亿，振兴民族体育产业

国际经验表明，围绕运动项目所形成的产业链最具有活力和生命力。2017 年我国跳绳产业存量市场规模约 80 亿元，其中跳绳用品市场规模约 60 亿元，跳绳服务业（培训、赛事、演出等）市场规模约 20 亿元。未来，跃动跳绳将继续深耕上海，辐射全国，放眼世界，打造跳绳细分领域"独角兽"，引领中国跳绳产业进入百亿时代。

B.17
体育赛事点亮生态岛绿色发展新思路

——以环崇明岛国际自盟女子公路世界巡回赛为例

上海市崇明区体育局课题组

摘　要： 崇明区从2003年开始举办全国公路自行车精英赛，历经了从国内赛到国际赛再到洲际、世界顶级赛事的"三级跳"发展过程。崇明公路自行车赛经过17年的打磨，已经成为具有国际影响力的公路自行车赛。17年的办赛经历和经验也不断促使崇明由一个小岛向具有国际赛事承办能力和国际影响力的世界级生态岛迈进。

关键词： 公路自行车赛　崇明岛　生态岛

崇明岛位于长江入海口，全区地势平坦，交通便利，对于发展自行车运动具有得天独厚的优势。崇明区以公路自行车赛为抓手，不仅打造了具有国际影响力的自行车品牌赛事，更进一步围绕这一赛事，逐步形成崇明岛绿色生态化发展的新思路。

一　项目概况

（一）起步阶段（2003~2009年）

崇明区于2003~2005年连续三年成功举办全国公路自行车精英赛、冠军赛，参赛队伍从最初的10支队伍100名男子运动员，逐渐覆盖到全国17个省、市、自治区、特别行政区，参赛单位包括部队、行业体协、俱乐部等23家，参赛选手共计258名。全国公路自行车赛营造了浓厚的办赛氛围，赛事影响力逐年提升，得到了中国自行车协会和上海市体育局的一致肯定。

崇明岛国际公路自行车赛（男子赛）于2006年开赛，这是崇明区首次举办大型国际性赛事，也是将国内赛事转型到国际赛事的首次尝试。自2007年启动环崇明岛女子国际公路自行车赛，2009年赛事规模进一步扩大，有14支车队共83名运动员参加比赛，参赛范围覆盖12个国家和地区，这也是首次由国际自行车联盟、国家体育总局和上海市人民政府联合主办的国际体育赛事。

（二）发展阶段（2010~2015年）

通过4年发展，环崇明岛国际公路自行车赛的赛事能级不断提升，影响力从国内逐渐扩展到国际，为申报和承办更高级别的赛事奠定了坚实的基础。2010年国际自行车联盟女子公路世界杯赛在崇明开赛，此项赛事首次在中国甚至是亚洲范围内举办，2013~2015年赛事进一步升级，由国际自盟2.2级升级至2.1级，同期进行女子世界杯赛。

（三）提升阶段（2016年至今）

经过13年的不断打磨，2016年此项赛事再度升级为世界顶级赛事级别，亚洲唯一一场女子公路世界巡回赛，也是唯一一场多日赛，并在国际自行车联盟注册为世界巡回赛级别，与"环法、环西、环意"世界自行车三大赛事同属全球最高等级的自行车赛事。2016年崇明站比赛还被纳入2016年巴西里约奥运会女子公路自行车资格积分赛中，且是积分赛的最后一站。

对于已经连续17年举办高水平自行车赛事的崇明区来说，多年积累的办赛经验和组织能力得到了国际自行车联盟的高度认可，2015年崇明赛区被国际自行车联盟评为全球唯一的女子世界杯赛最佳赛区。

二 项目意义

(一)提升重大赛事承办能力

举办国际性体育赛事需要多个部门相互支持、配合、协调,经过17年的相互磨合,崇明区政府部门与相关单位共同摸索出一套可操作性强、效率高的工作模式,确保赛事中组织、安保、服务、后勤各个环节的高效运转。崇明区的办赛能力不仅得到了上海市体育局、国家体育总局等单位的肯定,并且得到了国际自行车联盟、国际级裁判和运动员的称赞。

(二)扩大对外影响力和感召力

环崇明岛自行车系列赛事的成功举办,不仅成功实现了"借赛事平台宣传、推介崇明"的办赛宗旨,进一步提升了崇明的国际影响力和美誉度,而且推动了崇明的"体育+旅游""体育+文化"等产业的深度融合,逐步形成协调联动的良性发展格局。自行车赛事越发成为展示崇明建设现代化生态岛的一张绿色名片和上海新景观体育的一道亮丽风景线。

(三)促进户外运动项目发展

崇明区将丰富的生态旅游资源与公路自行车赛有机结合,打造上海户外休闲运动的好去处。借助自行车赛事带来的溢出效应,崇明进一步扩大运动项目范围,先后引入铁人三项赛、马拉松赛、定向越野赛,以及垂钓等各项水上运动,朝着打造户外运动宝地的目标不断努力。

三 未来规划

(一)以赛事为"龙头"打造体育产业标杆

长期以来,崇明岛自行车赛事始终秉承绿色运动和"生态+体育"的办赛理念，不断得到国际自盟和各地区参赛队伍的高度评价。崇明自行车赛不仅有效地促进了崇明体育事业发展，也推动了上海建设全球著名体育城市以及崇明建设世界级生态岛的进程。未来崇明将以现有自行车办赛为基础，逐步构建覆盖全体人群的包含职业赛事、群众性赛事的"金字塔"结构体育赛事体系。同时，崇明拥有良西沙湿地、明珠湖公园、森林公园、环岛水系等优质滨水道路空间，为后续举办马拉松赛、自行车赛、铁人三项赛等户外运动赛事提供了可能。新兴赛事的落地，不仅能为市民提供丰富多样的体育产品，促进户外休闲运动发展，而且将为崇明建设世界级生态岛和上海建设全球著名体育城市发挥重要作用。

（二）创建"自行车小镇"扩大公路赛效应

随着公路自行车运动影响力的逐步扩大，崇明将陆续新建或改扩建崇明生态大道、环岛景观大道、北沿公路、建设公路、陈海公路等基础设施，同时将建造场地自行车、山地自行车和小轮车场地。根据规划，在刚启用的崇明体育训练基地内还将增加一座专业室内训练比赛馆——上海自行车赛车馆。在不久的将来，亚洲自行车联盟办事处也有望落户崇明基地，崇明自行车运动将进一步扩大世界影响力。场地设施的进一步完善，将为下一阶段崇明引进男子赛事及场地自行车赛等奠定基础，崇明"自行车小镇"正逐步形成。

（三）高端体育赛事促进旅游产业的发展

绿色低碳的自行车运动，已经是引领崇明生态体育的"金名片"，不仅带动了崇明体育产业的发展，还促进了当地旅游产业的发展。在国家体育总局首批公布的96个运动休闲特色小镇名单中，崇明"一东一西"两个小镇均入选榜单。未来，两个小镇均会培育大约30个运动项目，并且配套商业、文化、娱乐、康养等设施。除竞赛表演、大众健身等体育产业外，文化、影视、旅游、康养等相关产业也将同步发展，体育特色小镇的功能将更加多元化，形成多种产业融合发展的局面。

（四）加大与顶级运营机构的合作力度

环崇明岛世巡赛作为上海市体育产业改革的明星产品和上海市重点体育赛事，自 2017 年起通过上海联合产权交易所体育赛事交易平台，以公开交易的方式确定赛事运营商和承办方，保证招标过程的透明度和规范性。在全国范围内，择优选择赛事运营机构，并通过传媒手段，将崇明自行车赛事和崇明国际生态岛展现在全国乃至全球面前，让更多人了解崇明、关注崇明、集聚崇明。

B.18
"体育+旅游"带动全民骑行热

——以上海铁马生活城市骑行线路为例

上海万胜文化体育产业有限公司课题组

摘　要： 近年来，城市骑行运动逐渐风靡，它从市民群众喜闻乐见的户外运动项目发展成为一种时尚休闲生活方式。上海铁马生活城市骑行线路以上海市的旅游资源为基础，融合当地特色文化、非物质文化遗产等，开辟了40条独具特色的都市骑行线路，将城市风光、文化街区、旅游线路深度融入骑行运动中，丰富参与者的骑行体验。线路的推出，不仅激发了全市居民的骑行热情，更有助于全民健身国家战略的推进实施。

关键词： 骑行运动　体育旅游　全民健身

随着健康生活、绿色出行等生活理念的普及，骑行运动逐渐流行，并成为我国居民参与体育活动的重要途径之一，骑行旅游这一新兴休闲业态也快速发展。上海铁马生活城市骑行线路在这一背景下应运而生。线路将骑行运动与文化、旅游相结合，串联起上海众多知名景点，掀起了全民骑行热潮。

一　线路概况

本着推广骑行旅游的目的，上海万胜文化体育产业有限公司推出了城市骑行线路——上海铁马生活城市骑行线路（以下简称"铁马骑行线路")。2019年《铁马生活城市骑行白皮书——上海站》发布,该书向骑行爱好者推介了包括"杨浦—虹口"建筑文化骑行线路、"苏州河"堤岸骑行线路、"豫园—文庙"古早老街骑行线路、"环滴水湖"风光游览骑行路线等在内的众多上海市内骑行线路,线路总长度超过500千米。同年,线路入选由国家体育总局、国家文化和旅游部评选的"2019年十一黄金周体育旅游精品线路"名单。铁马骑行线路不仅向更多居民传递了积极健康的生活理念和方式,也带动更多人参与骑行运动,推动全民健身活动的开展。

二 线路特色

(一)骑游资源丰富多样

铁马骑行线路沿线旅游资源丰富,包括生态、环保、户外、历史、人文等特色旅游资源。这其中既有上海知名景点,如古代江南传统古典文化的代表——豫园、近代红色革命文化的代表——中共一大会址、西方现代文艺的代表——西岸美术馆、美丽自然海滨景色的代表——南汇嘴观海公园等;也有隐藏于市井的文化街景,如美食主题骑行线路中的日本餐厅大和屋、上海餐厅本帮烧、温州餐厅海鲜黄牛馆等。铁马骑行线路汇集众多上海资深骑行爱好者的骑行经验,经过上海市文化、旅游和体育部门的官方遴选对外发布,从不同角度展现了上海城市的多元魅力,既得到官方的认可与赞同,又受到城市骑游者的喜爱和共享。

(二)骑游主题特色鲜明

铁马骑行线路根据文化主题可以分为"生动非遗""红色追忆""文化体验""精彩消夏""经典建筑"五大主题,根据线路又可分为风景线路、美食线路、建筑线路、文化和历史线路,并且根据骑游线路的长短分为半日游、一日游、两日游,充分满足了不同户外骑行爱好者的需求。如在"经典建筑"主题中，骑游者将经过甜爱路、多伦路文化名人街、1933老场坊、上海犹太难民纪念馆、杨浦大桥、上海国际时尚中心等经典建筑；在"红色追忆"主题中，骑游者可以参观中国铁路工人纪念塔、中共一大会址、《新青年》编辑部旧址等，瞻仰烈士遗容，感受红色精神。特色鲜明的十二条骑行线路组合在一起，形成了别具一格的骑游影响力，为骑游产业的后续发展奠定了基础。

（三）骑游服务专业周到

上海万胜文化体育产业有限公司成立于2009年，为了保障骑行者的骑行安全，提升其参与体验和感受，公司在完善铁马骑行线路运营的基础上，涵盖了自行车租售服务，头盔、冲锋衣等必备骑游用品租售服务，骑行安全教育培训服务，等等。参加铁马骑行线路的骑游者会接受专业人员的细致讲解服务，加深骑游者对交通规则和骑行规则的认识。若骑行队伍中儿童或老人较多，或者骑游距离较长，运营团队将视情况派出骑游带领人，全程跟随骑游队伍一起骑行，同时耐心解答骑游者的问询，协助处理骑游者在骑游过程中遇到的问题，全方位提升骑游者的参与体验。

三 主要发展经验

（一）健全规范保障体系，兜住骑行安全网

在安全保障设施的建设上，铁马骑行线路配套了完善的服务网点消防设备和告示标志，同时线路上增加了危险地段标识以及防护设施，并在特殊地段安排专人守护。2020年受新冠肺炎疫情的影响，铁马骑行线路实施了更加严格的管理制度。例如，实行骑行预约制以控制骑游规模，要求骑游者在骑游前测量体温，建立疑似病例应急响应制度，一旦发现疑似病例，立即上报并采取隔离措施。此外，公司还引入了商业保险、游客意外伤害险等项目，最大限度地规避骑行风险。

（二）加强宣传推广，激发全民参与骑游热

在 2019 年 6 月 8 日举行的第 14 个"文化和自然遗产日"上，上海市文化与旅游局联合相关媒体共同发布了涵盖上海 16 个区的 40 条旅游线路。铁马骑行线路是其中的宣传热点与亮点。上海市文化与旅游局向上海市的骑行爱好者征稿，将骑行爱好者所推荐的骑行路线以及他们真实生动的骑行感受，汇编成城市骑行指南《铁马生活城市骑行白皮书——上海站》。该书不仅以独特的视角展现了上海景点的魅力，也向市民普及了骑行知识，营造了全民骑行的氛围。除了推出骑行指南外，上海市政府还联合多个媒体平台，对包括铁马骑行线路在内的 40 条精品旅游线路进行宣传推广。官方多渠道宣传不仅极大地提升了线路的知名度，也激发了群众参与骑行的热情。

（三）文旅与体育融合，增强骑行旅游影响力

铁马骑行线路深度挖掘线路周边历史、人文、自然资源，将上海本土传统文化、红色文化和现代文化与骑游相结合，并配合举办文化交流活动，扩大骑行文化的影响力。例如，为了让非物质文化遗产等传统文化被更多人知晓，铁马骑行线路尝试融入"非遗"元素，并推出 12 条生动的"非遗"之旅线路，如漫步城厢——都市里的"非遗"、亲子研学——课本外的"非遗"、江南风情——记忆中的"非遗"等，通过"运动+文化"的独特方式让骑行者深度体验上海传统美学。此外，线路运营方还推出了一系列文创产品，如骑行头盔、帽子、水壶、背包、抱枕等，通过销售企业文创和体育产品，延伸产业链。

B.19
普及冰上运动 创新场馆运营
——以上海飞扬冰上运动中心为例

上海浦东新区飞扬冰上运动俱乐部课题组

摘 要： 上海飞扬冰上运动中心通过优化组织结构、加强对教练和员工的培训与管理等举措不断提升服务水平，普及冰上运动。在实践中，上海飞扬冰上运动中心积极承担社会责任，在缓解退役运动员就业问题、体教结合进校园、创新冰上运动场馆建设运营模式，以及宣传冰上运动文化、普及群众冰雪运动等方面进行了有益探索。中心不仅培养了一批具有潜力的冰上运动竞技体育后备人才，更为推动群众体育与竞技体育协调发展，推动我国冰上运动的可持续发展做出贡献。

关键词： 冰上运动 体教结合 场馆运营

上海飞扬冰上运动中心（以下简称"飞扬运动中心"）是中国南方鲜有的专业冰上运动场馆，中心以冰上运动培训为主，集冰上赛事、冰上表演、滑冰公益等模块于一体，推动竞技体育、群众体育协调均衡发展。飞扬运动中心积极投身冰上公益事业，创新冰上公益方式，是当前政府机构所属冰场走向竞技、商业两用的新范例。

一 基本情况

飞扬运动中心坐落于浦东三林体育中心，毗邻世博园中国馆，是国内屈指可数的全年度、全天候提供冰上运动服务的专业场馆，于2013年6月开始营业。该中心承担着培养青少年竞技体育后备人才、举办冰上运动赛事、普及群众冰上运动等职能。中心由国际奥委会委员、中国冬奥会首金得主、短道速滑名将杨扬创办，由上海市浦东新区政府投资建设、星扬管理运营。

场馆采用国际先进的双层冰场结构，一层冰场面积为1080平方米，专为公众开放而设计，是入门学员的练习场；二层是面积为1800平方米的国际标准滑冰馆，被5000席的看台环抱，主要用于飞扬运动中心冰上项目（冰球、花样、短道）的专场训练及赛事活动举办。

二 发展概况

（一）优化组织结构

2019年飞扬运动中心在现有的制度基础上进一步完善俱乐部的组织机构，优化各部门工作职能。中心首先加大各部门整合力度，合理统筹安排，建设健全的组织机构中心，提升中心的运营管理效率。同时，领导班子和各部门工作职能也得到了进一步细化，以保证员工对自己的工作有更清晰的认知，提升工作效率和水平，为学员提供更加及时、全面的服务，为保证俱乐部正常运转提供坚强后盾。

（二）加强教练管理

随着学员的日益增多，教练团队也在不断壮大。为了加强教练员的团队管理，维护教学秩序，建立良好的教学风气，规范教练员团队内部管理，中心先后制定了教练员管理制度，包括《教练员的工作流程》《教练员岗位要求》《教练员教学管理》《教练员福利奖励制度》《教练员惩罚制度》《住宿管理规定》《教练定级标准》《教练薪资制度》《教练半年度绩效考核》《上冰须知》。此外，中心积极组织教练员参加专业培训，例如，开设上海市滑

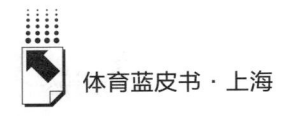

冰大众教练员培训班和中国滑冰协会短道速滑一级裁判员培训班,提高教练员与裁判员的执教水平和专业水准,从而提升培训服务质量。

(三)输送冰上人才

飞扬运动中心不仅积极举办各级各类冰上运动赛事活动,还广泛开展国际交流与合作,例如与国际滑冰联合会(ISU)、NHL温哥华加人队、洛杉矶国王队等国际冰上运动专业机构合作,建立国内专业的青训体系,让运动员在多个国家级冰上运动比赛的青少年组中斩获奖牌。与此同时,在浦东教育(体育)局及有关学校的大力支持下,中心与周边学校联合优选苗子,组建了6支总人数超过200人的冰上运动校队,为冰上人才的培育和输送打好了基础。中心学员马晓琳、宋嘉华和薛贵于2019年5月入选2019~2020赛季跨界跨项短道速滑国家集训队;短道组宋佳华于2019年7月入选国家短道青年队。

三 发展经验

(一)解决退役运动员去向问题

退役运动员再就业问题一直以来受到社会各界广泛关注。飞扬运动中心积极承担社会责任,为退役运动员转业、再就业提供平台。目前退役运动员进入中心后,一部分继续发挥专项长处,从事教练员工作;另一部分从事市场、后勤等其他业务。

(二)推进体教结合进校园

2015年4月,浦东新区教育局通过"政府购买服务"的方式,与飞扬运动中心达成合作,率先在周边的19所学校开设"冰上体育课程",首批接受专业滑冰启蒙的青少年儿童人数就达到1000余名。2016年12月,飞扬运动中心获评"2016年度上海市青少年体育冰上项目精英培训基地"。自

2015年起，俱乐部积极开展冰上运动进校园工作，至今已有8支冰球队、4支列滑队，2019年2月还派队参加了亚洲青少年花样滑冰挑战赛。体教结合进校园不仅有助于提升中小学生对冰上运动的认知，满足中小学生的锻炼需求，并且通过向普通学生提供优良的体育服务，提升了学生体育素质教育水平，增加了学校无法提供的课程途径。

（三）创新冰上运动场馆建设运营模式

TOT（Transfer-Operate-Transfer）模式，是在一定时期内社会资本获取政府或国企项目的产权或运营权，合约期满后社会资本将项目的产权或运营权交还给政府或国企的融资模式。TOT模式为实现体育场馆融资多元化、效用高效化、管理专业化提供了可能。飞扬运动中心的建设方是浦东新区人民政府，管理团队是星扬体育，中心凭借专业的教练团队和优质的服务获得了良好的经营效益，并为创新体育场馆运营模式提供了范例。

（四）提升上海居民对冰雪文化的认识

要想切实促进上海冰上运动的发展，关键是要解决中国孩子上冰的动力问题。除了推进体教结合进校园外，飞扬运动中心还推出了多项全民免费滑冰的公益活动。这一举措为参与人群带来新鲜的体验与感受，提高家长和青少年儿童对冰上运动的认识，激发其参与冰上运动的热情和动力，为培养更多优秀的后备人才奠定了基础。此外，公益活动也大大丰富了周边社区居民的体育运动选择，不仅满足日益增长的全民健身需求，还能提高场馆流量，起到宣传作用，为场馆内部项目引流。

B.20
变废为宝，打造高品质都市运动中心

——以三邻桥体育文化园为例

上海市宝山区体育局课题组

摘　要： 三邻桥体育文化园位于上海市宝山区高境板块，处于上海宝山、虹口、静安三区交界处，由废弃厂房改建而成。园区以体育为主题，引进多种业态融合发展，现已成为高品质的都市运动中心，为市民营造了多层次、多样化、个性化的体育消费体验新场景。2020年11月，宝山区三邻桥体育文化园作为上海市第一个以体育文化为主题产业的创意园区，入选"全国新兴体育服务综合体典型案例"。三邻桥的改造经验为其他废旧工业园区转型提供了经验借鉴，更为城市经济转型发展带来启示。

关键词： 三邻桥　体育服务综合体　业态融合发展

三邻桥体育文化园位于上海市中环与外环之间，在宝山、虹口、静安三区的交界处，地处宝山区高境板块。作为上海市高境地区体育文化的龙头项目，三邻桥响应国家发展体育事业和产业的号召，以政府"全民运动"为主导思想，将36000平方米的保温瓶胆厂房改造为一个以大健康为主题的体育文化园。三邻桥体育文化园集聚了周边体育文化产业，促进了文体企业孵化与发展，同时向群众普及了体育文化产业知识，为周边地区乃至上海市消费者提供了一个"发展体育爱好、促进身体健康、体验文化魅力，以运动方式交友"的平台。

一 园区概况

三邻桥体育文化园总建筑面积约 40000 平方米，整合了众多专业的体育类商户，涵盖了篮球、健身、游泳、攀岩、跑酷、潜水、搏击、高尔夫、青少年体适能、舞蹈等专业体育运动项目。三邻桥还引进芬兰国宝级青少年运动场馆——Super Park 超级乐园，这个集多种儿童游乐项目于一体的综合乐园一经开放，就受到了社会各界的广泛关注，成为三邻桥的"明星"场馆。园区内设有 400 米环形跑道，并在户外设置了乒乓球桌、蹦床等运动休闲体育设施，特别预留了大会堂、中央广场两个公共空间承办各类文体活动。园区内体育运动项目种类齐全，3~100 岁的居民都可以在这里找到自己热爱和适合的运动，能有效推动"全民健身"的普及。除体育产业外，三邻桥还打造配套设施，为消费者提供更便利、更全面的商业化服务，包括市集、宠物店、便利店、咖啡馆、饭店、运动品牌集合店等，形成一个涵盖生活、休闲、运动、娱乐、消费的产业链。园区内多业态融合，以"凝聚邻里温情，共享健康生活"为理念，营造动静结合的空间氛围。

二 改造经验

（一）扬长避短，精准定位

三邻桥体育文化园在开发初期难度较大，一方面，园区的前身为上海日硝保温瓶胆厂，该厂于 2006 年停产，厂房闲置多年，区域内"脏、乱、差"问题严重；另一方面，三邻桥地区与最近的轨道交通站点相距 2.5 千米以上，不具备轨道交通优势，不利于形成商务办公区。但是该地区的优势在于周边居民住宅区密集，半径 3 公里内有 70 多万常住人口，人口密度与市区相当。

在国家"大力发展体育产业、促进体育消费"的政策背景下，综合考虑地理环境、交通条件、人口优势等因素，开发团队将园区规划为集体、文、旅、科、商于一体的综合性园区，发展定位是"体育+文化""体育+科技""体育+旅游""体育+商业"。过去的创意园区把体育设施作为配套功能区，而"三邻桥"在前期定位时，创新性地将园区整体定位为上海首个体育文化产业集聚消费区，并在持续产业导入过程中，贯彻"专业运动带领全民运动"的理念，在群众中普及体育知识和运动文化。

（二）注重群众需求，引入优质项目

三邻桥体育文化园与最近的轨道交通站点最短直线距离为2.5千米，由于园区不具备公共交通优势，所以引入的项目必须是稀缺的目的性消费内容或者是能带动周边社区和白领的日常消费内容。在启动老厂区改造设计之前，开发团队通过市场调研，在充分了解客户需求的基础上，从B2C领域入手，引入参与感强、吸引客流的体育项目，最终从30多家优质企业中选择了10家专业能力强且愿意为群众普及体育文化的企业，包括攀岩、全甲格斗、少儿体适能、室内高尔夫等特色体育项目。群众通过参与体育运动项目的体验和培训，学到了专业的体育文化知识，也推动了体育产业的发展。园区注重儿童和青少年的运动发育，通过适合儿童的运动项目，提升儿童的体适能、培养儿童的专注力。园区内青少年培训机构数量众多，种类丰富，满足了高密度住宅区内儿童体育培训的需求。同时体育运动区也引入面向成年人群体的体育机构，做到"全民运动"，不同年龄段的消费者都可以在这里找到适合自己的运动。

三 园区发展亮点

（一）发挥产业集聚效应

三邻桥创新打造了新型多元共建创意社区，实现了"生态低密度园区、文体产业集聚、社区邻里社交"等社区交互元素的联动对接，通过以文体休闲产业为主的复合社区打破了办公和商业的界限,将产业与商业相结合,形成了"跨界"业态模式。在总建筑面积 40000 平方米的空间中设有"体育运动""文化艺术""特色市集""生活服务"四大板块,打造以大健康为主题的体育文化创意园区。三邻桥园区整合了 10 余家专业体育商户,提供篮球、健身、游泳、攀岩、跑酷、潜水、搏击、高尔夫、青少年体适能等体育运动项目,开业当天吸引观众超过 1 万人次。产业的集聚放大了三邻桥体育文化园的品牌效应,提高了周边居民对园区内体育项目的关注度,吸引了更多人参与到体育运动中来,三邻桥体育文化园也成为附近居民首选的体育消费场所。

(二)聚焦融合业态

三邻桥体育文化园将园区内体育产业生态圈分为三个层次:第一个是体育赛事 IP;第二个是体育服务,包括培训、运动场所等;第三个是衍生产品,包括运动服、球鞋、滑雪用具等体育用品。围绕三个层次,三邻桥体育文化园充分发挥"体育 +"的延伸效应,整合体育文化产业链,积极推动体育与文化、旅游、传媒、会展等业态深度融合,实现体育产业的多元化发展,开发更多的体育产品,为消费者营造积极的体育消费氛围。例如在"体育+旅游"领域,三邻桥以举办体育赛事活动为契机,积极举办文化节、购物节等活动,制造旅游热点,发挥体育赛事辐射效应,带动园区内餐饮、商贸共同发展。

(三)引入新兴业态

除了助力体育产业商户外,运营方积极引入新兴业态,不断丰富园区配置,为园区注入更多发展动力,例如导入高端婚礼会馆——花嫁丽舍,为园区增添婚礼会展业务模块。三邻桥还借鉴了风靡海外的特色市集,结合本地区特色与居民需求,打造了一个包含食材零售、特色餐饮、互动体验的全天候、高品质休闲空间——"食材市集"。此外,园区还引入品牌折扣店弥仓入驻,以出售折扣体育用品为主营业务的商户与园区内体育项目商户形成互

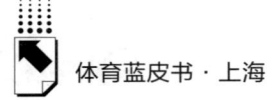

补关系，更加方便居民的体育消费。

三邻桥体育文化园立足于健康、乐活的园区概念，有效激发了周边社区居民的体育消费热情，成为推动区域产业转型升级的新生力量，也将承载更多城市功能。三邻桥体育文化园的改造案例为体育健康产业带来创新的发展环境，为居民提供了不一样的生活方式，为其他亟待转型的工业园区提供了经验借鉴，更给整座城市的经济转型发展带来了启示。

B.21 探索体育服务新模式，打造体商融合生态圈

——以上海闵行游悉谷文体产业园为例

上海市闵行区体育局课题组

摘　要： 上海闵行游悉谷文体产业园积极引入新业态、新功能，以体育为入口，连接一切体育运动资源，探索"地产＋电竞"新模式，打造"体育＋文化＋教育＋商业"体育服务综合体。园区致力于推进城市运动中心建设，实现区域城市形象、产业形态、城市功能的多方面转型，通过建设孵化生态系统，为园区企业的发展提供更优质的服务和更好的发展环境，多渠道促进城市体育经济的升级和健康城市的发展，加快推进上海建设城市运动中心的步伐。

关键词： 体育服务综合体　体商融合　孵化生态系统

游悉谷文体产业园（以下简称"游悉谷园区"）由游族置业、游悉文化负责开发运营，于2020年8月开园。游悉谷园区占地面积38000平方米，园区内体育场地设施完善，商业配套设施齐全，形成了"体育＋文化＋教育＋商业"体育服务综合体，不仅拓展了市民身边的健身空间，还推进了城市运动中心的建设。

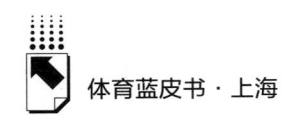

一 改造情况

（一）改造过程

游悉谷园区改造前曾是上海亚华印刷机械有限公司厂区。该厂区占地面积大、建筑老旧且功能单一，无法实现有益创收，但适用性强，房租低，可以成为培育创新产业的重要载体。为响应《公共体育设施建设三年行动计划》中"15分钟体育生活圈"的号召，上海游族置业与麦腾股份联合对其进行投资建设，厂区现已改造成为商业休闲生态社区——游悉谷体育产业园。

（二）改造后发展情况

游悉谷园区通过引入新业态、新功能，实现区域城市形象、产业形态、城市功能的多方面转型，成功打造了新型创意文体产业园区。园区占地2.9万平方米，建筑面积3.8万平方米，围绕体育设施形成了"体育+文化+教育+商业"的体育服务综合体。园区内有6栋主体建筑，主要包含电子竞技俱乐部总部、超级荔枝总部、富得倍思中国总部、飞扬冰上运动中心、尽峰攀岩馆、游族体育7人制足球场、游族创新创业中心及商业配套设施。园区的主题是"创游融耀"，体现了文体创意产业和游戏产业核心优势及优质IP相融合。目前园区已完成93%的招商，通过招商引资为园区内企业的发展提供更多的发展机会。未来，游悉谷园区还计划引入其他体育项目，比如篮球、滑雪、击剑等，计划打造一个一站式的体育运动中心。

二 园区亮点

（一）新模式

近几年，国家政策为企业"创新创业"提供了良好的发展环境，创业孵化取得良好成效。但是，仍有大部分创业孵化企业深陷同质化竞争和盈利难的困境。面临较为复杂的创业孵化市场，游悉谷园区脱颖而出。不同于众创空间普遍采用的"全家超市"模式，游悉谷园区合伙人之一的麦腾股份在园区打造出"万达式"孵化生态体系。"全家超市"模式下的创业孵化机构普遍存在网点多、单体规模小的问题，每个网点面积均在几千平方米，缺乏资源整合能力，短期内几乎无法盈利。但游悉谷园区采用全孵化领域的"万达模式"，虽然网点不多，但单点体量庞大，大部分都在1万平方米以上，通过规模效应增强单体服务能力和资源集聚能力。同时，基于入驻企业的多样化发展需求，游悉谷园区已经形成独具特色的创业服务体系，除了提供工商、财税、法务及人事等基础性服务外，还针对不同企业发展阶段提供信息技术、市场推广、投融资以及科技项目申报等个性化服务。园区围绕文体产业做孵化，不断扩大孵化服务品类，从创业孵化转向创新孵化，整合各地资源，助力体育产业升级。

（二）新布局

近年来，电竞产业的快速崛起带动了体育、文化等相关产业的发展，目前已成为文体创意产业中最具影响力和市场潜力的领域。为适应电竞产业的潮流趋势，游悉谷园区内的电竞产业综合体融合了多种使用功能，为人们提供了便捷的工作、健身、娱乐一站式服务。其中抱家电竞人才公寓是一栋以电竞为特色的网红公寓，是"地产+电竞"新模式的探求。目前公寓有近300个房间，出租率达90%以上，公寓在装修设计时加入了诸多电竞元素，配备了电竞训练室、游戏机房等设施，住客仅需支付2元就可以体验电竞游戏的乐趣。此外，位于园区内的VG电子竞技俱乐部是国内首家集电竞、教育、娱乐和内容孵化于一体的电竞综合体基地。新基地的启用为VG俱乐部的青训培养、梯队建设等方面提供了强大助力，VG俱乐部也能为更多想在电竞领域发展的青年提供更加体系化、专业化的培训。

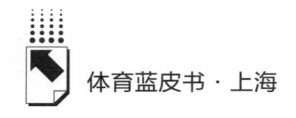

（三）新消费

游悉谷园区吸引了多家体育企业总部入驻，园区内引入了飞扬冰上运动中心、游族体育、尽峰攀岩，以及全国首家专业二手自行车车店 TZBILKE 等专业体育企业，还计划引入篮球、滑雪、击剑等其他体育运动项目，未来将打造一站式的体育运动中心，为市民体育消费提供便利条件。其中，位于游悉谷园区核心位置的飞扬冰上运动中心是一家专业的冰上运动场馆，由奥运世界冠军杨扬创办，场馆内可进行赛事营销、运营和体育培训等活动，打破了季节和地域局限，为普及上海冰雪运动、统筹谋划，带动更多人参与冰雪运动。此外，在高尔夫赛事领域深耕多年的"超级荔枝"将总部入驻园区，与本市多所学校开展高尔夫进校园活动，并引入多项高尔夫球赛事IP，为普及上海高尔夫运动、促进体育新消费的发展做出贡献。

三 建设经验

（一）构建优质生态圈

游悉谷园区是典型的"体育+产业园"结构的城市运动中心，相比普通体育场馆拥有更加完善的产业链条。以冰球为例，园区内的冰球馆可以使前来体验的市民对冰球文化增加了解与产生兴趣，并在此基础上进行更加系统的冰球运动技能学习。园区的配套设施齐全，不仅提供冰球装备保养的第三方公司、扶植企业发展的孵化公司和服务人才的长租公寓等，而且还配备了舒适的办公空间和绿化休闲广场。完善的"体育+"产业链为入驻的企业提供了"体育+文化+教育+商业"的优质生态圈。园区围绕体育培训、体育赛事、场地租赁、体育健康产业四大板块布局，提升区域价值，配套商业及居住板块，集聚消费潜力人群，连接一切资源，做好跨界融合、配套业态、增值服务，组合不同业态模块，实现顾客共享和顾客引流，增强顾客黏性，进一步促进商业消费，形成以体育为入口的优质闭合消费生态圈。

（二）建设专业化平台

游悉谷"体育+"产业园致力于建设专业化平台，建设多个专业体育运动场馆，以体育运动为主要元素，集主题运动、休闲娱乐、主题文化、健康吃住于一体，既能满足人们高标准的休闲生活需求，又能为入驻企业提供融资服务、网游公共服务，帮助游戏出口海外及搭建宣传推广平台等。同时，在梅龙镇政府和行西村村委会的大力支持下，园区将为企业提供入驻、工商办理、产业政策对接等一条龙服务，更高效、精准地推动企业项目开展，带动各类康体运动业态的发展，有助于促进城市体育经济的升级和健康城市的发展。

（三）积极推进上海城市运动中心建设

随着"体育+"概念的延伸，体育产业出现了诸多新业态、新模式。游悉谷园区打造的"体育+文化+教育+商业"消费新模式，利用旧厂房作为优质的场地资源，通过改建的方式增加体育场地设施供给、探索体商融合等多元化运营方式，为市民提供健身休闲娱乐的多元服务，既有助于构建"处处可健身"的高品质运动空间，又能够促进形成"全民健身"的现代化生活方式，进一步释放了上海体育消费潜力，让整座城市因体育更富生机与活力，推动了上海建设城市运动中心的进程。

Abstract

"People's city people build, people's city is built for people" is an essential concept for Shanghai to build a socialist modern international metropolis. The core value of people's city' is to fulfill people's pursuit of better lives, and to construct a city where everyone can enjoy a high quality life. The sports industry is one of the five *happiness industries* alongside tourism, culture, health, and eldercare. It is a sunrise industry with excellent social, economic, and ecological benefits. It is also a health industry that benefits all citizens, which becomes an indispensable element as well as a notable brand of people's city. It is essential to put sports in the overall construction of people's city. It is the new growth point of high-quality economic development and the indicator of high-quality life. The sports industry plays a unique role in stabilizing growth, promoting employment and optimizing structure. It is part of carrying out the concept of "people's city people build, people's city is built for people", and is necessary in building Shanghai into an outstanding global sports city.

This report holds that the high-quality development of the sports industry is the key and foundation for Shanghai to build a world-renowned sports city. The new scientific and technological revolution, high-quality economic development, Yangtze River Delta integration, and Shanghai's construction of a global city have brought great opportunities to the high-quality development of Shanghai's sports industry, while the increasing uncertainty of the international environment, the continuous downturn of the global economy, the normalization of epidemic prevention and control, the prominent problems of Shanghai's urbanization, and the obstruction of self evolution and development have posed challenges to the development of high-quality development of the sports industry in Shanghai. Therefore, on the basis of combing the current situation and achievements of the sports industry, the report puts forward some ideas and suggestions to promote the high-quality development of the sports industry in Shanghai.

Besides, this book reviews the development of sectors including sports event, fitness and leisure, sports facilities construction and operation, sports training market, and sports equipment. It also discusses several topics in the sports industry including sports consumption, sports enterprises, sports event evaluation, the impact of COVID – 19 on the sports industry and so on. The book is going to display the whole picture of the sports industry in Shanghai.

This book makes good use of quantitative methods such as gray correlation analysis method, SBM method, in order to analyse the influencing factors, and development efficiency. This book develops an evaluation index, which evaluates the scale, structure, drivers for growth, efficiency and performance of the sports industry. This index will play a role in high-quality development of sports industry in Shanghai.

Keywords: Sports Industry; Sports Consumption; People's City; Shanghai

Contents

I General Report

B.1 Research on Accelerating the High Quality Development
of Shanghai Sports Industry   *Huang Haiyan / 001*

  Abstract: High quality development of sports industry is the key and foundation for Shanghai to build a world famous sports city. At present, in the process of high-quality development, the sports industry presents the characteristics of "growing industrial scale, solid industrial foundation, optimized industrial structure, improved industrial efficiency, preliminary appearance of innovation power, prominent contribution of industrial efficiency", etc., and has achieved "more efficient industrial factor allocation, more improved product and service supply quality, more rapid sports industry development, expand consumption scale and energy level", sports industry has become a new economic growth engine in Shanghai. However, in the process of high-quality development, the sports industry in Shanghai is still facing external challenges such as increasing uncertainty in international environment, global economic downturn, normalization of epidemic prevention and control, and internal bottlenecks such as unreasonable industrial structure, further exploration of sports consumption level, continuous improvement of industrial efficiency, and innovation not being the driving force of industrial development. There is still a certain gap with the requirements of high-quality development. It is urgent to speed up the transformation of new and old kinetic energy, improve total factor productivity, and effectively promote the high-quality development of Shanghai sports industry.

Keywords: Sports Industry; High-quality Development; Industrial Efficiency

Ⅱ Topical Reports

B.2 Report on the Development of Sports Competition
Performance Industry in Shanghai   *Li Gang* / 024

Abstract: This report studies achievements, development orientation, development direction and measures of the Sports competition performance industry in Shanghai. It is believed that, the sports event industry of Shanghai has developed rapidly, with thriving sports events, significant overall benefits of the events, and continuously improved event system. Focusing on the overall goal of building a world-famous Sports City, the development orientation of Shanghai's sports competition and performance industry is to enable the construction of a world-famous Sports City, prosper the sports competition and performance market, and serve the overall situation of Shanghai's sports development; Holding the world's top sports events, optimizing the sports event system and innovating the development mode of sports events will become the main direction of the development of Shanghai sports competition performance industry; To speed up the development of Shanghai sports competition performance industry, we should strengthen the cooperation with international sports organizations, innovate the content of sports events, improve the quality of sports events, promote the operation upgrading of sports events, and release the benefits of sports events.

Keywords: Sports Event; Event Industry; Global Sports City

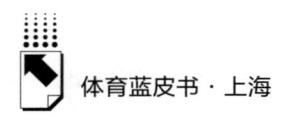

B.3 Report on the Development of Fitness and Leisure
　　　 Industry in Shanghai　　　　　　　*Zhang Chengfeng* / 039

　　Abstract: Developing the fitness and leisure industry in Shanghai is of great importance to enhancing the overall scale of the sports industry in Shanghai, to enhancing the vitality of the city and to fulfilling people's pursuit of better lives by. This report summarizes the development of this sector, pointing out that the industry has made progress in scale, market player, development quality, industrial base and business environment. The report puts forward that there are new trends in the sector, including doing sports at home, products and service to be online, more elaborate and customized. This report also points out there are still several problems in the sector. So it proposes suggestions for future development.

　　Keywords: Fitness and Leisure; Sports and Leisure; Online Fitness

B.4 Report on Sports Facilities Construction and
　　　 Operation in Shanghai　　　*Xu Kaijuan*, *Qian Ruobing* / 053

　　Abstract: Sports venues and facilities are the general name of sports venues built to meet the needs of mass fitness and leisure, sports training, sports competitions and other sports activities. Based on the data of the seventh national sports venues survey and the research results of the operation of sports venues in Shanghai, this paper presents the overall situation, regional differences, venue distribution, management mode and the construction of large sports venues in Shanghai. In recent years, Shanghai pays close attention to the national policy requirements of strengthening the construction of national fitness venues and facilities and reforming the operation and management mechanism of venues, and has achieved phased results in the consumption scene and intelligent transformation of sports venues, which better meets the residents' demand for fitness, leisure and sports consumption. However, there are still some problems, such as insufficient supply of venues, low level of intensive management, mismatching of venue resources and event level, and the efficiency of operation and service needs to be improved. Facing the future trend of sports venues and urban integration development, this paper puts forward some targeted development suggestions.

Keywords: Sports Facilities; Sports Facilities Operation; Urban Sports Space

B.5 Report on Sports Training Market for the Youth in Shanghai

Huang Haiyan, Xu Ye / 076

Abstract: This report takes the youth sports training industry as the breakthrough point to explore the current development of Shanghai youth sports training market. The report points out that Shanghai's youth sports training market is stepping into a stage of steady development, and has made progress in the following aspects: the growth of market players, the construction of youth sports event system, the improvement of industry norms and the formation of project pattern. However, the characteristics of the sports training industry, such as low customer price, difficult standardization, immature investment and financing market and unclear expansion mode, determine the existence of the industry development. Combined with the current consumption characteristics of Shanghai youth sports training and the new development trend of sports training industry, the report puts forward some suggestions to promote the development of Shanghai youth sports training market.

Keywords: Youth Sports; Sports Training; Youth Sports Club

B.6 Report on the Development of Sports Equipment Industry in Shanghai

Ren Bo / 090

Abstract: In the process of accelerating the construction of Shanghai into an excellent global city, exploring the current situation, characteristics, problems, trends and Countermeasures of Shanghai's sporting goods industry is conducive to promoting the high-quality development of Shanghai's sporting goods industry. In recent years, with the acceleration of transformation and upgrading of the sports equipment manufacturing industry in Shanghai, the scale, market players and profit situation of the sports equipment industry are slowing down. On the whole, the sports equipment industry in Shanghai is characterized by friendly policy environment, high level of agglomeration, significant role of headquarters economy, strong R & D capability and significant increase of sports equipment consumption, and presents the development trend of sports goods production to customization transformation, sports goods sales to online transformation, sports goods manufacturing to intelligent transformation. Based on this, this paper puts forward some countermeasures and suggestions, such as exploring the new retail mode of sporting goods, building the headquarters of world sporting goods enterprises, promoting the transformation of sports manufacturing industry from "manufacturing" to "intelligent manufacturing", and promoting the digital transformation of sports manufacturing industry.

Keywords: Sports Equipment Industry; Sports Manufacturing Industry; Sports Trade Industry; Shanghai

B.7 Research on the Development of Sports Consumption in Shanghai　　　　　　　　　　*Yu Shiping, Zeng Xinfeng* / 108

Abstract: Based on the survey data of Shanghai sports consumption from 2016 to 2019, this paper analyzes the development trend and main characteristics of Shanghai Sports Consumption in 2018 and 2019. On the whole, the sports consumption in Shanghai shows a good trend of continuous expansion of consumption scale, improvement of consumption level, steady rise of service-oriented consumption, and more balanced regional consumption. From the perspective of subdivided population, "she" economy has become an important increment, youth sports consumption has maintained a strong growth, and the consumption potential of middle-income population is large. It also summarizes the characteristics of sports consumption in Shanghai from the aspects of domestic sports brands, sports consumption, competition watching demand, emerging project development and consumption intention. In view of the above research conclusions, this paper puts forward some suggestions to further promote sports consumption in Shanghai from four aspects: promoting the pilot work, optimizing the supply of products and services, stimulating consumption demand, and paying attention to the creation of new consumption space.

Keywords: Sports Consumption; Consumer Demand; Shanghai

B.8 Report on Sports Enterprises in Shanghai　　　*Zhang Yehan* / 126

Abstract: Sports enterprises play an important role in the development of the sports industry in Shanghai. They are part of Healthy Shanghai and the core force to make it a city of international events, international sports trade center, sports goods headquarters economy, sports resources allocation center and sports science and technology innovation platform. This report summarizes advantages and shortcomings through the macro and micro analysis of the sports enterprises in Shanghai. This report analyzes the specialization, integration, characteristics, novelty and internationalization of sports enterprises. And it makes suggestions about the improvement of the growth, innovation, sustainability, radiation and contribution of the local sports enterprises from the five perspectives of operation, research & innovation, risk control, asset management and business operation.

Keywords: Sports Enterprises; Headquarters Economy; Shanghai

Ⅲ Special Topics

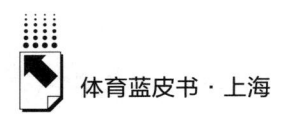

B.9 Shanghai Sports Industry Development Index Report

Huang Haiyan, *Kang Lu* / 151

Abstract: In order to help Shanghai sports industry "improve quality and speed up" and realize the sports industry from "experience judgment" to "data confirmation", this paper constructs the evaluation index system of sports industry development under the guidance of comprehensive evaluation theory and index theory, based on the statistical data of sports industry in 16 districts of Shanghai from 2014 to 2019, the development index of sports industry in each district is calculated by using the efficiency coefficient method and "vertical and horizontal" grading method. On this basis, the comprehensive index and ranking changes of sports industry development in each district are analyzed, and the development level of sports industry in each district is divided into three types: jumping development type, fluctuating development type and stable development type, it also analyzes the highlights of the development of sports industry in each district, so as to clarify the comprehensive level and dynamic trend of the development of sports industry in Shanghai, and realize the comprehensive consideration of the sports industry in Shanghai, which has guiding significance for the overall grasp of the development direction and future strategic deployment of sports industry in Shanghai.

Keywords: Sports Industry; Development Index; Shangshai

B.10 Research on Influencing Factors of Sports Industry Development in Shanghai   *Xu Kaijuan*, *Chen Wenwen* / 171

Abstract: Based on Porter's Diamond Model theory, this research constructs an index system of factors affecting the development of the sports industry in

Shanghai, and uses the gray correlation analysis method to analyze the data of each index from 2014 to 2019 and the added value of Shanghai sports industry, and the ranking of correlation degree is obtained: added value of the cultural industry, the number of employees in the sports industry, per capita disposable income of urban residents, tourism industry added value, per capita GDP, accommodation and catering business turnover, operating income of sports companies, per capita sports area, wholesale and retail industry added value, proportion of people who regularly participate in physical exercise, actual amount of sports lottery charity fund, per capita consumption of sports. Then this research analyzes the correlation between each index and the added value of the sports industry and the specific correlation path. Finally, it summarizes the inspirations from this above analysis to the development of the sports industry in Shanghai.

Keywords: Sports Industry Development; Gray Correlation Analysis Method; Shanghai

B.11 Research on the Efficiency of the Sports Industry Development in Shanghai *Hu Jiashu / 185*

Abstract: Elements input and efficiency improvement are the power of industrial growth. So it is necessary to attract high-quality elements and improve industrial efficiency. Based on the statistics of sports industry in Shanghai from 2014 to 2019, using Solow growth function, super efficiency model and Malmquist-Luenberger index, this study analyzes the element contribution rate of sports industry growth, technology efficiency, total factor productivity (TFP), and the influencing factors of efficiency. The conclusions are as follows: Capital is the most important element driving the sustainable growth of Shanghai sports industry. But the effect of expanding investment is limited. The pure technical efficiency (PTE) of Shanghai sports industry is high, the scale efficiency (SE) is medium, and each district is different. Industrial structure and economic development have significant positive effects on PTE, and industrial agglomeration and consumption demand have significant positive effects on SE. According to the results, suggestions are put forward to improve the efficiency of sports industry.

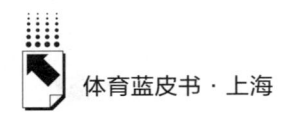

Keywords: Sports Industry; Element Contribution Rate; Efficiency of Industry Development; Shanghai

B.12 Research on Evaluation of Sports Event Effect in Shanghai

Xia Mingna / 201

Abstract: Sports event reflects a city's soft power and international competitiveness. It is a notable indicator in the construction of an outstanding global sports city. It plays a unique role in shaping the city image, raising city grade, enhancing cohesion and stimulating the economy. The Sports event in Shanghai has been developing rapidly, with more sports events, improving level and more projects. This report evaluates domestic and international sports events held in Shanghai during the year of 2019 in order to further understand their concentration, professionalism, effects on the economy and the society. On this basis, this report puts forward suggestions on speeding up the differentiation of sports event brands, strengthening the integration of resources, and speeding up the integration of business types, so as to provide objective basis and reference for the layout of sports events in Shanghai, and help Shanghai to realize the goal of building a world-class international sports event city and a world famous sports city as soon as possible.

Keywords: Sports Event; Event Organization; Shanghai

B.13 Research on COVID-19's Impact and Response to It of the Sports Industry in Shanghai

Huang Haiyan, Liu Weiyu / 216

Abstract: The COVID-19 epidemic has had a huge impact on the sports industry in Shanghai, mainly for the following aspects. First, the competition and performance industry has been impacted, and a large number of events originally scheduled to be held in Shanghai are facing cancellation, postponement or other places. Second, the business model of the fitness industry is challenged, the epidemic situation magnifies the drawbacks of the business model of the fitness industry, and the capital chain is facing the risk of fracture. Third, the development of other subdivided formats has been greatly affected, and the market players of sports intermediary, sports training, stadium services and other industries are facing greater operating pressure. After the outbreak of COVID -19, various measures are taken to respond to the epidemic. Based on this, the research puts forward countermeasures and suggestions to accelerate the recovery and development of Shanghai sports industry from four aspects: building a more perfect sports event system, improving the ability of global sports resource allocation, promoting the innovation and upgrading of sports consumption, and strengthening the long-term follow-up research of Shanghai sports industry.

Keywords: COVID -19; Sports Industry; Sports Consumption; Market Player of Sports

Ⅳ Cases

B.14 Sports Boost People's Consumption
　　　—*A Case Study of Yangpu District in Building up
　　　the Sports Consumption Pilot City*　　　　　　　　　/ 236

Abstract: Yangpu District has a solid foundation for the development of sports industry. It not only leads the city in the overall scale of sports industry, but also has unique resources such as national sports industry demonstration base and Shanghai Institute of physical education. In order to build up the Sports Consumption Pilot City, Yangpu District takes a series of development measures based on its sports industry development foundation and advantages to boost people's willingness to spend and to improve consumption level.

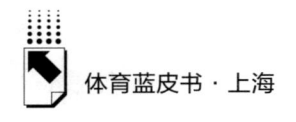

Keywords: Sports Consumption; Yangpu District; Sports Consumption Pilot City

B.15 Promote High-quality Development of the Sports Industry in Town by Grasping the Opportunity and Integrating Innovatively

—*A Case Study of National Sports Industry Demonstration Base of Maqiao Town* / 243

Abstract: Maqiao town has perfect sports facilities, rich event resources and strong sports atmosphere. It has won the honorary titles of "*Shanghai Mass Sports Advanced Unit*", "*Shanghai Sports Industry Demonstration Base*" and "*National Sports Industry Demonstration Base*". By integrating the industrial chain, allocating sports resources and promoting sports consumption, Maqiao town will build itself into the theme practice area of Shanghai sports economy. In the future, Maqiao town will make efforts to develop the artificial intelligence sports industry, through the method of "Bringing in talents from outside and cultivating talents from inside", speed up the gathering of global human intelligence and intelligent sports talents, technologies and products, build a green and vigorous new town with sports, ecology, culture and livability.

Keywords: Maqiao; National Sports Industry Demonstration Base; High Quality Development

Contents

B.16 The Small Rope Jumps out a Big Industry
—*A Case Study of Shanghai YueDong Rope Jumping* / 249

Abstract: YueDong Rope Jumping promotes rope jumping sports by rope jumping + performance, rope jumping + training rope jumping + events, rope jumping + manufacturing, rope jumping + stadium. Under Yuedong's improvement and spreading, rope jumping stepped onto the international stage of 2016 Rio Summer Olympics. YueDong Rope Jumping arounds a rope, constantly innovate the forms of mass sports participation, promote international sports cultural exchanges, and revitalize the national sports industry. In the future, rope skipping will continue to focus on rope skipping, promote rope skipping all over the world, revive national sports and serve the construction of healthy China.

Keywords: Rope Jumping; National Sports; "Sports +"

B.17 Sports Event Provides New Ideas of Green Economy for Ecological Island
—*A Case Study of the UCI Women's World Tour (Tour of Chongming Island)* / 255

Abstract: Chongming started to hold the National Road Cycling elite race in 2003. It has experienced the development of "triple jump" from domestic race to international race, and then to intercontinental and world top race. After 17 years of polishing, Chongming road bike race has grown into a road bike race with international influence. The 17 years of experience and experience in hosting the games have continuously promoted Chongming to move from an island to a world-class ecological island with the ability to host international events and international influence.

Keywords: Road Cycling Race; Chongming Island; Ecological Island

B.18 Sports + Tourism Boosts Cycling among Citizens

——*A Case Study of Shanghai Tiema Life City Cycling Routes*

／260

Abstract: City cycling has become popular among citizens. It develops into a way of modern lifestyle, from an outdoor sport. Based on the tourism resources in Shanghai, Shanghai Tiema Life City Cycling Routes develops 40 unique city cycling routes, combining local culture, intangible heritage and so on. The city scenes, cultural blocks and tourism routes are deeply integrated into the cycling routes in order to enrich the participants' cycling experience. The launch of the routes not only inspires people's enthusiasm for cycling, but also contributes to the implementation of the National Fitness strategy.

Keywords: Cycling Sport; Sports Tourism; National Fitness Campaign

B.19 Popularize Ice Sports and Innovate Venue Operation

——*A Case Study of Shanghai Feiyang Ice Sports Center* ／264

Abstract: Shanghai Feiyang Ice Sports Center has continuously improved service quality and popularized ice sports by optimizing the organizational structure, strengthening training of coaches and management of employees. Feiyang Ice Sports Center actively assumes social responsibilities, making explorations in alleviating employment problems of retired athletes, integrating sports and education into campuses, innovating the construction and operation mode of ice sports venues, promoting ice sports culture, and popularizing ice and snow sports. The center has not only cultivated a group of potential ice sports reserve talents, but also promoted the coordinated development of mass sports and competitive sports. It makes contribution to the sustainable development of ice sports in China.

Keywords: Ice Sports; Combination of Sports and Education; Venue Operation

B.20 Turn Waste into Treasure and Build a High-quality
Urban Sports Center
——*A Case Study of Sanlin Bridge Sports Cultural Park*　　/ 268

Abstract: Sanlin Bridge Sports Cultural Park is located in the Gaojing section of Baoshan District, Shanghai. It is at the junction of Baoshan, Hongkou and Jing'an District, which is reconstructed from an abandoned factory building. Focusing on sports, the park has introduced a variety of industry into the park and it has become a high-quality urban sports center. The park creates a new consumption scene for citizens to satisfy their multiple, diversified and personalized demand. Sanlin Bridge Sports Cultural Park is the first creative industry park with the theme of sports in Shanghai. It was selected as the typical case of national emerging sports service complex in November 2020. The experience of Sanlin Bridge provides reference for the transformation of other waste industrial parks, and also brings enlightenment for the transformation and development of urban economy.

Keywords: Sanlin Bridge; Sports Service Complex; Business Integration and Development

B.21 Explore the New Mode of Sports Service and Build
the Ecosphere of Sports Business Integration
——*A Case Study of Minhang Youxi Valley Sports Industry Park*
/ 273

Abstract: Youxi Valley Sports Industry Park in Minhang District actively introduces new business format and new functions. The industrial park develops into a Sports Service Complex by linking all sports elements. It explores new model of real estate e-sports, and creates a new business model featured with sports + culture + education + business. The park is committed to promoting the construction of urban sports centers, realizing transformation in many aspects such as regional city image, industrial form and urban function. In order to provide better service and better environment for the development of enterprises in the park, it constructs incubating ecosystem. The park is going to play a role in upgrading urban sports economy and promoting the construction of Shanghai urban sports center.

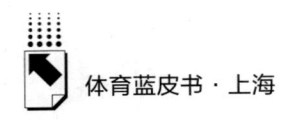

Keywords: Sports Service Complex; Sports Business Integration; Ecosystem Incubation

权威报告·一手数据·特色资源

皮书数据库
ANNUAL REPORT(YEARBOOK) DATABASE

分析解读当下中国发展变迁的高端智库平台

所获荣誉

- 2019年，入围国家新闻出版署数字出版精品遴选推荐计划项目
- 2016年，入选"'十三五'国家重点电子出版物出版规划骨干工程"
- 2015年，荣获"搜索中国正能量 点赞2015""创新中国科技创新奖"
- 2013年，荣获"中国出版政府奖·网络出版物奖"提名奖
- 连续多年荣获中国数字出版博览会"数字出版·优秀品牌"奖

成为会员

通过网址www.pishu.com.cn访问皮书数据库网站或下载皮书数据库APP，进行手机号码验证或邮箱验证即可成为皮书数据库会员。

会员福利

- 已注册用户购书后可免费获赠100元皮书数据库充值卡。刮开充值卡涂层获取充值密码，登录并进入"会员中心"—"在线充值"—"充值卡充值"，充值成功即可购买和查看数据库内容。
- 会员福利最终解释权归社会科学文献出版社所有。

数据库服务热线：400-008-6695
数据库服务QQ：2475522410
数据库服务邮箱：database@ssap.cn
图书销售热线：010-59367070/7028
图书服务QQ：1265056568
图书服务邮箱：duzhe@ssap.cn

卡号：235798298919
密码：

S 基本子库
SUB DATABASE

中国社会发展数据库（下设12个子库）

整合国内外中国社会发展研究成果，汇聚独家统计数据、深度分析报告，涉及社会、人口、政治、教育、法律等12个领域，为了解中国社会发展动态、跟踪社会核心热点、分析社会发展趋势提供一站式资源搜索和数据服务。

中国经济发展数据库（下设12个子库）

围绕国内外中国经济发展主题研究报告、学术资讯、基础数据等资料构建，内容涵盖宏观经济、农业经济、工业经济、产业经济等12个重点经济领域，为实时掌控经济运行态势、把握经济发展规律、洞察经济形势、进行经济决策提供参考和依据。

中国行业发展数据库（下设17个子库）

以中国国民经济行业分类为依据，覆盖金融业、旅游、医疗卫生、交通运输、能源矿产等100多个行业，跟踪分析国民经济相关行业市场运行状况和政策导向，汇集行业发展前沿资讯，为投资、从业及各种经济决策提供理论基础和实践指导。

中国区域发展数据库（下设6个子库）

对中国特定区域内的经济、社会、文化等领域现状与发展情况进行深度分析和预测，研究层级至县及县以下行政区，涉及省份、区域经济体、城市、农村等不同维度，为地方经济社会宏观态势研究、发展经验研究、案例分析提供数据服务。

中国文化传媒数据库（下设18个子库）

汇聚文化传媒领域专家观点、热点资讯，梳理国内外中国文化发展相关学术研究成果、一手统计数据，涵盖文化产业、新闻传播、电影娱乐、文学艺术、群众文化等18个重点研究领域。为文化传媒研究提供相关数据、研究报告和综合分析服务。

世界经济与国际关系数据库（下设6个子库）

立足"皮书系列"世界经济、国际关系相关学术资源，整合世界经济、国际政治、世界文化与科技、全球性问题、国际组织与国际法、区域研究6大领域研究成果，为世界经济与国际关系研究提供全方位数据分析，为决策和形势研判提供参考。

法律声明

"皮书系列"(含蓝皮书、绿皮书、黄皮书)之品牌由社会科学文献出版社最早使用并持续至今,现已被中国图书市场所熟知。"皮书系列"的相关商标已在中华人民共和国国家工商行政管理总局商标局注册,如LOGO( )、皮书、Pishu、经济蓝皮书、社会蓝皮书等。"皮书系列"图书的注册商标专用权及封面设计、版式设计的著作权均为社会科学文献出版社所有。未经社会科学文献出版社书面授权许可,任何使用与"皮书系列"图书注册商标、封面设计、版式设计相同或者近似的文字、图形或其组合的行为均系侵权行为。

经作者授权,本书的专有出版权及信息网络传播权等为社会科学文献出版社享有。未经社会科学文献出版社书面授权许可,任何就本书内容的复制、发行或以数字形式进行网络传播的行为均系侵权行为。

社会科学文献出版社将通过法律途径追究上述侵权行为的法律责任,维护自身合法权益。

欢迎社会各界人士对侵犯社会科学文献出版社上述权利的侵权行为进行举报。电话:010-59367121,电子邮箱:fawubu@ssap.cn。

社会科学文献出版社